应用型人才培养规划教材·经济管理系列

ERP生产制造管理实训教程（用友U8.72版）

郑荆陵　黄伟宏　颜忠娥◎编著

清華大學出版社
北京

内容简介

本书将企业的ERP生产制造管理系统解决方案搬进了课堂，以现代管理思想为主线，按照“管理目标、应用模式、业务流程、平台操作”的规则，搭建了一个科学的企业管理平台，利用ERP系统工具，在课堂上培训学生管理企业资源的职业技能。

本书采用课堂项目教学方式，设有生产制造管理系统建设主项目及系统环境建设、系统建立、基础数据管理、产品资料管理、采购管理、生产管理、销售管理、生产计划管理多个子项目。每个子项目的设计均以完整的业务和整体化的数据处理为主导思想，力求数据真实、算法简单、流程清晰，易学、易懂、易操作、易教学。同时，本书最后设置综合实训，帮助学生在实训中巩固知识，提升技能。

本书可作为应用型本科和高职高专院校工商管理、物流管理、电子商务、电子信息、计算机软件应用等专业的实训教材，也可以推荐给ERP爱好者以及企业管理者作为现代化管理工具的参考书。

图书在版编目（CIP）数据

ERP生产制造管理实训教程：用友U8.72版/郑荆陵，黄伟宏，颜忠娥编著. —北京：清华大学出版社，2014（2020. 8重印）

应用型人才培养规划教材·经济管理系列

ISBN 978-7-302-38619-3

I. ①E…　II. ①郑…　②黄…　③颜…　III. ①企业管理-计算机管理系统-高等学校-教材　IV. ①F270.7

中国版本图书馆CIP数据核字（2014）第276462号

责任编辑： 陈仕云
封面设计： 刘　超
版式设计： 文森时代
责任校对： 王　云
责任印制： 丛怀宇

出版发行： 清华大学出版社
　网　　址：http://www.tup.com.cn，http://www.wqbook.com
　地　　址：北京清华大学学研大厦A座　　**邮　编：** 100084
　社 总 机：010-62770175　　**邮　购：** 010-62786544
　投稿与读者服务： 010-62776969，c-service@tup.tsinghua.edu.cn
　质量反馈： 010-62772015，zhiliang@tup.tsinghua.edu.cn
　课件下载： http://www.tup.com.cn，010-62788951-223
印 装 者： 三河市少明印务有限公司
经　　销： 全国新华书店
开　　本： 185mm×230mm　**印　张：** 18.25　**字　数：** 394千字
版　　次： 2014年12月第1版　**印　次：** 2020年8月第5次印刷
定　　价： 45.00元

产品编号：059449-02

前　言

本书是一个典型的 ERP 生产制造管理解决方案。该方案描述了企业信息系统的建设过程、完整的产品经营过程和闭环的企业资源计划处理过程。通过典型案例模拟实训，培养学生的企业管理素质，通过运用（ERP）软件，快速掌握现代企业管理的技能。

全书共分九章，以生产制造管理系统建设为主系统，下设七个子系统，每个子系统分为背景知识、实训指导和典型案例实训三个部分。

背景知识部分是各章的基础管理知识，包括应用模式、业务流程、系统构成及名词解释。实训指导包括实训内容、实训要求和实训准备。典型案例实训则以完整的核心业务流程为教学情境，并设计为人—机互动的实训教学方式。

各章内容分布如下：

第 1 章，系统环境建设，了解一个生产制造管理系统的总体设计与后续章节的关系，掌握 ERP、管理信息系统支撑环境建设的工作内容。

第 2 章，系统建立，掌握 ERP 系统的维护与管理，即 ERP“软环境”建设的技能。

第 3 章，基础数据管理，掌握 ERP 系统初始化的技能。

第 4 章，产品资料管理，掌握产品结构数据管理的技能。

第 5 章，采购管理，掌握普通采购业务管理的技能。

第 6 章，生产管理，掌握产品生产加工管理的技能。

第 7 章，销售管理，掌握普通销售管理的技能。

第 8 章，生产计划管理，掌握企业资源计划处理的技能。

第 9 章，综合实训，掌握新产品生产制造管理的技能。

本书最大的亮点在于课堂上指导“模拟企业实训”。单用户模拟企业实训能使学生寻找自己“掌控企业”的感觉；多用户模拟企业实训能使学生体验到“产品制造”过程中的单据与岗位、作业与功能模块、个人与他人、客户与服务器、人—机互动等复杂的关系，特别是多用户模拟的实训练习，它如同一场真实的企业产品制造管理游戏，让同学们感同身受，激发他们的团队精神、学习热情与参与意识，并使他们在参与过程中产生成就感。总之，通过模拟企业的实训学习，不仅能培养学生们的团队精神，还有助于培养学生们的社会责任感。

本书由广东东软学院的郑荆陵、黄伟宏和广东顺德职业技术学院经济管理学院的颜忠娥编著，郑荆陵负责整体策划统稿，并撰写了第7、8、9章，黄伟宏撰写了第1、2、3章，颜忠娥撰写了第4、5、6章。

限于作者的经验和水平，不妥之处在所难免，敬请广大读者批评指正，谢谢！

编　者

2014年10月

zhengjingling12@163.com

使用指南

一、开发目的

现代装备的更新使我国跨入了世界制造的行列，接踵而来的是人才需求的巨大挑战。一方面现代装备急需技术人才，另一方面传统装备淘汰大批技术人员下岗。更严峻的考验是，现代装备对管理人才的素质和技能需求正在颠覆我国传统的职业教育体系，例如人才培养计划、课程设计、实训室建设、教材编写和教师培训等，我国职业技术教育面临着新的挑战。

早在 20 世纪 90 年代初，我国实施“科教兴国”战略初期，有一些理工科大学就建立了现代集成管理系统——CIMS 实验中心，在实验中心安装一些知名企业的 ERP 软件进行教学研究。特别是从 2003 年起，一些大学、职业技术学院纷纷开始建立 ERP 实训中心，并相继开发了一些 ERP 实训课程，希望解决工商管理专业模拟企业实训问题。至今已经开发的课程有“ERP 沙盘实训”“ERP 财务管理系统”“ERP 生产管理系统”“ERP 供应链管理系统”“ERP 客户关系管理”等。

二、开发思路

仔细分析当前的工商管理课程设计，不难发现其具有传统管理印迹。从系统的角度观察，有“信息孤岛”为证；从管理的角度观察，信息处理仍在部门中；从职业教育的角度观察，以单一专业为主。这与企业目前的人才需求目标相差甚远。

由于现代装配与管理信息系统捆绑在一起，并支撑跨专业、跨部门，甚至跨企业的“业务过程管理”（见表 0-1），所以可以达到满足客户需求，提高工作效率和效益，并满足市场需求的目的。

了解企业经营的人都知道，当一个企业的经营性质确定后，其业务就被固化了。如表 0-1 所示，销售型企业的核心业务为采购和销售业务，一个控制业务；而制造型企业的核心业务为采购业务、制造业务和销售业务，一个控制业务。

因为 ERP 管理信息支撑“业务过程管理”，所以企业资源的信息可以被动态仔细采集、存储、传递与处理。这一功能的实现，不仅给企业的管理提供了方便，同时也给职业技术教育提供了机会，也就是说，工商管理专业可以在线职业技术培训，也可以离线职业技术培训。

表 0-1　现代企业管理的业务过程管理

企业类型	控制业务	核心业务	业务过程管理	参与部门
销售型	产品管理控制	采购业务	物料、成本、资金	采购部门、成本管理部门、财务部门
		销售业务	物料、成本、资金	销售部门、成本管理部门、财务部门
			物料	销售部门、产品计划部门、采购部门
制造型	生产计划控制	采购业务	物料、成本、资金	采购部门、成本管理部门、财务部门
		制造业务	物料、成本、资金	生产计划部门、工作中心、成本管理部门
		销售业务	物料、成本、资金	销售部门、成本管理部门、财务部门
			物料	销售部门、工作中心、采购部门

不少 ERP 软件提供商以“解决方案”为卖点，这是因为对改善企业管理而言“解决方案”的价值比 ERP 软件本身的价值更高。所以利用典型的“解决方案”进行教学设计，有利于拉近企业与学校人才培养的距离。

可见，直接选择全球认同的管理工具——ERP 系统来开发工商管理专业课程的实训课程，并编写通用的职业技术实训教程是非常必要的，也是很明智的。本书以“ERP 生产制造管理解决方案”作为工商管理专业的学习模块之一，如图 0-1 所示。

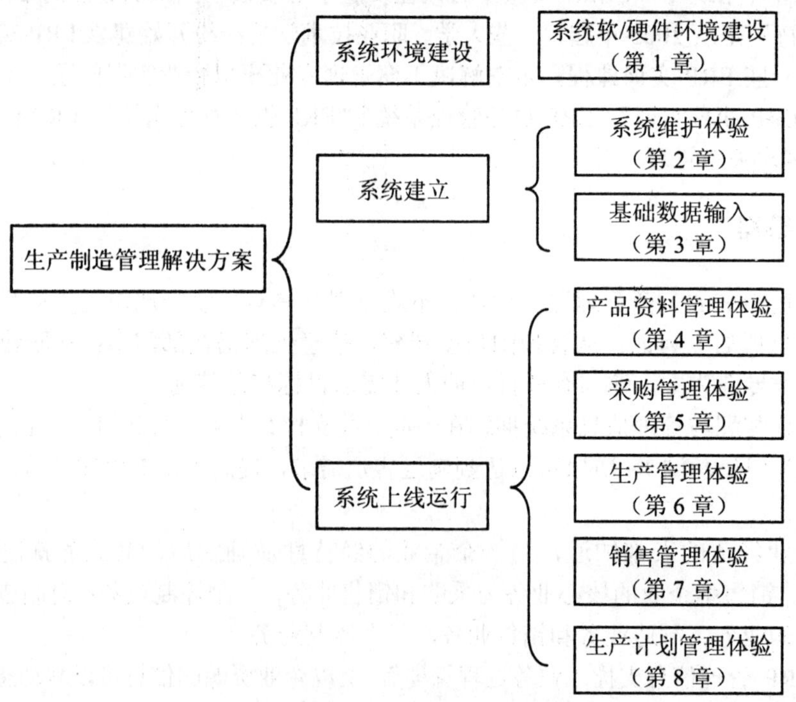

图 0-1　ERP 生产制造管理解决方案

由图 0-1 可见，“解决方案”包括系统环境建设、系统建立、系统上线运行三个方面。其中，系统环境建设是解决跨专业、跨部门的“信息支撑环境”问题；系统建立是解决如何进入 ERP 系统平台的问题；系统上线运行则是解决如何推行“业务过程管理”的问题。

有了“解决方案”的知识，还应该理解企业 ERP 系统建设是一个漫长的过程，需要经历多次解决方案的推进，例如生产制造管理、物料管理、成本管理、财务管理、人力资源管理、客户关系管理等“解决方案”，要一步步地去实施，直至覆盖企业管理的方方面面。

三、技术要点

“解决方案”也是有规律的，主要包括应用模式、业务流程和实训指南三个方面。

（1）应用模式。当筹划一个解决方案时，可按企业需求进行“总体设计”，即本书称的应用模式，如图 0-2 所示。

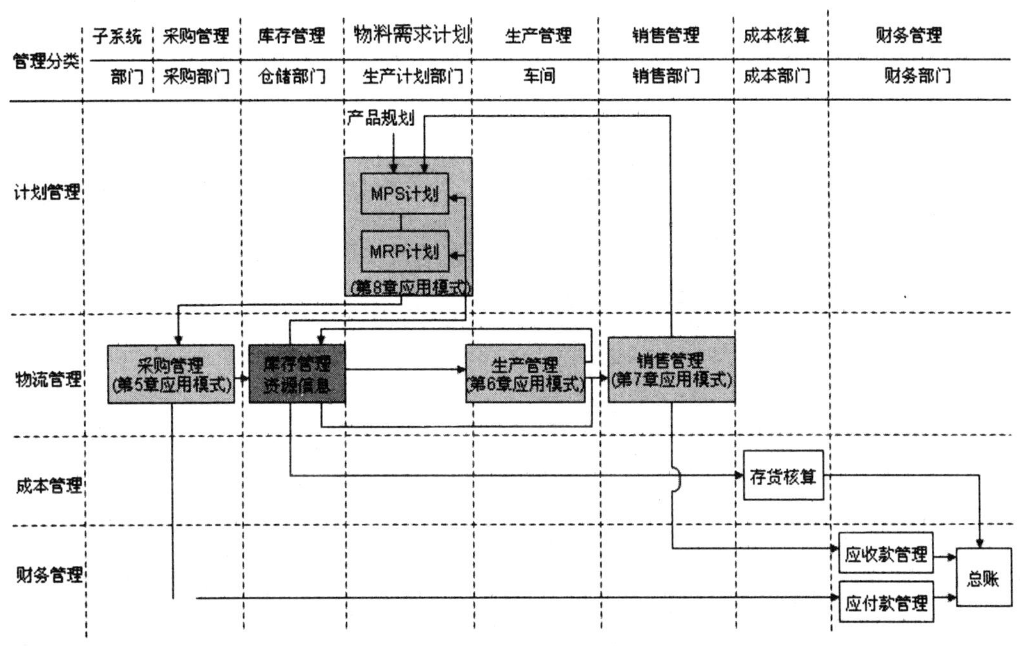

图 0-2　生产制造管理应用模式

图 0-2 的应用模式包括采购、生产、销售管理和 MPS/MRP 计划四个子应用模式，可分别参考第 5、6、7、8 章。设计应用模式的目的，一方面是为了帮助企业锁定需求，另一方面还可以帮助企业选择 ERP 功能模块。

（2）业务流程。实施顾问又称为“蓝图设计”，它实际上是企业级的业务流程，由图 0-2 分解出来采购管理、生产管理、销售管理和 MPS/MRP 计划管理应用模式。例如采购管理应用模式，如图 0-3 所示。

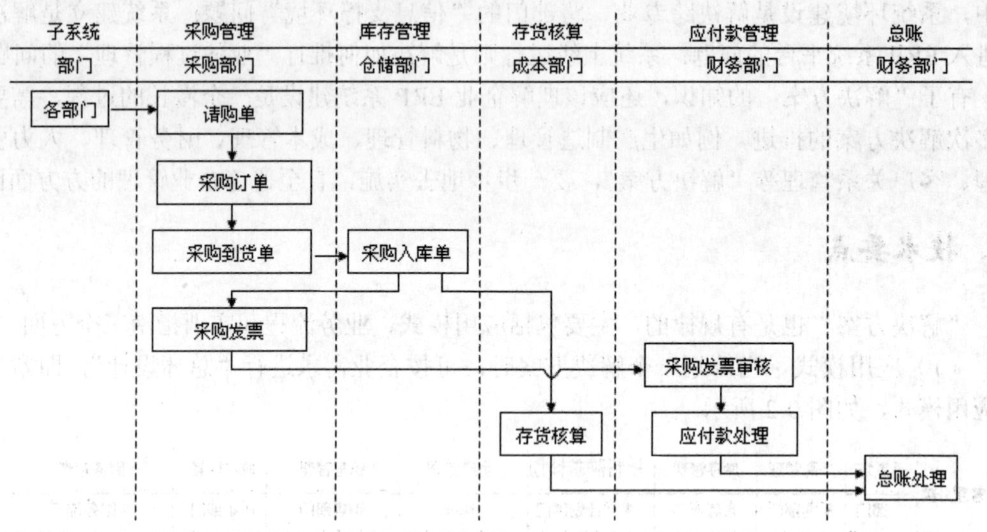

图 0-3 采购管理应用模式

图 0-4 是图 0-3 采购管理应用模式的 ERP 操作流程，图中的数字标识为业务顺序，其中长方形为部门级的作业活动，是 ERP 的操作命令。业务流程分为物流、价值流、资金流三个过程，一方面对应表 0-1“业务流程管理”中的物料、成本、资金三个子过程管理，另一方面也对应着 ERP 的“信息视图”，可以观察资源变化的情况。

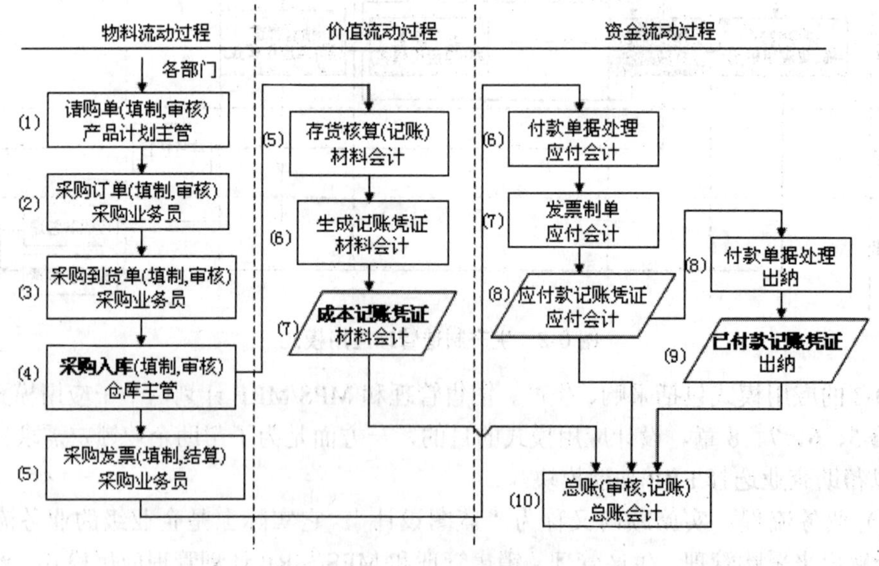

图 0-4 采购业务流程

（3）实训指南。许多企业在实施 ERP 时都会书写操作指南，操作指南是针对岗位级业务流程的。本书模拟表 0-1 核心业务和控制业务流程进行 ERP 功能操作，所以本书也可称为实训指南。

四、学习导引

按照上述技术要点，本书已经设计好了一个“典型的生产制造管理解决方案”即图 0-1，接下来就看你的学习目的是什么。

（1）如果你想学习企业核心业务，可以联系 QQ1512259115 或 zhengjingling12@163.com 获取演示账套，在自己的电脑里构建学习环境。体验每一个核心业务流程，学习每一道作业的要领，掌握完整的核心业务技能，这比传统的到企业顶岗“当工人→当组长→当管理人员→”的学习过程，要系统、全面、科学和快捷得多。

（2）如果你想学习企业运作管理，可以联系 QQ1512259115 或 zhengjingling12@163.com 获取演示账套，在自己的电脑里构建学习环境。体验设计管理目标，模拟仿真生产计划处理，包括计划参数设置、集中资源信息设置、资源计划设置等，以分析控制下达资源计划执行，从而掌握企业资源计划管理技能。

（3）如果你是教师，想深入地了解企业生产制造管理的技能，要从“ERP 生产制造管理解决方案”开始，从第 1 章开始构建学习环境，体验本书的全过程，并结合管理知识，以体验式的学习方法，掌握新的现代化企业管理专业技能。

（4）如果你是学生，可以在 ERP 实训室，在老师的指导下，理论与实践相结合，学习核心业务，学习控制业务……

总之，相信现代装配、现代高科技的手段不仅可以通过模拟训练驾驶、飞行，同样也可以通过模拟训练企业员工管理等，这也是本书编写的初衷。

编　者

2014 年 10 月

CONTENTS

目录

CONTENTS

目录

CONTENTS

目录

CONTENTS

目录

CONTENTS

目录

CONTENTS

目录

CONTENTS

目录

CONTENTS

目录

第1章 系统环境建设

1.1 背景知识

1.1.1 生产制造管理概述

1．生产类型

首先，我们对生产给一个通用的定义：生产是在经济上和管理上有效地建立起来的一个过程，它将一些输入转换成商品或服务。一般将生产分为开采、提炼、制造、分配、服务五类。

（1）开采是指以自然资源得到的物料进行加工生产的过程，如采矿、捕鱼等。这类生产一般都要投入大量的资金，它的物料储运与管理十分重要，需要编制长期计划，生产提前期较长。

（2）提炼是指专门改变物料化学特性的生产过程，当然在这个过程中也可能改变了物料的物理特性。

（3）制造通常指改变物料的物理形态，是对零件的加工制造或装配。制造产品种类十分繁多，计划与管理非常复杂，生产与库存管理的研讨是其重点。

（4）分配是改变某项目存放位置的过程。在某些情况下，分配的任务可能比生产这种最终产品本身的过程更重要，成本也更高。

（5）服务是指提供改进或提供服务，常见的有心理、美学、生理和教育等服务。

2．生产技术类型

针对产品的生产过程可以分为两类：流程式生产和离散式生产。离散式生产也常称为车间作业式生产。用连续的或流水线的方式制造离散零件或装配件，称为重复生产或大批量生产。离散式生产与流程式生产的分类如表 1-1 所示。

表 1-1 离散式生产与流程式生产

生 产 类 型	离散产品生产和装配	流 程 生 产
工程项目型生产	建筑 造船	化工
车间任务型生产	机械制造	制药
流水生产	电脑、电视、空调 （重复生产）	配料 （连续生产）

3．生产制造管理技术

从企业资源计划的角度出发，现代生产制造管理寄希望于企业资源计划（Enterprise Resource Planning，ERP），这个管理信息系统可以帮助企业不断地提升管理。而 ERP 管理技术是由物料需求计划（Material Requirement Planning，MRP）、闭环式 MRP 和制造资源计划（Manufacturing Resources Planning，MRPII）系统发展过来的。在使用 ERP 系统之前，我们先来了解它们内在的管理思路与处理逻辑。

（1）MRP 的处理逻辑

① MRP 的特点。制造管理的核心是库存问题，要求处理好物料的需求计划。因此，MRP 的初衷是："在需要的时候，提供需要的数量"。需从以下几个方面来分析。

- MRP 的思想：理论是，能从产品的生产计划中获取与其相关的所有物料的品种、需求量、需求时间等数据；专业素质是，产品的物料配套生产。
- MRP 的数量计算：计算净需求，从获取的相关物料需求量中扣除它的现有资源，主要是它的库存量，提供建议订货量。算法是，净需求量=毛需求量-现有资源。
- MRP 的时间计算：计算需求时间，从获取的相关物料需求时间中扣除它的提前期，提供建议订货的时间。算法是，需求时间=计划时间-提前期。
- MRP 的逻辑处理：如图 1-1 中 MRP 的逻辑处理流程所示。

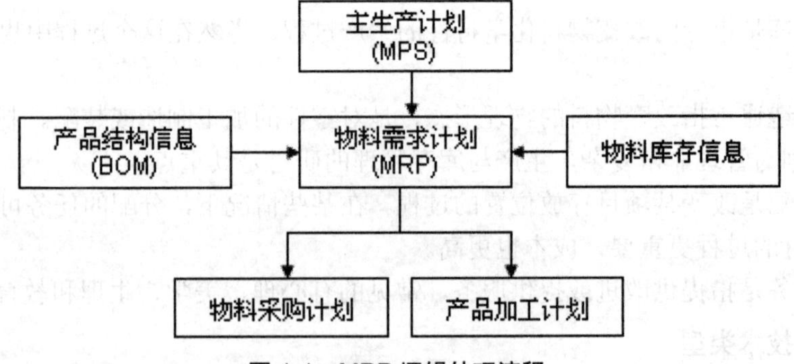

图 1-1 MRP 逻辑处理流程

② MRP 运行需要满足的条件：

- 有一个主生产计划。

- 每一物料要有唯一的物料编码。
- 有一个通过编码表示的产品结构，即物料清单（BOM）。
- 有完整的物料库存记录。

③ MRP 针对解决的问题：

- 生产什么？生产多少？（来源于 MPS）
- 要用到什么？（由 BOM 展开可知）
- 已经有了什么？（由库存记录可知）
- 还缺什么？（计算出结果可知）
- 何时需要？（根据需求时间可测算）

（2）闭环式 MRP 的处理逻辑

① 闭环式 MRP 原理。闭环式 MRP 原理认为，主生产计划（Master Production Scheduling，MPS）与物料需求计划（MRP）可行的话，还要考虑生产能力，或者对生产能力提出需求计划，在满足能力需求的前提下，才能保证物料需求的执行和实现。在这种思想的要求下，企业必须对投入与产出进行控制，也就是对企业的能力进行校检和执行控制。闭环式 MRP 逻辑处理流程如图 1-2 所示。

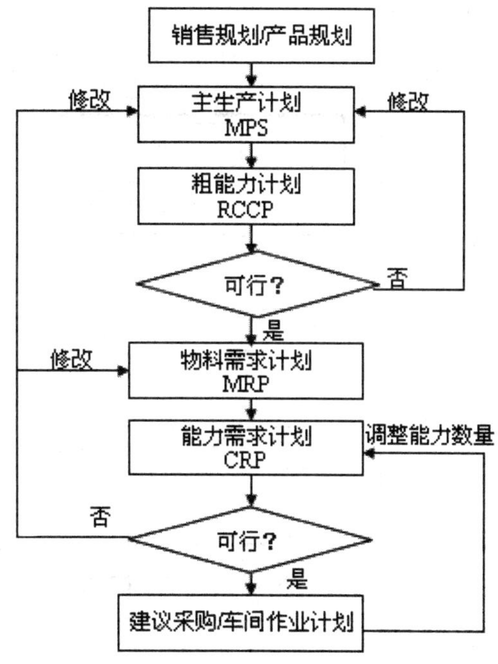

图 1-2　闭环式 MRP 逻辑处理流程

② 闭环式 MRP 的特点：

- MPS 来源于企业的生产经营规划与市场需求（如合同、订单等）。

- MPS 与 MRP 的运行伴随着能力与负荷的运行，从而保证计划是可靠的。
- 采购、车间作业计划的执行是物料变化的过程，也是物流变化的过程，同时又是控制能力的投入与产出过程。
- 能力的执行情况最终反馈到计划制订层，整个过程是能力的不断执行与调整的过程。

③ 闭环式 MRP 需要满足的条件：

- MRP 的计算结果。
- 工作中心的划分与定义。
- 工厂日历。
- 工艺路线的划分和定义。

闭环式 MRP 能较好地解决计划与控制问题，是计划理论的一次大飞跃。但是它仍然未能彻底解决计划与控制问题。

（3）MRPII 的处理逻辑

MRPII 是紧紧地围绕产品的制造资源计划展开管理活动的，以生产计划为主线，对企业中的制造资源进行动态控制。

① MRPII 处理逻辑，如图 1-3 所示。

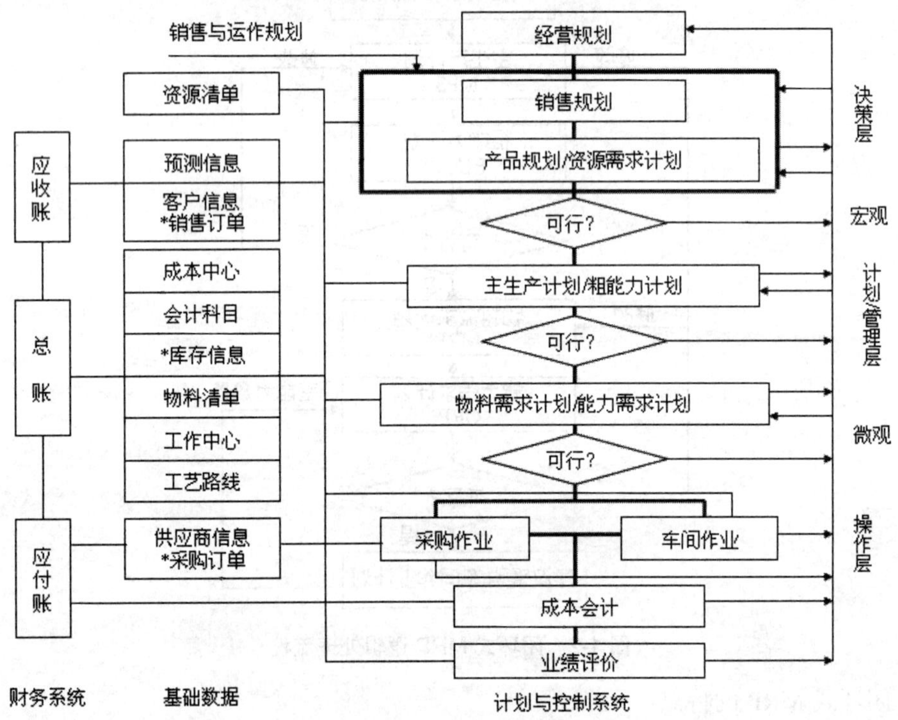

图 1-3 MRPII 的逻辑处理流程

② MRPII 的特点：

- MRPII 是一种计划主导型管理模式，计划层次从宏观到微观、从战略到技术、由粗到细逐层优化，据此保证与企业经营战略目标的一致性。
- MRPII 是一项系统工程，它把企业所有与生产经营直接相关部门的工作联结成一个整体。
- MRPII 是一种制造企业管理信息系统，企业各部门都依据同一数据信息进行管理，任何一种数据变动都能及时地反映给所有部门，做到数据共享。
- MRPII 是一个闭环系统，它要求跟踪、控制和反馈瞬息万变的实际情况，管理人员可随时根据企业内外环境条件的变化迅速作出响应，及时调整决策，保证生产正常进行。
- MRPII 的模拟功能可以解决“如果怎样……将会怎样?”的问题，预见在相当长的计划期内可能发生的问题，事先采取措施消除隐患，而不是等问题已经发生了再花几倍的精力去处理。
- MRPII 包含了成本会计和财务功能，可以由制造活动直接产生财务数据，把实物形态的物料流动直接转换为价值形态的资金流动，保证生产和财务数据一致。

（4）ERP 的管理思想

① 企业流程重组（Business Process Reengineering，BPR）以业务流程为改造对象，以作业流程为中心，打破传统的金字塔形组织结构，转向扁平型结构管理。从而获得在成本、质量、服务和速度等方面业绩的显著性改善。

② 供应链管理的概念（Supply Chain Management，SCM）围绕核心企业，主要通过信息手段，对供应各环节中的各种物料、资金、信息等资源进行计划、调度、控制与利用，形成客户、零售商、分销商、制造商、采购供应商的全部供应构成的功能整体。

③ 推行“只在必要的时间以必要的数量生产必要的物料”准时生产（Just In Time，JIT）管理。

④ 推行精益生产（Lean Production，LP），消除一切不增值的作业与活动、提高快速响应能力、强调合作伙伴关系、以满足客户需求为前提，拉动个性化产品生产，用大量客户化定制改变传统的大批量生产方式。

很明显，ERP 是一套信息系统，是一个系统管理工程，更是一个战略工具，它通过集成业务流程帮助企业优化可以利用的资源，从而提高经营和管理水平。但是，如图 1-3 所示的 MRPII 的逻辑处理流程仍然是 ERP 的核心管理技术。

1.1.2 生产制造应用模式

下面以 ABC 电脑制造公司为典型案例，建设并模拟企业的生产制造管理系统。

1．企业背景

ABC 电脑制造公司的管理经营情况。

（1）生产特点。该企业是生产计算机的，是典型的离散式生产类型，采用离散式的流水生产线，统称重复生产方式。生产制造主要是针对原材料、外购品的部件加工及装配。

（2）产品经营过程。以传统的生产制造过程为主，即先将原材料和外购品采购进来，暂时存放在原材料仓库里，根据生产计划的要求，车间领料、生产成成品，入库至将成品仓库暂存起来，待客户需要的时候再销售出去。

（3）企业最常见的问题是计划层与操作层的信息沟通不畅，常常会出现以下几种情况。

① 原材料与外购品的采购，使得原材料仓库的库存不断增加。

② 生产线常常会出现缺料，即采购的物料与生产计划不配套。

③ 生产出来的产品使成品仓库的库存量不断地增加，但是客户订单又不能准时交货，即生产与客户的需求脱节。

因此，企业在管理中，当注意满足客户需求，将生产计划放宽时，容易造成物料的库存冗余，导致库存成本增加，资金周转困难；当控制生产计划时，又会影响到客户的交货期。

2．企业对 ERP 系统建设的需求

建设一个以企业资源计划为主线的生产制造管理信息系统。

（1）以主生产计划控制为主线。ERP 支持主生产计划，物料需求计划，参考图 1-3 中的计划/管理层。

（2）以产品的经营管理为目标。ERP 系统支持产品的采购、生产、销售完整的工作过程，参考图 1-3 中的操作层。

（3）以产品规划为管理目的。做到既考虑市场，实现 100%的客户订单发货率，集中计算企业资源计划。

（4）以集中资源信息共享为前提。由产品规划和销售订单作为需求来源，ERP 系统支持生产计划运算自动地关联采购、生产资源数据，并提供建立采购和生产等的决策数据。

（5）以作业成本管理为目标。ERP 系统支持采购成本、制造成本、销售成本的信息的采集、归集与处理。

（6）以建立良好的资金管理环境为保障。ERP 系统支持财务的收/付款管理信息与采购、销售业务无缝连接，连接订单信息，支持收/付款处理，做到信守承诺，遵守市场规则。

3．应用模式设计

根据企业的需求，ABC 电脑制造公司的生产制造管理系统的应用模式包括销售管理、生产管理、采购管理、生产计划管理，库存管理、财务管理多个子系统，以及各子系统功能所对应的使用部门，如图 1-4 所示。

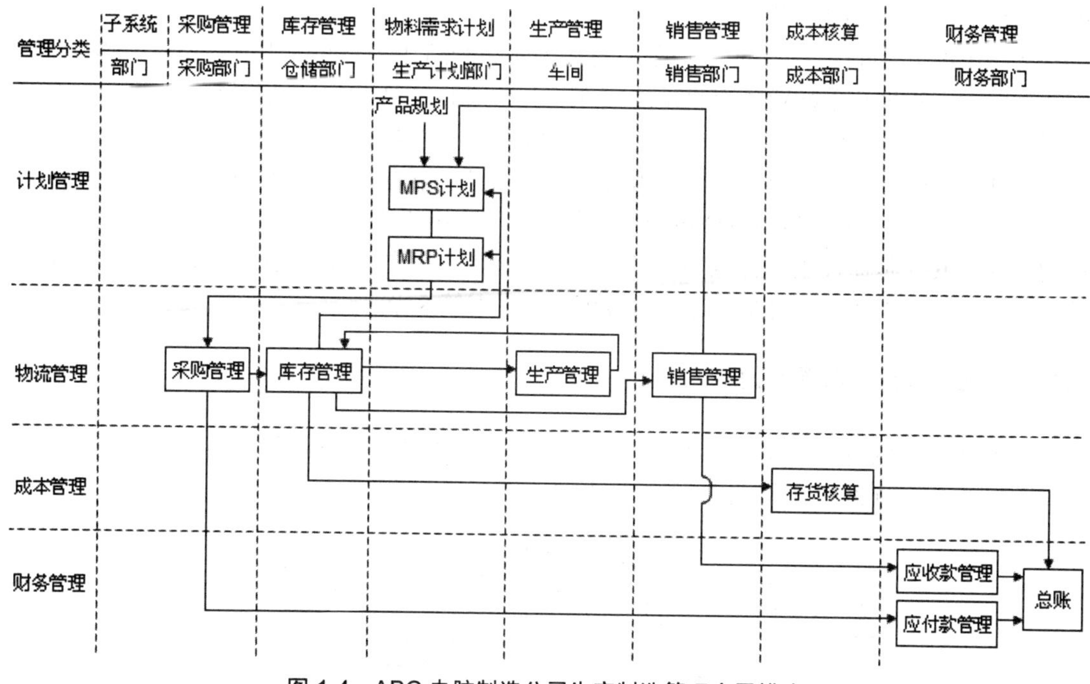

图 1-4　ABC 电脑制造公司生产制造管理应用模式

（1）管理分类，站在管理的角度，可将图 1-4 分为四类。

① 计划管理：即 MPS 计划，集中式管理产品规划和客户需求，MRP 通过 ERP 企业应用平台集中地计算建议采购计划和生产计划。详细内容可参考本书第 8 章。

② 物流管理：即集中式物流管理结构，包括采购，生产、销售三部分。系统保证与库存结构、采购和销售业务的信息无缝连接。详细内容可参考本书第 8 章。

③ 成本管理：基于采购、生产和销售业务环节的成本管理。实现成本核算与库存信息的无缝连接。详细内容可参考本书第 5 章、第 6 章和第 7 章。

④ 财务管理：即基于采购、销售业务的应付/收款管理，实现采购业务、销售业务与信息的无缝连接。在以作业驱动的前提下，保证产品的成本核算、应付款、应收款、总账处理信息的及时性与完整性。详细内容请参考本书第 5 章和第 7 章。

（2）生产制造业务流程，主要有采购、生产和销售三个核心业务流程。

① 采购管理业务流程，详细内容可参考本书第 5 章。

② 生产管理业务流程，详细内容可参考本书第 6 章。

③ 销售管理业务流程，详细内容可参考本书第 7 章。

（3）计划与控制，主要有 MPS/MRP 计划流程。

① MPS 计划流程。它是企业内部与市场之间产品供应链的节点，也是产品资源计划的节点。它将销售业务与生产管理有机地连接在一起，进行产品主生产计划的资源运算，并

提交客户对产品需求的结果。

② MRP 计划流程。它是企业内部原材料采购与产品加工之间的供应链节点。它将主生产计划、生产管理与采购业务有机地连接在一起，进行产品的物料需求计算，并提供建议的采购需求计划、零部件生产需求计划。详细内容可参考本书第 8 章。

图 1-4 以物流管理为界，它的上方是计划的信息；下方是成本的信息以及应收/应付的信息。由此而见，AB 电脑制造公司的生产制造管理应用模式，可以通过两条主线来控制企业的资源。其一是通过生产计划集中计算、调整控制企业的资源计划；其二是通过对物流的过程管理来控制企业的资源。详细内容可参考本书第 8 章。

1.1.3 生产制造业务流程

根据 ABC 电脑制造公司的应用模式，设计该公司整体的业务流程。该流程覆盖企业的各部门以及所有的业务和业务活动信息，如图 1-5 所示。

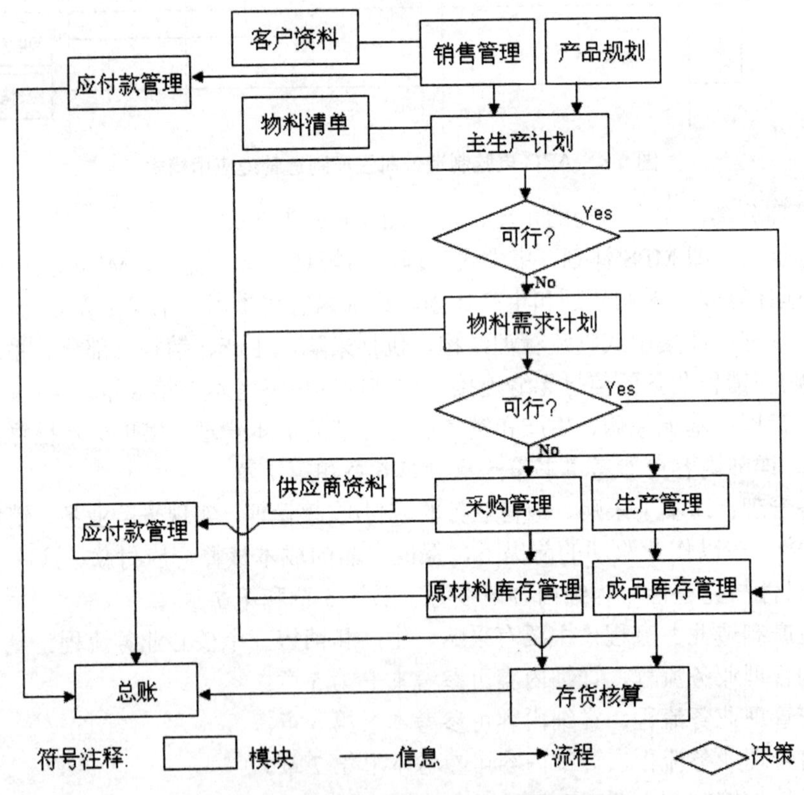

图 1-5 ABC 电脑制造公司的总体业务流程

图 1-5 中的 MPS/MRP 计划是企业内部的供应链节点，是生产制造管理的主线，参考图 1-3。

它的输入需求来源于两个方面，一是销售管理，二是产品规划。

MPS/MRP 的运算回答了：企业将要生产什么？生产多少？要用到什么？已经有了什么？还缺什么？何时安排？参考图 1-1。

1.1.4　生产制造系统构成

生产制造管理系统主要由物料清单、主生产计划、物料需求规划、采购管理、生产管理，销售管理、库存管理、存货核算、应收款管理、应付款管理、总账管理 11 个模块组成。

1．物料清单

物料清单（Bill Of Material，BOM）定义了产成品、零部件及原材料的产品结构情况，它定义了产品基本信息。

- 最终产品（又称产成品或成品）的组成、用量、生效日期等。
- 标准成本累计计算，包括物料、人工、制造费等。
- 新产品的成本，拟定销售价参考。
- 物料需求计划，MRP 运算的选择。
- 计划品、模型及选项物料需求展开的依据。
- 生产订单领料、发料的依据等。

2．主生产计划

MPS 用来定义关键物料的预期生产计划。MPS 是协调生产与销售的依据，是采购、生产业务的数据源。企业日常对销售、生产和采购三种业务的精细排程，都是依据 MPS 的日程加以计算而得到的。系统通过计算独立需求，考虑现有库存、考虑工作中心正在生产的订单、考虑目前还没有交货的客户订单等信息，计算出产品生产的数量和时间，提供产品生产决策的信息。

3．物料需求计划

物料需求计划（MRP）系统是针对相关需求的。例如依据 MPS 的结果，对物料清单的分解，得到产品的相关需求，考虑现有库存、工作中心正在生产的订单、考虑未完成的采购订单，计算出相关需求的数量和时间等，提供采购和零部件加工决策的信息。

4．采购管理

采购管理是主要针对普通采购业务过程的管理。普通采购业务过程包括请购、订货、到货、入库、发票、采购结算等活动。企业必须根据自身的实际情况设计好采购管理的应用模式、业务流程，方能采集到采购业务活动的信息。

5．生产管理

生产管理主要是针对车间作业（即生产订单）过程的管理。生产订单的过程包括生成、锁定、审核、领料、加工、关闭等活动。企业必须根据自身的实际情况设计好生产管理的应用模式、业务流程，方能采集到产品生产中的活动信息。

6. 销售管理

销售管理是主要针对普通销售业务过程的管理。普通销售业务过程包括报价、订货、发货、出库、采购发票等活动。企业必须根据自身的实际情况设计好销售管理的应用模式、业务流程，方能采集到销售业务活动的信息。

7. 库存管理

库存管理是从数量的角度管理存货的出库或入库的交易活动。库存管理提供了多种存货交易事务处理方式。例如，采购入库、销售出库、产成品入库、材料出库、盘点管理等，并提供仓库及货位管理、批次管理、保质期管理、可用量管理等精细的管理功能。库存存货是生产制造企业的重要资源，是MPS/MRP主要共享的数据。

8. 存货核算

存货核算是从成本的角度管理存货的出库或入库情况。通过存货核算可跟踪到存货的耗用情况，并能及时地将存货成本准确地归集到相应的成本对象上。存货核算有入库成本核算、出库成本核算、结余成本核算等。

9. 财务管理

财务管理包括应收、应付款管理和总账处理。应付/应收款分别是采购或销售业务的一部分。而传统管理将它们分为了实物、资金处理两个部分。在ERP环境下，系统将直接采购或将销售管理系统中的发票信息拽过来，从而成为一个完整的业务过程，并且实现及时、准确的收付处理。

ERP总账处理将采购、生产、销售过程中产生的资金信息顺理成章地归集到相应的会计科目之下。一方面能为管理者提供清晰的资金数据；另一方面又能为财务报表提供明细账的数据来源。总账系统的普及与应用，将结束传统的靠手工统计数据管理企业的状况。及时、准确、快捷的资金流动信息将帮助企业理智地执行资金计划，果断地作出经营决策。

1.1.5 生产制造系统工作原理

ABC电脑制造公司的生产制造管理系统是一个完整的制造管理解决方案。它依靠ERP信息工具将企业的业务流程贯穿到业务的每一个环节，贯穿各业务部门的每一个活动之中，而不是传统管理中的只依据单据或凭证来延续部门的业务活动。

生产制造系统采用简单的逻辑处理方法。图1-5中，MPS计划有两个数据来源，一个是产品规划，另一个是销售管理。两个来源在应用中有三种可能：按产品规划管理，按（客户订单）销售订单管理，或者两个方面都考虑。如何应用由企业的资源计划管理目标来决定。下面来描述按客户订单管理的，只考虑销售订单的工作原理。

1．计划管理

（1）销售管理中的销售订单自动传递至 MPS 计划，作为 MPS 计划的输入数据。

（2）MPS 计划将销售订单的需求量与其库存量进行运算，计算出产品的实际需求量，提交产品的供需报告，即产品的建议生产计划。

（3）MRP 依据产品的建议生产计划，分解出物料的相关需求，并与其库存量进行运算，计算出物料的实际需求量，提交建议采购计划需求和建议零部件生产计划。

2．物流管理

（1）采购管理参照 MRP 计划的建议采购计划编制采购订单，并执行之。采购管理的采购入库交易后触发库存管理记增值账。

（2）生产管理参照 MRP 计划的建议生产计划自动生成生产任务单，并执行之，制造成本传递至成本核算系统中。

（3）销售订单按期进行销售出库后，完成销售交易，触发库存管理记减值账。

3．成本管理

（1）存货核算接收库存管理的入库数据、出库数据后，形成成本记账记录。成本核算记账凭证自动传送到总账系统中。

（2）存货核算接收生产管理的制造成本数据，进行成本记账处理，并将记账凭证传送到总账系统中。

4．财务管理

（1）采购管理的发票传送到应付款管理，应付款管理收到相应的信息进行记账处理，并将记账凭证传送到总账系统中。

（2）销售管理的发票传送到应收款管理，应收款管理收到相应的信息进行记账处理，并将应收款凭证传送给总账系统中。

（3）最终应付款、应收款、制造成本的处理数据都将归集在总账相应的科目之下。可为财务报表提供特定产品经营的数据。

1.2 实训指导

1.2.1 实训内容

- 数据库服务器（数据源）配置实训。
- 应用软件服务器与数据库服务器链接实训。

1.2.2 实训要求

- 学会 ERP 硬件环境建设的基本技能。
- 学会 ERP 软件环境建设的基本技能。
- 学会 ERP 系统安装的基本技能。
- 学会数据库服务器的配置。
- 学会应用服务器与数据库服务器的连接。

1.2.3 实训准备

- 理解图 1-4 所示的 ABC 电脑制造公司的应用模式。
- 理解图 1-5 所示的 ABC 电脑制造公司的总体业务流程。

1.3 生产制造管理系统建设

由于生产制造管理系统要在计算机系统、网络系统、信息管理系统环境进行，因此，建设生产制造管理系统的必备条件是要有 ERP 软件产品、硬件系统、操作系统、网络与数据库。

系统建设分以下五个步骤完成。

1．确定生产制造管理解决方案

确定企业生产制造管理的业务解决方案。设计适合的应用模式，例如图 1-4 的 ABC 电脑制造公司生产制造管理应用模式。

2．选择 ERP 商品软件

依据应用模式的规模大小，选择适用的 ERP 商品软件。由于市场上有许多品牌的 ERP 商品软件，而一般的 ERP 商品软件对计算机硬件都有各自最佳配置的要求。因此，建议最好根据软件供应商的配置要求来选择计算机、服务器、操作系统、数据库等软件商品。

3．建立企业内部的网络系统

参考 ERP 商品软件，建立企业内部的网络系统。待 ERP 商品软件、硬件到位后，根据企业的岗位，建设好企业内部的硬件环境。

4．安装系统

完成软件环境的建设。

5．应用服务器与数据库服务器的配置

当安装系统完成后，进行应用服务器与数据库服务器的配置，使应用软件与数据库软件建立连接关系，使系统管理员（admin）能与应用软件进行人—机交互。

到此 ERP 系统的硬件/软件环境建设完成，可以进入第 2 章开始系统建立的工作。

1.3.1　典型案例描述

假设 ABC 电脑制造公司是一家大公司，它的生产制造管理系统建设选择了用友 ERP-U8.72 作为支撑系统；硬件环境配置选择客户端计算机、数据库服务器、应用服务器、加密服务器等。其硬件与软件环境建设，参考 ERP-U8.72 产品对服务器配置的要求。

1.3.2　硬件环境建设

本章是为教学实训环境建设的，需考虑数据库服务器、U8 全部模块和客户的安装。所以硬件建设应为，CPU：P4 2.4GB×2，RAM：1GM 以上，HD：20GB 以上。而企业在信息化建设时，需咨询 ERP 软件提供商的推荐配置。

1.3.3　软件环境建设

安装 U8.72 全产品的软件包括操作系统、数据库、浏览器、Internet 信息服务，可参考“U8.72 安装说明”。

1．操作系统

Windows 2000 Professional + SP4（或更高版本）+ KB835732-x86

Windows 2000 Server+ SP4（或更高版本）+ KB835732-x86

Windows XP+ SP2（或更高版本）

Windows 2003+ SP2（或更高版本）

Windows Vista

Windows 2008

2．数据库

Microsoft SQL Server 2000 + SP4（或更高版本）

Microsoft SQL Server 2005 + SP2（或更高版本）

Microsoft SQL Server 2008

3．浏览器

Internet Explorer 6.0 + SP1 及更高版本

4．Internet 信息服务

IIS 5.0 及更高版本

添加 IIS 时，可以选择“开始”→“控制面板”→“添加/删除程序”→“添加/删除组件”→“Internet 信息服务（IIS）”进行添加。

1.3.4 系统安装

本书的系统安装是针对教学设计的，企业实际应用时建议咨询 ERP 软件供应商。

1. SQL Server 2000 数据库安装

（1）安装 SQL Server 2000 服务器，如图 1-6～图 1-9 所示。

图 1-6 安装 SQL Server 2000 简体个人版

图 1-7 安装 SQL Server 2000 组件

图 1-8　安装数据库服务器

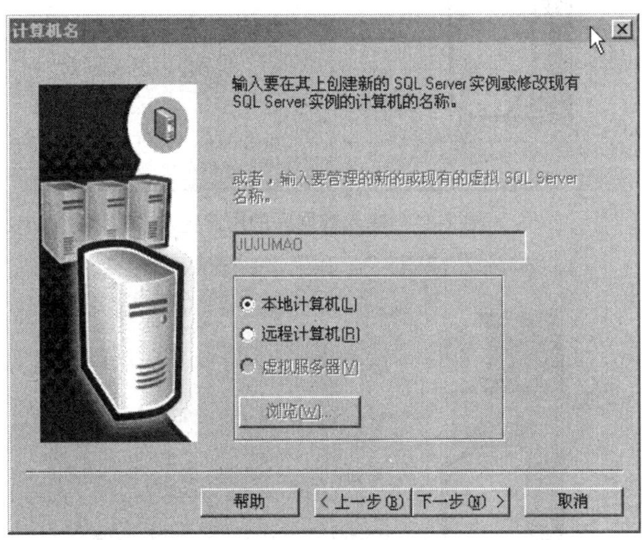

图 1-9　选择本地计算机

单击【下一步】按钮，直至数据库服务器安装成功。

（2）创建 SQL Server 实例，如图 1-10～图 1-17 所示。

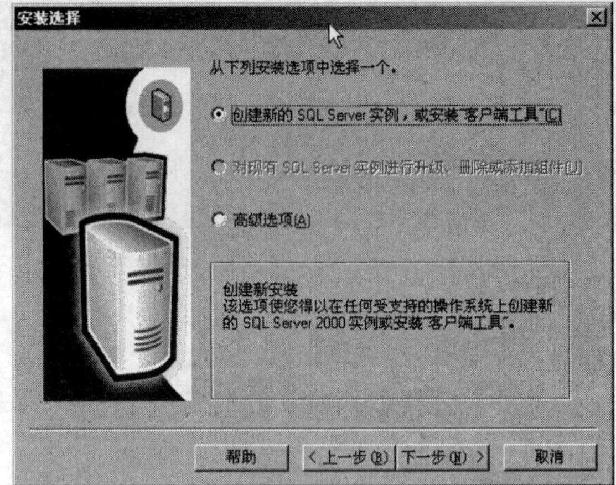

图 1-10　创建新的 SQL Server 实例

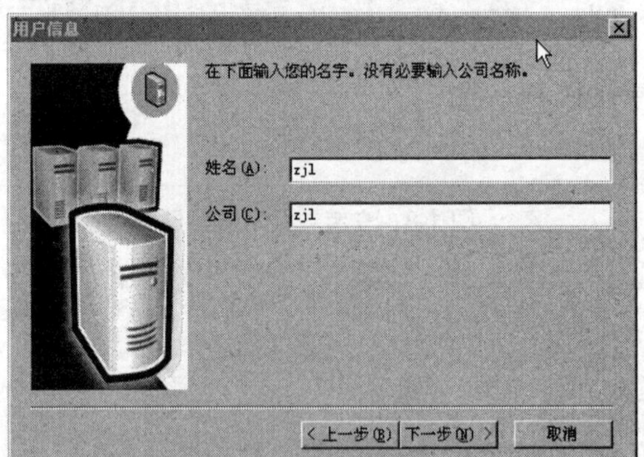

图 1-11　输入数据库的用户信息

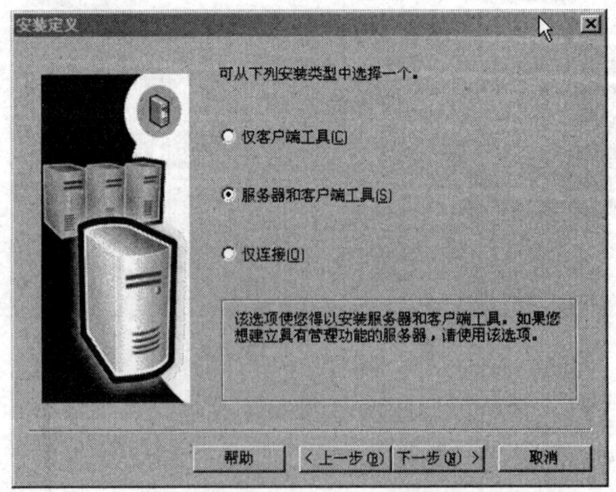

图 1-12　定义服务器和客户端工具

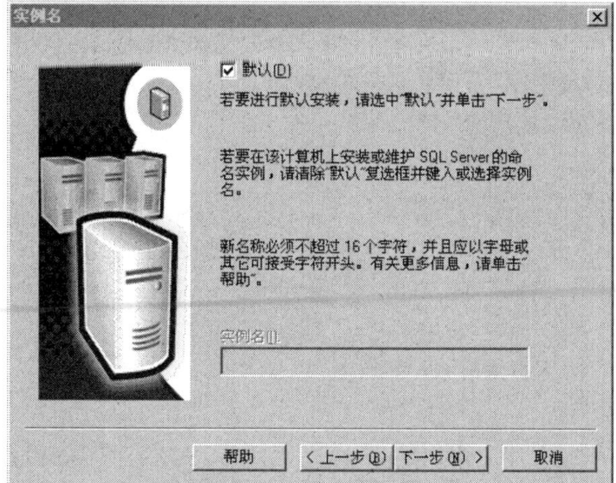

图 1-13 默认实名

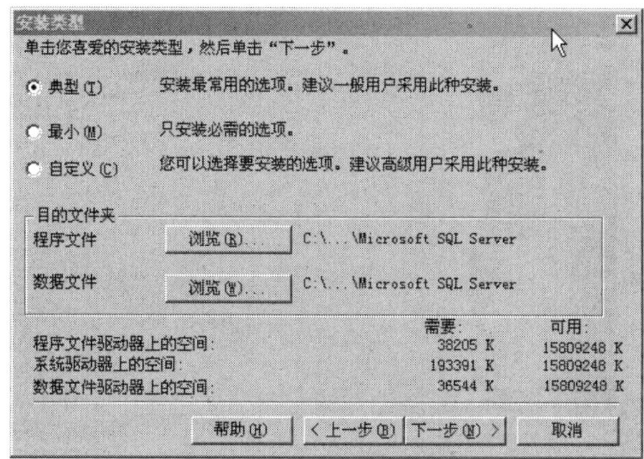

图 1-14 选择安装类型

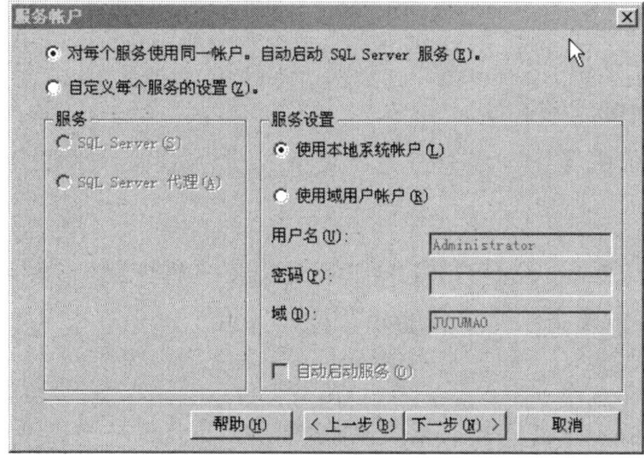

图 1-15 使用本地系统账户

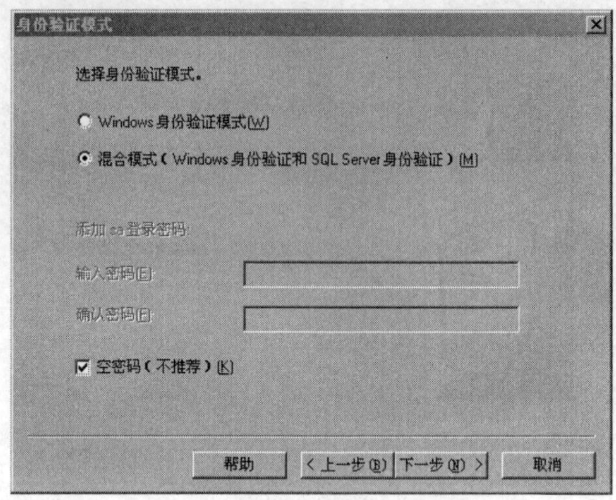

图 1-16 选择混合身份证模式

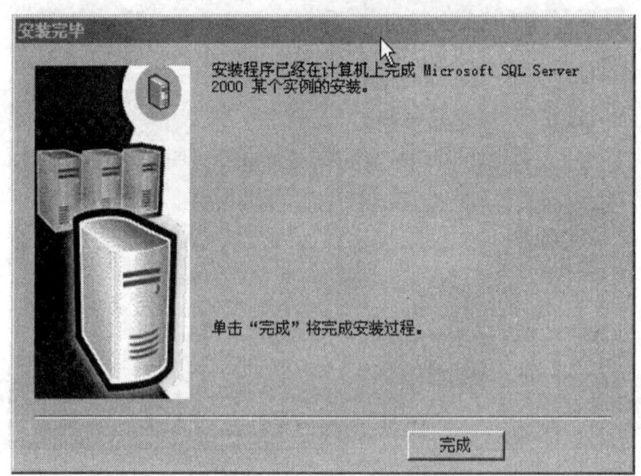

图 1-17 SQL Server 2000 安装成功

单击【完成】按钮，数据库安装成功。

2．安装 SQL Server 2000 的 SP4

按照安装向导，单击【下一步】按钮，直至成功，如图 1-18 所示。

3．U8 系统安装

（1）双击用友 ERP-U8.72\U872SETUP\setup.exe 文件，运行安装程序。

（2）根据提示单击【下一步】按钮进行操作，直至出现“用友 ERP-U8.72 安装”对话框，如图 1-19 所示。

提示：若将 SQL Server 数据库和用友 ERP-U8.72 安装到一台计算机上，可选择“标准”或“全产品”安装类型。

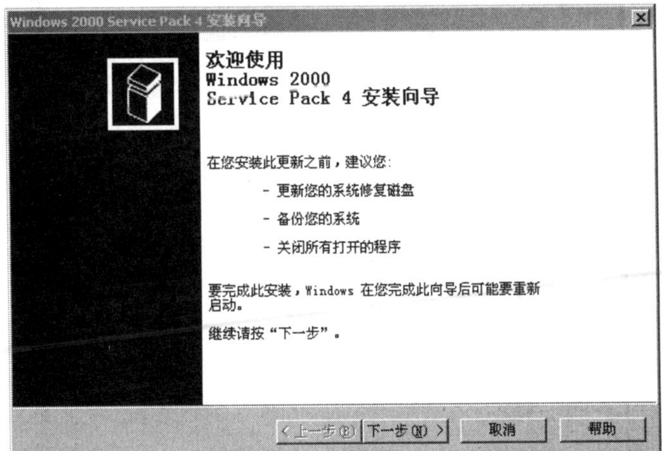

图 1-18　SP4 安装向导

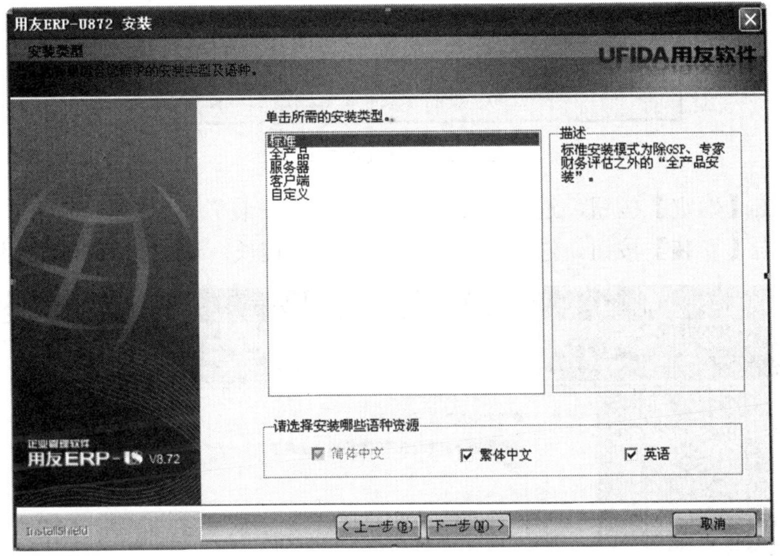

图 1-19　用友 ERP-U8.72 安装

（3）单击【下一步】按钮，接下来进行系统环境检测，看系统配置是否已经满足所需条件，并打开“系统环境检查”对话框，如图 1-20 所示。

图 1-20 中所示为所需环境已经满足。

提示： 若有未满足的条件，则安装不能向下进行，并在图中给出未满足的项目，此时可单击未满足的项目链接，系统会自动定位到组件所在位置，让用户手动安装。如.NET Framework2.0 SP1 未安装请手工安装：F:新编 ERP 财务光盘(8.72)\用友 ERP-U8.72\U872SETUP\3rdProgram\NetFx20SP1_x86.exe。

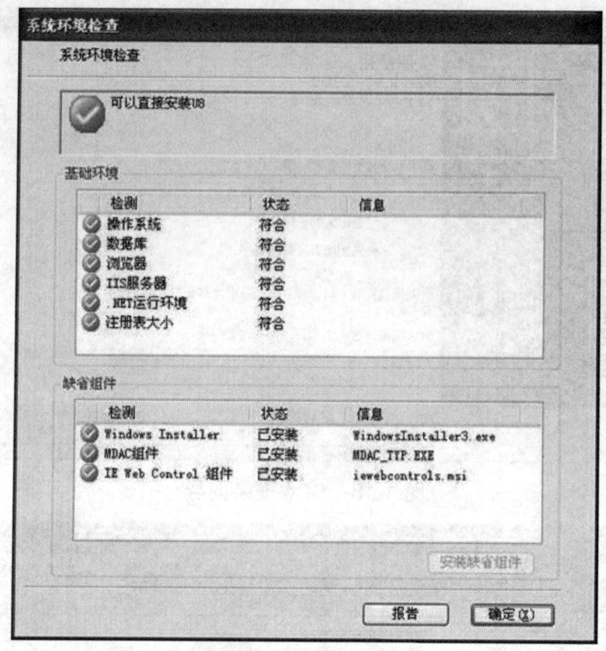

图 1-20　系统环境检查

（4）单击【确定】按钮，返回“用友 ERP-U8.72 安装”对话框。

（5）单击【安装】按钮，进行安装，此安装过程较长，请耐心等待，如图 1-21 所示。

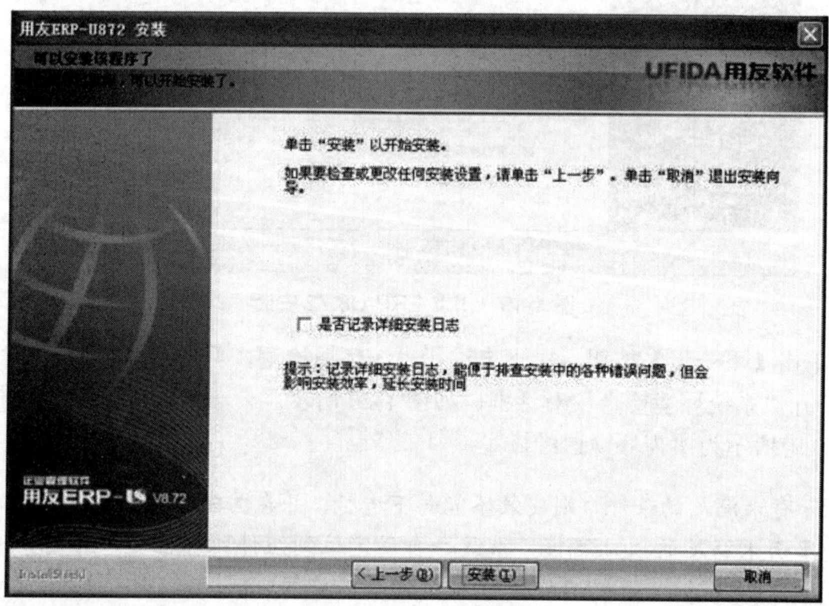

图 1-21　开始安装

（6）安装完成后，单击【完成】按钮，重新启动计算机。

1.4　服务器环境配置实训

通常，一个大型企业的生产制造管理系统的网络拓扑结构是复杂的，服务器的配置也较多，如图 1-22 所示。网络拓扑结构：百兆以太网，域模式，所有服务器和 U8 客户端都在同一个域中，服务器列表如表 1-2 所示。

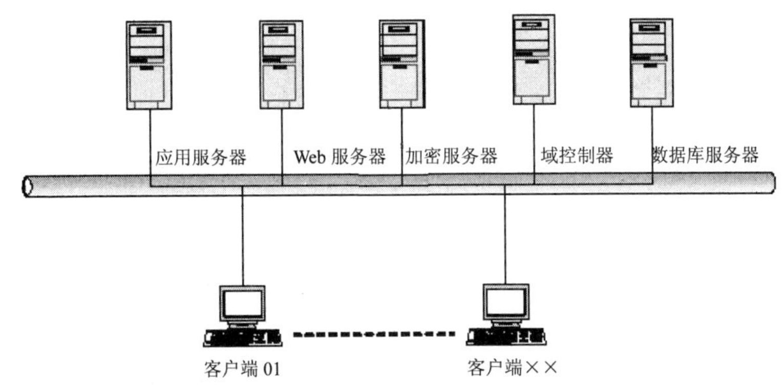

图 1-22　网络拓扑结构

表 1-2　服务器列表

计算机的角色	计 算 机 名	IP 地址
域控制器	DOMAIN	10.7.0.1
数据库服务器	U8DATABASE	10.7.1.1
应用服务器	U8APPLICATION	10.7.1.2
Web 服务器	U8WEB	10.7.1.3
加密服务器	U8ENCRYPT	10.7.1.4
客户端 01	U8Client01	10.7.2.1
客户端 xx	U8Clientxx	10.7.2.xx

1.4.1　数据服务器配置

一般企业的生产制造管理系统的建设是多数据库的，因此需要根据实际情况将“应用服务器指向数据库服务器”，使得应用软件与数据服务器软件关联起来。

操作步骤：

（1）确定数据服务器位置。右击桌面上的“我的电脑”图标，在弹出的快捷菜单中选择

“属性”→“网络标识”→“完整的计算机名”命令，打开“系统特性”窗口，如图 1-23 所示。

（2）数据服务器配置。选择“开始”→“所有程序”→“用友 ERP-U8.72”→“系统服务”→“应用服务器配置”（见钥匙图标）命令后，弹出“U8 应用服务器配置工具”窗口，如图 1-24 所示。

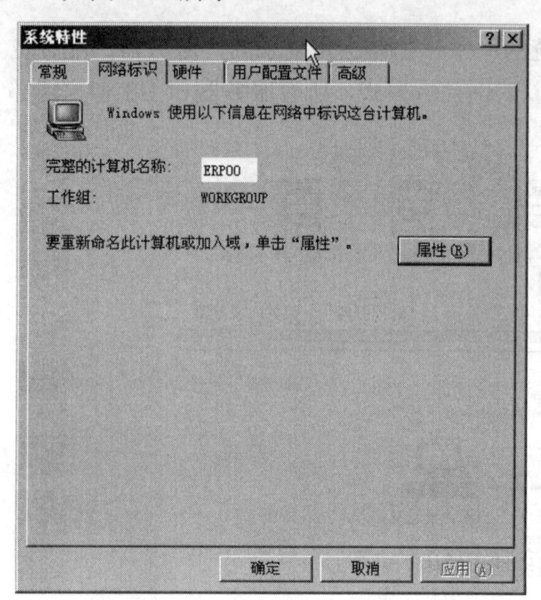

图 1-23 “系统特性”窗口

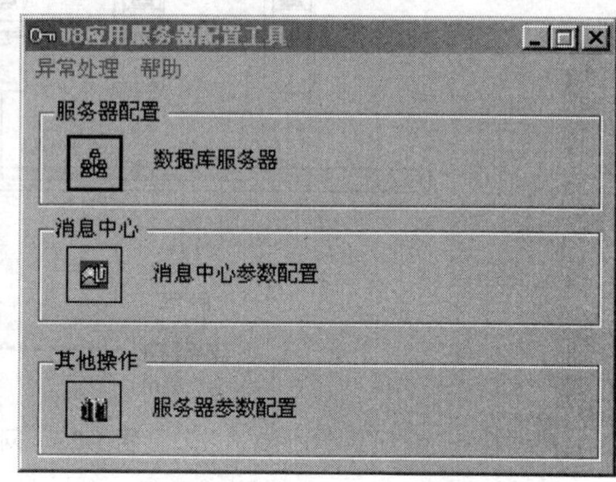

图 1-24 应用服务器配置工具

（3）单击【数据服务器】按钮，弹出“新建数据源”对话框。在“数据源”文本框中输入“default”，在“数据库服务器”文本框中输入“ERP00”，如图 1-25 所示。单击【测试连接】按钮，系统提示成功后，单击【确定】按钮返回“数据源配置”对话框，显示配置数据源，如图 1-26 所示。

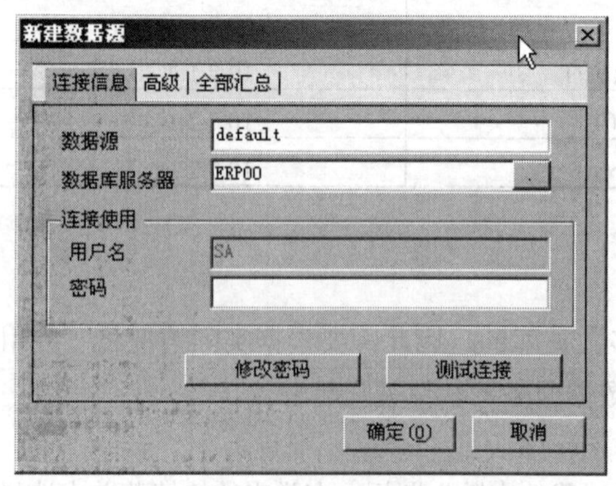

图 1-25 建立数据源

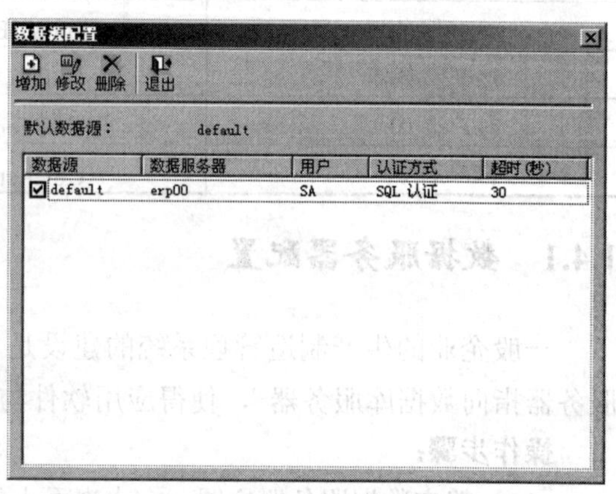

图 1-26 数据库服务器配置

提示：本教程实训时 SA 用户暂不加密码，但是企业在实际应用中一定要考虑 SA 的加密。

1.4.2 软件服务器参数配置

由于 ERP 系统可以设置为多服务器应用环境。当软件安装完成后，需进行服务器参数的配置。

操作步骤：

（1）在图 1-24 所示的“U8 应用服务器配置工具”窗口中单击【服务器参数配置】按钮，弹出“服务器参数配置”对话框，如图 1-27 所示。

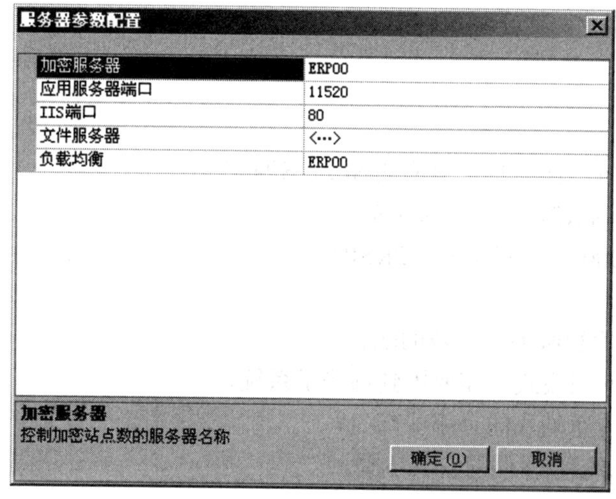

图 1-27　服务器参数配置

（2）服务器参数默认，例如加密服务器“完整的计算机名：ERP00”，或者它们的 IP 地址，参考表 1-2。

应用服务器配置完成后，ERP（软/硬件）环境建设基本完成，便可以登录“系统管理”，进入生产制造管理系统建立阶段。

提示：

- 本教程的实训环境——“加密服务器”、数据库服务器、应用服务器同安装在一台主机上，因此系统在安装时都自动设置为 ERP00，如图 1-27 所示。
- 系统安装自动设置：应用服务器参数端口。
- 系统安装自动设置：IIS 端口。
- 系统安装自动设置：文件服务器，关闭对话框。

思考题

1. 简述五大生产类型、生产技术的类型以及生产制造管理的逻辑处理。
2. 生产制造管理系统主要由哪几个子系统组成？
3. 简述生产制造管理系统中各子系统的功能。
4. 企业建设生产制造管理系统，具体包括哪几方面的建设，要分几步实现？
5. 简述生产制造管理系统的工作原理。

练习题

1. 安装操作系统，注意打上对应的SP2、SP4补丁。
2. 安装Windows XP，注意安装IIS。
3. 安装SQL 2000数据库和SQL2KSP4。
4. 安装U8系统。
5. 数据库的配置和服务器参数的配置。
6. 实现图1-4应用模式，需要用到哪些子系统？
7. 参与图1-4应用模式的有哪些部门？
8. 简述ERP系统硬/软件的安装步骤。

第2章

系统建立

2.1 背景知识

2.1.1 系统建设简介

当企业初次建设信息管理系统时，常常会感到困惑，如此庞大的系统从何处动手，从哪里开始？又怎样做呢？ 回答是：从对系统的管理与维护开始。即先建立企业的账套，增加角色、增加用户并给它们授权，再以用户的身份登录“企业应用平台”，维护基础数据，建立一个适合企业业务运行的环境。前者称之系统建立，在“用友 U8.72”中称为“系统管理”。

“系统管理”中的角色是虚拟企业的岗位，用户是登录“企业应用平台”的操作员。对用户授权，是限制用户对生产制造管理系统功能的操作权限；对角色授权，是限制岗位对生产制造管理系统功能的操作权限。权限的限制是为了避免用户出现越权的业务操作，从而扰乱了业务流程，甚至造成毁坏整个系统的事件发生。

系统建立的一个重要的任务是创建企业的账套。因为每个企业的业务数据，在系统内都是以账套，即会计主体的形式体现的，所以建立任何一个企业信息系统，必须事先规范企业的会计主体。企业的会计主体常常能反映企业的产品经营规模。

当建立账套完成后，所有在“系统管理”平台上增加的用户，都可以进入“企业应用平台”进行业务操作。

因此，在进行“系统管理”工作前，企业要事先制订好岗位和职责，参与系统操作的人员名单（用户名单）和对应的岗位（即角色）。这样，系统管理员才能在“系统管理”平台上，增加角色和用户，并维护权限。

2.1.2 系统建立流程

为了方便记忆，我们将用友 U8 系统分为两个平台，一个称之“系统管理”平台，另一个称之“企业应用平台”。系统的建立是在“系统管理”平台上完成的。

系统的建立工作需要具备一定的信息专业技术，它通常是由企业信息部门的系统管理人员（俗称系统用户：admin）完成的。

最简单的操作步骤是：先由系统用户“admin”注册到“系统管理”平台上；在“系统管理”平台上增加用户，建立账套；授权用户后，便可以以新增用户的身份进入“企业应用平台”，进行日常业务操作。

系统建立的主要内容如图 2-1 所示。

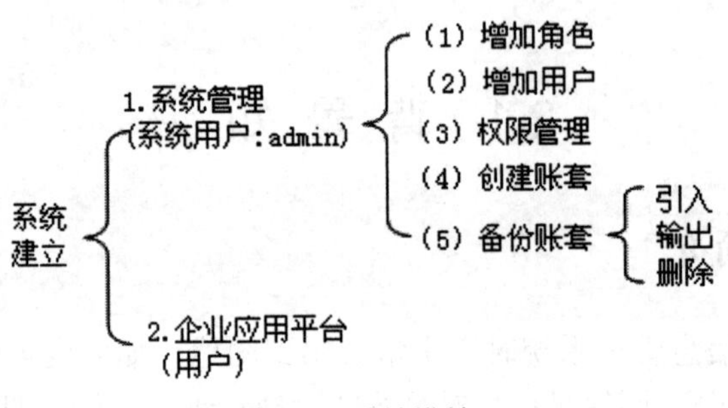

图 2-1 系统维护

2.2 实训指导

2.2.1 实训内容

- ERP“系统管理”平台实训。
- 增加角色及授权实训。
- 增加用户及授权实训。
- 创建账套实训。
- 备份账套实训。

2.2.2 实训要求

- 学会“系统管理”平台的维护，增加角色、增加用户，授权的操作技能。
- 学会创建企业的 ERP 账套。
- 学会账套的备份：输出、引入、删除操作技能。

- 学会对角色、用户进行权限操作技能。

2.2.3 实训准备

- 完成“数据库与应用软件服务器配置”。
- 以“系统用户（admin）”的身份登录“系统管理”平台。

2.3 系统建立实训

2.3.1 典型案例描述

ABC 电脑制造公司生产制造管理系统建立日期为：2013 年 1 月 1 日。

实训步骤：

（1）系统日历调到 2013 年 1 月 1 日。双击屏幕右下角“时间”处，弹出系统的“日期和时间属性”对话框，修改日历。

（2）按照表 2-1 用户/角色资料增加用户、角色，并进行用户和角色的授权。

（3）创建[666]ABC 电脑制造公司账套，并备份到 D:/生产制造管理账套-1。

2.3.2 “系统管理”平台实训

“系统管理”平台的主要功能是：增加角色、增加用户、授权用户、授权角色管理、创建账套、输出账套、引入账套、删除账套。

操作规则要求必须先在“系统管理”平台中增加用户并授权后，才能以用户的编码或名称、密码，登录“企业应用平台”。“企业应用平台”是一个多用户的业务平台。

1. 选择“系统管理”命令

操作步骤：

（1）选择“开始”→“所有程序”→“用友 ERP-U872”→“系统服务”→“系统管理”命令，如图 2-2 所示。

（2）弹出“用友 ERP-U8[系统管理]”窗口，如图 2-3 所示。

提示：

- 系统允许以两种身份注册“系统管理”：一是系统管理员，二是账套主管。
- 系统管理员负责维护系统中所有的账套。主要工作任务是进行账套的建立、引入和输出，增加用户、角色和权限分配，设置系统自动备份计划，监控系统运行过程和清除异常任务等。

- 账套主管负责所管辖账套的维护工作，主要是对所管理的账套进行修改。对年度账的管理包括调整、清空、引入、输出以及各子系统的年末结转，及账套用户权限的设置。

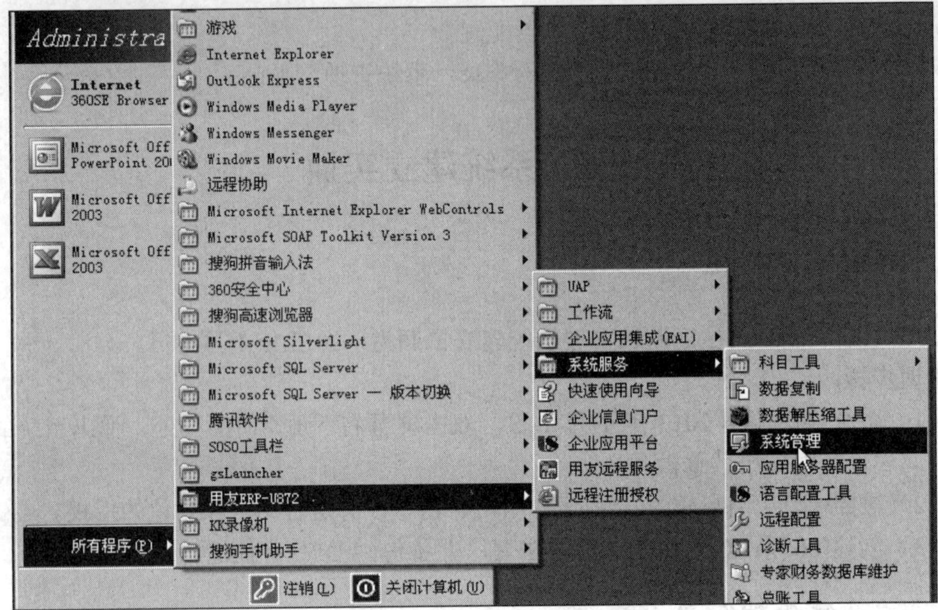

图 2-2　进入系统管理

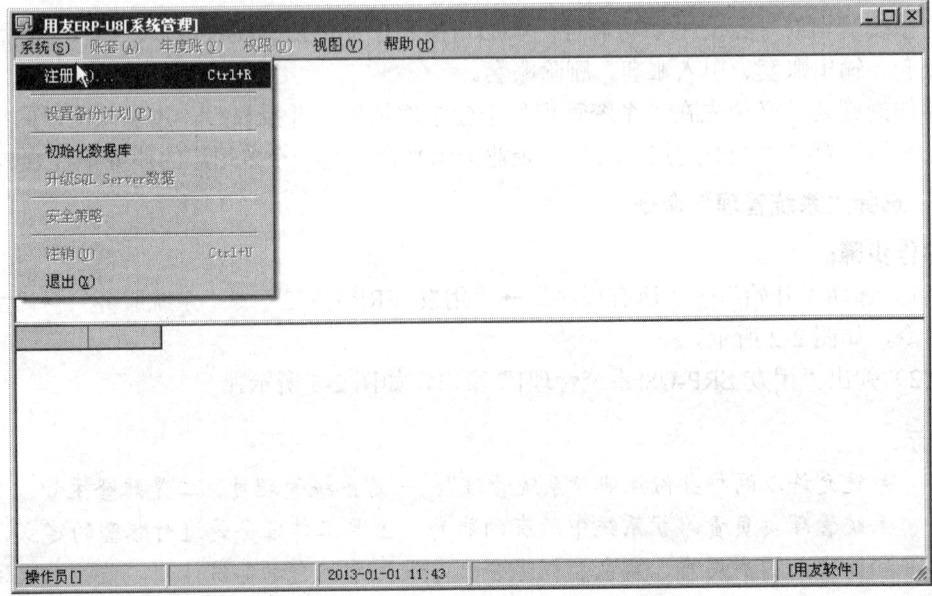

图 2-3　系统管理界面

2. 注册“系统管理”平台

操作步骤：

（1）在“系统管理”窗口上方，设有“系统”“账套”“年度账”“权限”“视图”“帮助”菜单，如图 2-3 所示。

（2）选择“系统”→“初始化数据库”命令，弹出“初始化实例”对话框，选择“数据库示例：ERP00”，单击【确定】按钮，开始初始化。

（3）初始化数据库完成后，选择“系统”→“注册”命令，弹出“登录”对话框，如图 2-4 所示。

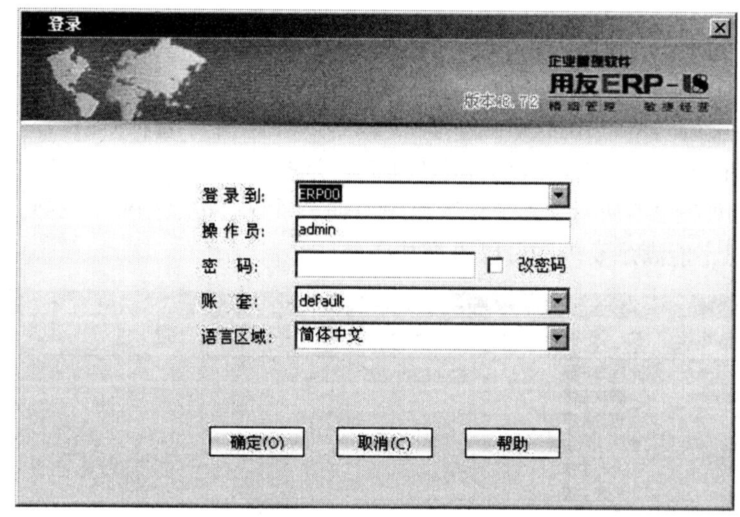

图 2-4 系统管理登录

（4）在“登录到”下拉列表框中选择 ERP00 选项，在“操作员”文本框中输入“admin”，即默认的系统管理员，无密码，“账套”为 default，应用软件的数据源。

（5）单击【确定】按钮，以系统管理员的身份登录“系统管理”平台。

提示：

- 用户可以在“登录到”下拉列表框中选择应用服务器，或者直接输入应用服务器计算机名，或 IP 地址。系统默认本机完整的计算机名称。
- 系统管理员“admin”是管理系统中权限最高的操作员，他对系统数据安全和运行安全负责，因此，在安装 ERP 软件系统完成以后，应该及时更改系统管理员的密码，以保障系统的安全性。
- 更改系统管理员密码的方法是：输入操作员密码后，选中“改密码”复选框，系统打开“设置操作员密码”对话框，在“新口令”文本框中输入要设置的系统管理员密码，在“确认新口令”文本框中再次输入相同的密码，单击【确定】按钮即可。

2.3.3 角色管理实训

角色是虚拟企业业务的工作岗位。角色授权则涉及这些岗位的职责。增加角色和用户可以不分先后顺序。角色的个数也不受限制，一个用户可能扮演多个角色，反过来一个角色（即一个岗位）可能有多个员工完成。企业可以根据自身的需要进行增加和删除。因此对角色的管理有增加、删除、修改等多个功能。

建议最好不要一个用户扮演多个角色，特别是关键角色，授权过大，难免带来混乱操作的风险。如果有企业有这样的需求，请增加新的角色，再对该角色进行授权设置。

1．增加角色

操作步骤：

（1）以 admin 身份进入“系统管理”平台，选择“权限”→“角色”命令，进入“角色管理”窗口，如图 2-5 所示。为了设置权限方便，系统已按照企业中常规岗位预置了一些角色，如果仍然不能满足要求，可以再增加或修改。

角色管理

输出 增加 删除 修改 刷新 定位 退出

码	角色名称	备注
MANAGER-HR06	绩效主管	
MANAGER-HRD	培训经理	
MANAGER-MM01	物料计划主管	
MANAGER-MO01	生产主管	
MANAGER-PU01	采购主管	
MANAGER-QA01	质量主管	
MANAGER-SA01	销售主管	
MANAGER-SR01	服务经理	
MANAGER-ST01	仓库主管	

图 2-5 “角色管理”窗口

（2）单击【增加】按钮，弹出“角色详细情况”对话框。参考表 2-1，增加“MANAGER-PP，生产计划主管”角色，如图 2-6 所示。

（3）输入“角色编码”和“角色名称”，角色编码最长为 12 位字符。

（4）角色名称最多为 40 位字符。

（5）备注中可以加入注释，最长为 119 位字符。

（6）在“所属用户名称”栏中，可以连接该角色归属的用户，单击【增加】按钮，在“角色管理”窗口可以看到新增的角色。

2．修改角色授权

新增的角色需要授权。

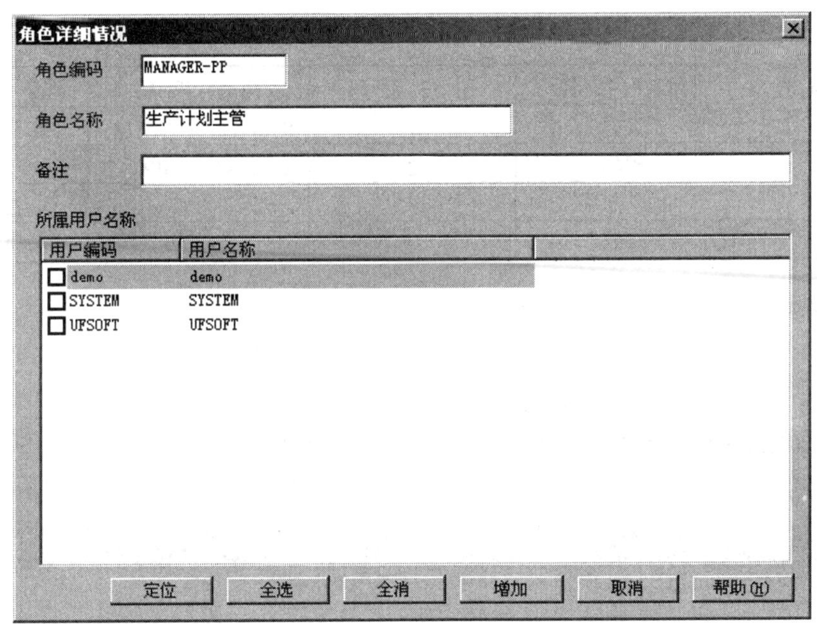

图 2-6　增加角色

操作步骤：

（1）以 admin 身份进入“系统管理”平台，选择“权限”→“角色”命令，进入“角色管理”窗口，选中需要修改的角色。

（2）单击【修改】按钮，弹出“角色详细情况”对话框，可修改记录，除角色编号不能进行修改之外，其他信息均可以修改。

（3）单击【修改】按钮，保存记录。

3．删除角色

删除角色前必须先删除它的权限。

操作步骤：

（1）选择“权限”→“角色”命令，进入“角色管理”窗口，选中需要删除的角色。

（2）单击【删除】按钮，弹出系统提示，需要确认。

如果该角色已经被用户连接，必须先修改用户的连接或授权，使其置于非选中状态，然后才能进行角色的删除。

2.3.4　用户管理实训

1．增加用户

增加用户“张健”作为账套主管，如表 2-1 所示。

表 2-1　用户/角色资料

用户编号	用户姓名	用户密码	角色编码	角色名称
1000	张健	1	DATA-MANAGER	账套主管
2000	周华	2	MANAGER-PP	生产计划主管
3000	李想	3		一般用户
4000	郑铭	4		一般用户

操作步骤：

（1）以 admin 身份进入“系统管理”平台，选择“权限”→“用户”命令，进入“用户管理”窗口，如图 2-7 所示。

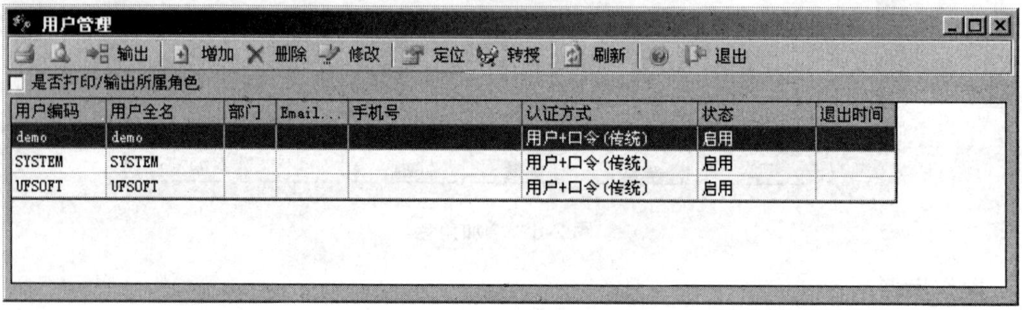

图 2-7　“用户管理”窗口

（2）单击【增加】按钮，打开“操作员详细情况”对话框，输入用户编号、姓名、口令、所属部门、E-mail、手机号等内容，并在“所属角色”栏中选中新增用户归属的角色，如图 2-8 所示。

（3）单击【增加】按钮，保存新增设置。

用户“demo”“SYSTEM”“UFSOFT”是系统预置的操作员。

2．修改用户

如果用户的信息需要变更，是可以修改的。

操作步骤：

（1）以 admin 身份进入“系统管理”平台，选择“权限”→“用户”命令，进入“用户管理”窗口，选中需要修改的用户。

（2）单击【修改】按钮，弹出“操作员详细情况”对话框进行修改，对已经启用过的用户，只能修改口令、所属部门、E-mail、手机号和所属角色等信息。

如果需要停止使用用户，可以单击【注册当前用户】按钮，之后该按钮会变成【启用当前用户】。

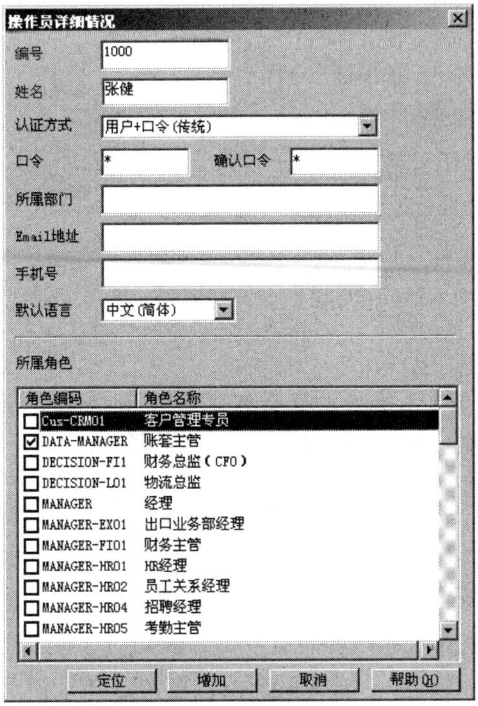

图 2-8　增加用户

3．删除用户

操作步骤：

（1）选择“权限”→“用户”命令，进入“用户管理”窗口，选中需要删除的用户。

（2）单击【删除】按钮，弹出系统提示，需要确认。

在删除用户之前，需要先去掉用户连接的角色信息。已经进行业务操作的用户，是不能删除的。

2.3.5　创建账套实训

如前所述，企业的数据在系统内是以会计主体的形式体现的，因此系统在运行前，首先必须要创建好企业的财务账套。

在一个商品化的 ERP 软件产品中，通常可以建立多个账套。各账套数据之间都是相互独立的，互不影响。这样可以被多家企业应用，特别对集团公司的 ERP 系统应用尤为有利。

例如用友 ERP-U8 系统，账套 3 位，最多允许建立 999 个账套。

1．建立账套

建立 ABC 电脑制造公司 666 账套。

输入：账套号：666

账套名称：ABC电脑制造公司

输出路径：D:\U8SOFT\Admin

启用会计期：2013年1月1日

操作步骤：

（1）以admin身份进入“系统管理”平台，选择“账套”→“建立”命令，打开“创建账套”对话框，跟随建账向导。创建账套过程分为4步，首先建立账套信息，如图2-9所示。

提示：初次安装的系统（系统中没有任何账套），以系统管理员身份登录“系统管理”平台之后，系统自动打开“创建账套”对话框。

（2）已存账套：系统将已经存在的账套，以下拉列表的形式在此栏目中显示，用户只能参照，而不能输入或修改，其作用是在建立新账时可以知道已经存在的账套，避免在新建账套时重复建立。初次安装的系统，已存账套栏为空。

（3）账套号：用来输入新建账套的编号，账套号为3位。系统提供默认的账套号，用户可以修改，用户输入的账套号不能与系统内已有的账套号相重复，要求一套账对应着唯一的编号。

（4）账套名称：用来输入新建账套的名称，用户必须输入，且不得超过40个字符。

提示：

- 系统是以账套号为唯一标识，账套名称作为账套号的文字说明。
- 进入用友ERP-U8管理系统后，名称显示在窗口的状态栏中，以提示操作员正在对哪个账套进行操作。

（5）账套路径：用来输入新建账套将被保存的路径，系统默认的路径为“D:\U8SOFT\admin”，用户可以修改，也可以单击【…】按钮，进行参照输入。

提示：

- 系统默认路径是“用友ERP-U8”系统的安装路径。
- 账套路径不能是网络路径中的磁盘。

（6）启用会计期：用来输入新建账套将被启用的时间，用户必须输入。系统默认为计算机的系统日期，可以单击【会计期间设置】按钮，打开“会计月历-建账”对话框，如图2-10所示。设置好账套的启用年度和月度。

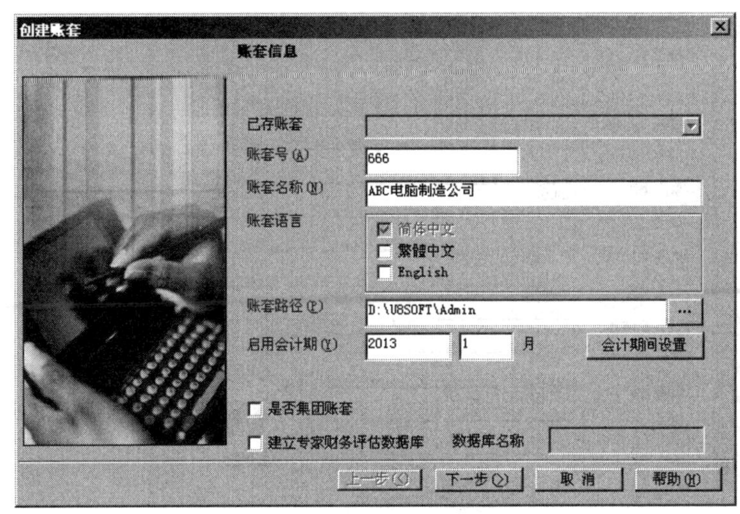

图 2-9　建立账套信息

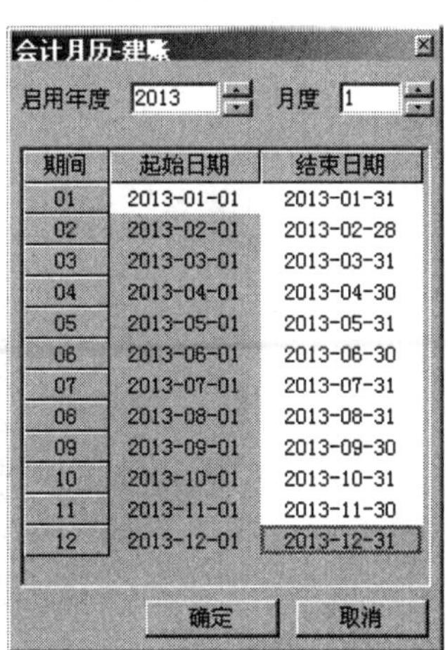

图 2-10　会计日历设置

提示： 系统自动将启用月份以前的日期的背景色设为蓝色，表示为不可修改的部分；而将启用月份以后的结束日期（各月的起始日期随上月结束日期的变动而变动，年度最后一个月份的截止日除外）的背景色设置为灰色，表示为可以修改的部分，可以由用户任意设置。

（7）单击【下一步】按钮，进行单位信息设置。

2．单位信息

单位信息用于记录本单位的基本信息，包括单位名称、单位简称、单位地址、法人代表、邮政编码、联系电话、传真、电子邮件、税号、备注等。

输入：单位名称：ABC 电脑制造公司

单位简称：ABC 公司

单位地址：广东省佛山市顺德区

法人代表：王建国

税号：123456789123（企业特定的税号，要求长度为 12 位）

操作步骤：

（1）单位名称：用户单位全称，必须输入。企业全称主要用于单据打印。

（2）单位简称：用户单位简称，建议输入，可与单位名称相同。

（3）在备注栏可以输入用户认为有用的该单位的其他信息，如“所有制类”等。

（4）除单位名称外，本页面其他栏目都属于任选项。

（5）输入完成后，如图 2-11 所示，单击【下一步】按钮，进行核算类型设置。

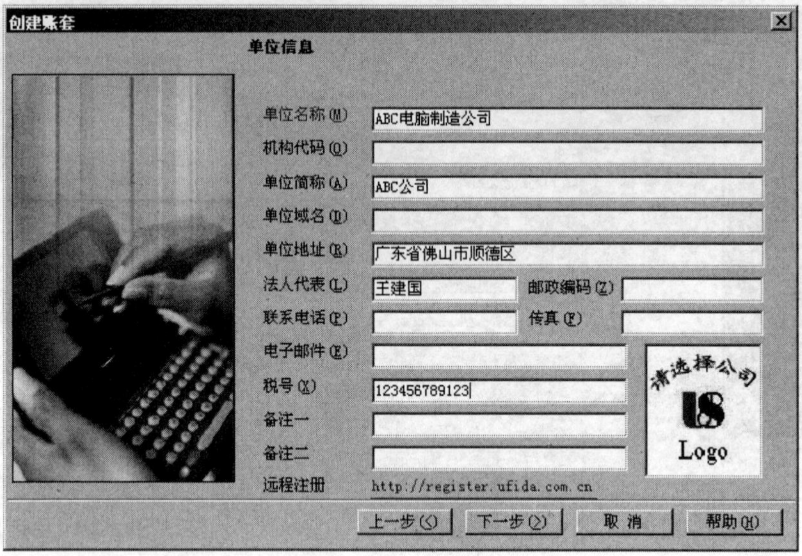

图 2-11 单位信息设置

3. 核算类型

核算类型用于记录本单位的基础核算信息，包括本币代码、本币名称、账套主管、行业性质、企业类型、是否按行业预置科目等。

输入：本币代码：RMB
　　本币名称：人民币
　　企业类型：工业
　　行业性质：2007 年新会计制度科目
　　账套主管：[1000]张健

操作步骤：

（1）本币代码：用来输入新建账套所用的本币的代码，如“人民币”的代码为“RMB”。

（2）本币名称：用来输入新建账套所用的本币的名称，如“人民币”。用户必须输入。

提示： 系统提供以某种外币为记账本币的功能。若以某外币为记账本币，需要在此处修改本币代码和本币名称。

（3）企业类型：用户必须从下拉列表中选择。系统提供了工业、商业、医药流通几种类型，ABC 电脑制造公司是属于工业企业。

提示：

- 选择商业企业类型可以处理受托代销业务。
- 选择工业企业类型可以处理产成品入库、限额领料等业务。

● 如果不使用生产制造管理系统，选择任何类型，对账套核算都不会有影响。

（4）行业性质：用户必须从下拉列表中选择本单位所属的行业性质，这为下一步“按行业性质预置科目”确定了科目范围，并且系统会根据企业所选行业预置一些行业的特定方法和报表。

（5）账套主管：用来输入新建账套主管的姓名，用户必须从下拉列表中选择。

（6）按行业性质预置科目：如果用户希望在总账预置所属行业的标准一级科目和部分二级科目，则选中该复选框；如果不选中该复选框，则需要由用户自己增加所有次级的会计科目。

（7）输入完成后，单击【下一步】按钮，如图2-12所示，进行基础信息分类设置。

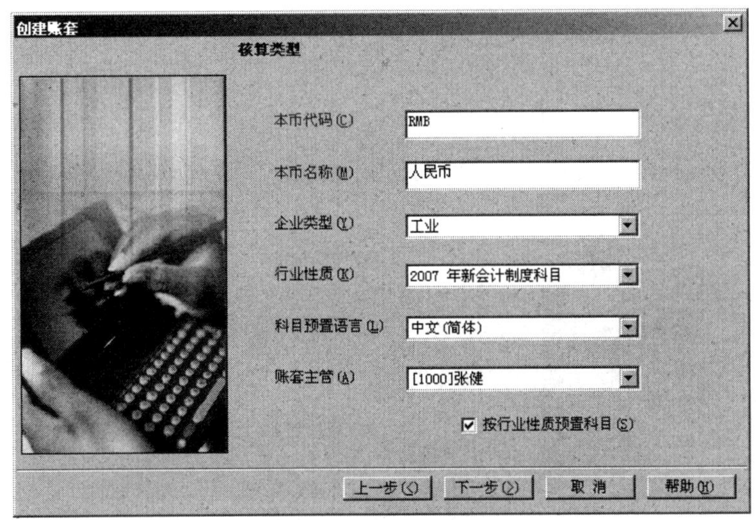

图2-12 核算类型设置

4．基础信息分类

企业在精细化管理时，一般要对存货、客户、供应商、货币进行分类管理，以便于信息的归集与报表。同时也方便进行信息分析与业绩考核，以及数据查询。

输入：存货是否分类：是

客户是否分类：是

供应商是否分类：是

有无外币核算：否

操作步骤：

（1）存货是否分类：如果单位的存货品种较多，可以选择对存货进行分类管理。选择了存货分类，在“企业应用平台”中设置基础信息时，必须先设置存货分类后，才能做存货档案的维护。

（2）客户是否分类：如果单位的客户较多，可以选择对客户进行分类管理。如选择了客户分类，在“企业应用平台”中进行基础信息设置时，必须先设置客户分类后，才能做客户档案维护。

（3）供应商是否分类：如果单位的供应商较多，可以选择对供应商进行分类管理。选择了供应商分类，在“企业应用平台”中进行基础信息设置时，必须先设置供应商分类后，才能做供应商档案维护。

（4）有无外币核算：如果单位没有外币业务，不需要选中该复选框。

（5）以上信息输入完成后，如图2-13所示，单击【完成】按钮，系统提示：“可以创建账套了么？”，单击【是】按钮，完成信息设置，等候几分钟，系统自动弹出“编码方案”对话框。

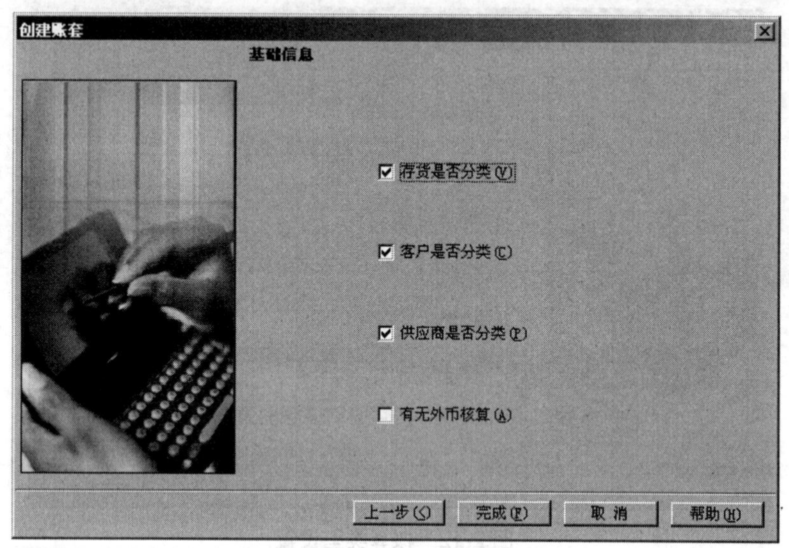

图2-13 基础信息设置

5. 编码方案

系统可以对基础数据的编码进行分级设置，可分级设置的内容包括：科目编码级次、客户分类编码级次、供应商分类编码级次、存货分类编码级次、部门编码级次、地区分类编码级次、结算方式编码级次、货位编码级次、收发类别编码级次、项目设备、责任中心分类档案、项目要素分类档案、客户权限组级次、供应商权限组级次、存货权限组级次、行业分类级次。

输入：科目编码级次：4-2-2

其他：默认

操作步骤：

（1）如果企业的部门超过10个，则要修改部门编码级次，单击“部门编码级次”，在第 1 级所对应的单元格中输入“2”。本次实训不做修改。

（2）如果需要删除某一级次，选中后按 Delete 键即可（只能删除末级）。

（3）修改编码方案之后，单击【确定】按钮，如图 2-14 所示，系统自动弹出“数据精度”对话框。

栏目说明：

- 最大级数：对某一项目所设置的编码方案级数不能超过最大级数；如科目编码级次不能超过 9 级。
- 最大长度：无论该项目设置了几级，各级位数之和不能超过最大长度，也就是说，只能在最大长度范围内增加级数，改变级长。
- 单级最大长度：每一级次能够设置的最大位数。

提示：

- 如果已建立相应级次的项目档案，则不能再修改或删除对应级次或修改位数。
- 在建立账套时，设置存货（客户、供应商）不需分类，则在此不能进行存货分类（客户分类、供应商分类）的编码方案设置。
- 该编码方案可设置为系统默认，待建账完毕后在“企业应用平台”→“基础信息”→“基本信息”中根据企业实际情况进行修改。

6．数据精度

由于各企业对数量、单价的核算精度要求不一致，可以进行数据精度设置。需要设置的数据精度主要有：存货数量小数位、存货单价小数位、开票单价小数位、件数小数位、换算率小数位和税率小数位。各栏位能输入 0～6 之间的整数（税率小数位能输入 0～8），系统默认值为 2，如图 2-15 所示。

所有的数据精度：默认

栏目说明：

- 存货数量小数位：只能输入 0～6 之间的整数，系统默认值为 2。
- 存货单价小数位：只能输入 0～6 之间的整数，系统默认值为 2。
- 开票单价小数位：只能输入 0～6 之间的整数（税率小数位能输入 0～8），系统默认值为 2。
- 件数小数位：只能输入 0～6 之间的整数，系统默认值为 2。
- 换算率小数位：只能输入 0～6 之间的整数，系统默认值为 2。
- 税率小数位：指增值税税率。只能输入 0～8 之间的整数，系统默认值为 2。

设置完成后，单击【确定】按钮，此时，系统后台自动创建账套，待系统提示“请进入企业应用平台进行业务操作”时，返回“系统管理”。

编码方案

项目	最大级数	最大长度	单级最大长度	第1级	第2级	第3级	第4级	第5级	第6级	第7级	第8级	第9级
科目编码级次	9	15	9	[illegible]	2	2						
客户分类编码级次	5	12	9	2	3	4						
供应商分类编码级次	5	12	9	2	3	4						
存货分类编码级次	8	12	9	2	2	2	2	3				
部门编码级次	5	12	9	1	2							
地区分类编码级次	5	12	9	2	3	4						
费用项目分类	5	12	9	1	2							
结算方式编码级次	2	3	3	1	2							
货位编码级次	8	20	9	2	3	4						
收发类别编码级次	3	5	5	1	1	1						
项目设备	8	30	9	2	2							
责任中心分类档案	5	30	9	2	2							
项目要素分类档案	6	30	9	2	2							
客户权限组级次	5	12	9	2	3	4						
意向客户权限组级次	5	12	9	2	3	4						

确定(O) 取消(C) 帮助(F)

图 2-14 编码方案设置

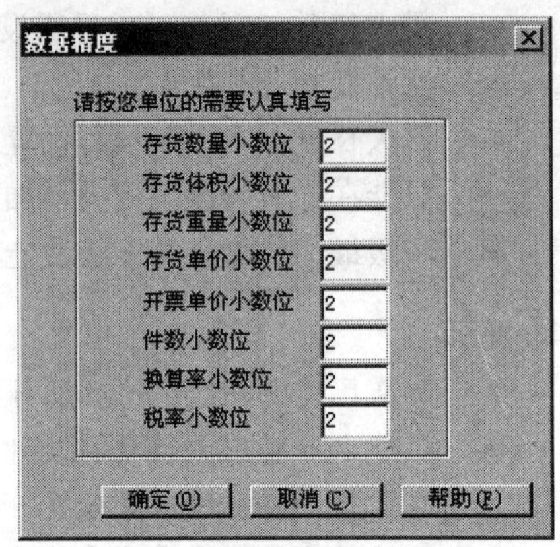

图 2-15 数据精度设置

提示：

- “用友 ERP-U8.72”系统启用有两种方法：一种是在“系统管理”平台中创建账套时启用，另一种是在“企业应用平台”中进行启用。
- 如果在创建账套时做系统，则启用人是 admin。
- 如果在“企业应用平台”的基本信息中启用，则启用人是账套主管。

2.3.6 系统启用实训

由于 ERP 商品软件是按照多模块功能设计的。因此企业在建设 ERP 系统时，可以根据自己企业的应用模式，选择相应的模块进行组合应用，在此称为系统启用。

1. 登录“企业应用平台”

操作步骤：

（1）选择“开始”→“所有程序”→“用友 ERP-U8.72”→“企业应用平台”命令。在登录界面中选择“登录到：ERP00（即应用服务器），操作员：1000，密码：1，账套：[666]defaultABC 电脑制造公司，操作日期：2013-01-01”，如图 2-16 所示。

（2）单击【确定】按钮，登录“企业应用平台”，如图 2-17 所示。

图 2-16 登录“企业应用平台”

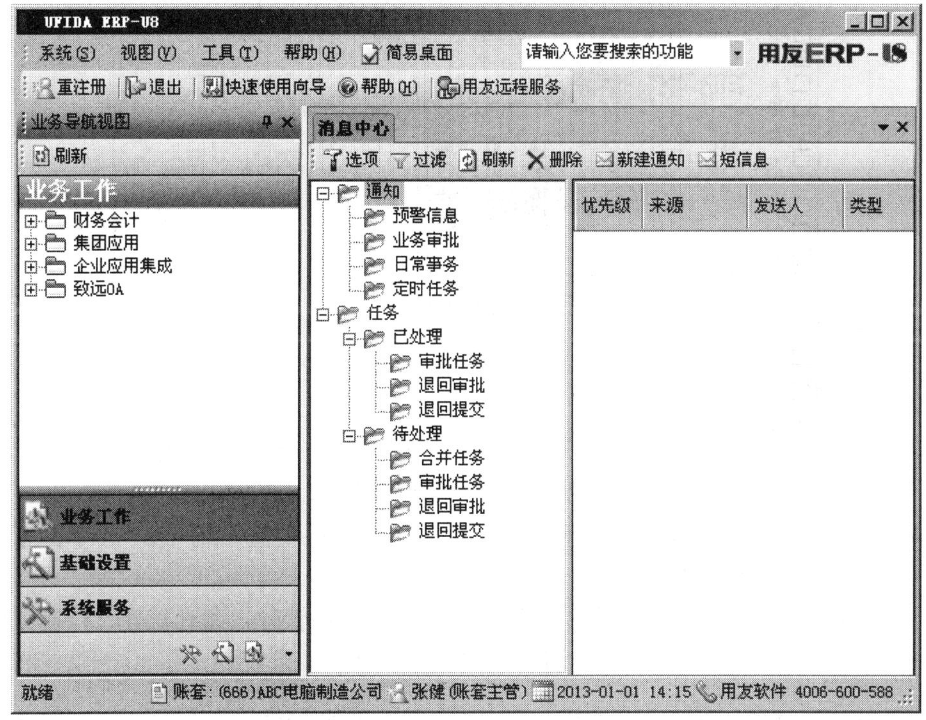

图 2-17 “企业应用平台”界面

2．系统启用

参考图 1-4 所示的 ABC 电脑制造公司应用模式，启用以下模块：销售管理、采购管理、库存管理、存货核算、应收款管理、应付款管理、总账、物料清单、主生产计划、需求规划、生产订单、车间管理、工程变更。

操作步骤：

（1）以 admin 身份进入“系统管理”平台，选择“基本信息”→“系统启用”选项，弹出“系统启用”对话框。选择“系统编码”，进行 ABC 电脑制造公司生产制造管理系统的启用。

（2）单击和按钮以选择系统启用的年度，再从下拉列表中选择系统启用的月份，最后从日历表中单击选择系统启用的日期。

（3）选择启用会计日期为“2013 年 1 月 1 日”，如图 2-18 所示。

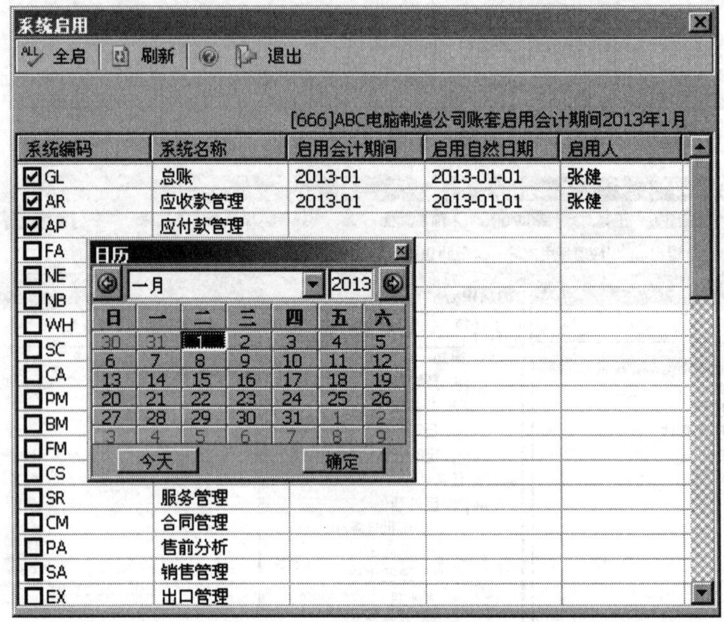

图 2-18 系统启用操作

（4）单击【确定】按钮，弹出系统提示“确定要启用当前系统吗？”，单击【是】按钮，完成系统启用，系统自动记录启用的自然日期和启用人。

（5）按上面系统启用操作步骤，启用销售管理、采购管理、库存管理、存货核算、应收账管理、应付账管理、总账、物料清单、主生产计划、需求规划。

提示：由于在建账过程中已设定账套的启用会计期间为 2013 年 1 月 1 日，但是每个模块的启用日期与账套启用日期可能不同。请注意账套启用日期必须大于等于账套的创建日期。

2.4 权限管理实训

2.4.1 权限管理分类

权限管理是为了保证系统运行安全而设置的功能。ERP 系统通常提供三种类型的权限管理。

1．功能级权限管理

功能级权限设置包括功能模块的权限分配。例如，赋予生产计划主管李方对[666]账套中库存管理模块只有入库/出库操作的权限。

2．数据级权限管理

数据级权限可以通过两个方面进行控制：一个是字段级权限控制，另一个是记录级的权限控制。例如，设定采购业务员张三，只能对他授权的供应商填制采购单据。

3．金额级权限管理

对具体金额划分级别进行权限管理。对不同岗位和职位的操作员进行金额级别控制，限制他们在授权金额级别范围内填制单据。例如，操作员只能输入金额在 20 000 元以下的凭证。

提示：

- 功能权限的分配在“系统管理”平台上的“权限”→“权限”中设置。
- 数据级权限和金额级权限在系统管理的功能权限分配之后，在“企业应用平台”→“设置”→“基础信息”→“数据权限”中进行设置。
- 账套主管不参加数据权限分配。

2.4.2 权限管理实训

权限管理是针对“企业应用平台”操作员（即在“系统管理”平台增加的用户）操作权限的控制。一般可以分为角色授权、账套主管授权和一般操作人员三类来进行设置。

1．角色增加和修改权限

当添加了角色之后，需要对该角色授权，例如给生产计划主管的角色授权。

操作步骤：

（1）以 admin 身份进入“系统管理”平台，选择“权限”→“权限”命令，弹出“操作员权限”对话框，窗口左侧列表中是定义操作员的编码、操作员全称和用户类型（角色）；

右侧列表的树形结构图是业务工作的功能模块。

（2）在窗口右上方的下拉列表中选择账套。

（3）在窗口左列表中选择角色“生产计划主管”。

（4）单击【修改】按钮，在窗口右侧功能模块中，选中“生产订单”和“主生产计划”复选框，如图 2-19 所示。

（5）还可以设定“公共单据”“主生产计划”“需求规划”权限，如图 2-19 所示，单击【保存】按钮。

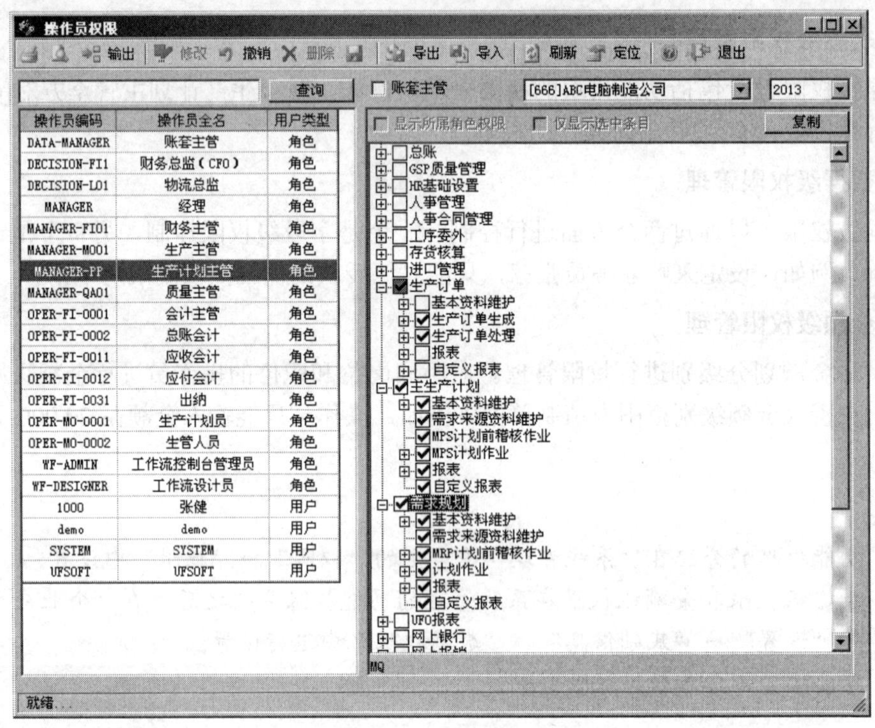

图 2-19 角色权限设置

2．账套主管授权

如果新增了一个用户，想要将他授权为账套主管，也可以通过用户授权实现。例如一般用户郑铭，授权为账套主管。

操作步骤：

（1）以 admin 身份进入“系统管理”平台，选择“权限”→“权限”命令，弹出“操作员权限”对话框。

（2）在左侧的操作员列表中选择“4000，郑铭”，然后在右侧账套的下拉列表中选择“[666]ABC 电脑制造公司”选项，最后选中“账套主管”复选框，如图 2-20 所示，单击【是】按钮。

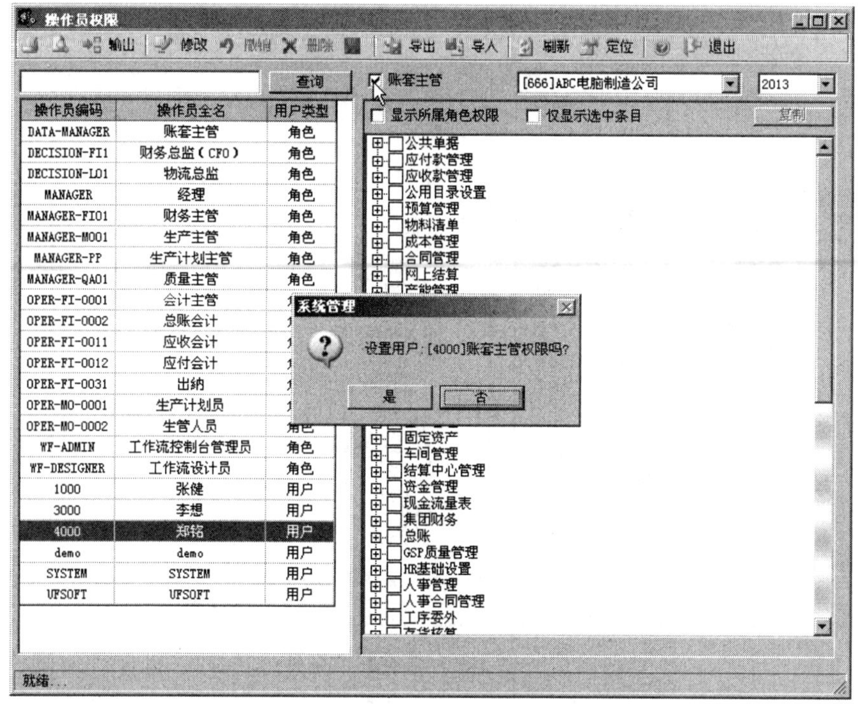

图 2-20 操作员授权

提示：

- 只有以系统管理员（admin）的身份注册“系统管理”平台，才能设置账套主管。如果以账套主管的身份注册“系统管理”，只能分配所管辖账套系统的操作权限。
- 一个账套主管可以管理多个账套，如果账套主管归属了[666]ABC电脑制造公司，并启用了系统，则该账套主管就此被绑定了。

3．一般用户授权

如果3000用户李想只是公司的一名物料管理员，仅赋予他查询物料清单查询的权限。

操作步骤：

（1）以admin身份进入“系统管理”平台，选择“权限”→“权限”命令，弹出“操作员权限”对话框，窗口左侧列表中是定义操作员的编码、操作员全称和用户类型（角色）；右侧列表的树形结构图是业务工作的功能模块。

（2）在窗口右上方的下拉列表中选择账套。

（3）在窗口左列表中选择用户“李想”。

（4）单击【修改】按钮，在窗口右侧功能模块中，选中“库存管理”和“公共单据”复选框，如图2-21所示，单击【保存】按钮。

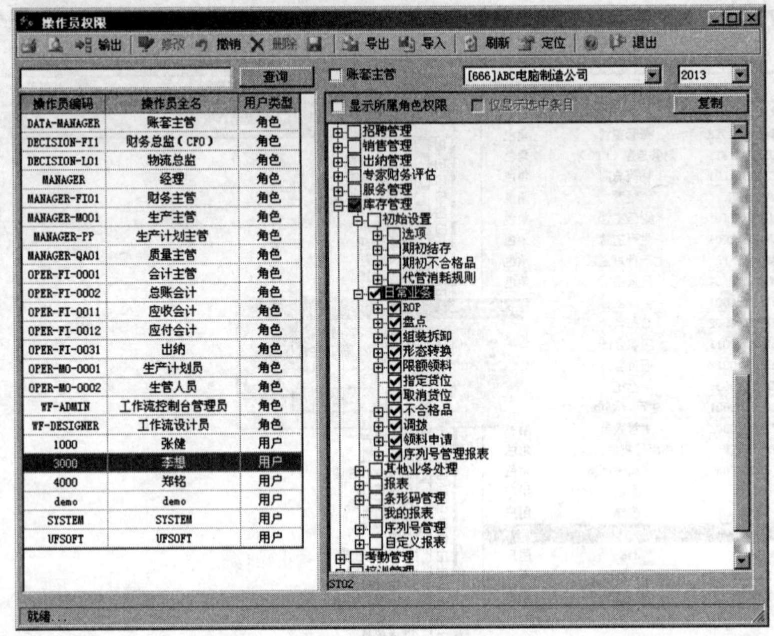

图 2-21 库存管理权限设置

系统提供了多个子系统的功能权限的分配，可以单击子系统前的“+”展开各个子系统的详细功能，然后单击相应功能前的复选框，将该权限分配给当前用户。如果选中子系统前的复选框，则子系统的下级功能自动全部选中。

提示：

- 系统一次只能对一个账套的某一个年度账进行授权。
- 如果对某角色分配了权限，则所有属于此角色的用户便自动地拥有此角色的权限。

2.5 账套备份实训

企业在实际运营中存在着很多不可预知的不安全因素，如地震、火灾、计算机病毒、人为的失误操作等。其中任何一种情况的发生都将造成系统安全致命性的“灾难”。一旦该类意外发生，备份账套则将使企业的损失降到最低。

对于企业系统管理员来讲，定时地将企业的数据备份（称为备份账套）出来，存储到不同的介质上（例如指定的硬盘区、磁带机、光盘、网络磁盘等），这项工作是非常重要的。它是信息系统安全保障机制中的一个重要环节。

备份账套一方面可以用于必要时作为恢复系统使用；另一方面，在两地公司的管理中，还可以作为数据审计、数据汇总、合并报表等使用。

备份账套的操作功能有输出账套、引入账套和删除账套三种。

2.5.1 账套输出实训

输出账套是将指定的账套数据从“系统管理”平台中输出到系统外指定的地方，永久性地存放起来，例如D盘、磁带机中。当系统出现异常时，可用来恢复系统。避免账套在系统遭受不可预测性“灾难”时，随之毁于一旦，给企业造成不可挽救的巨大损失。

将[666]账套备份到“D:\生产制造管理账套-1”文件夹中。

操作步骤：

（1）以admin身份进入“系统管理”平台。选择“账套”→“输出”命令，弹出“账套输出”对话框。

（2）在“账套号”下拉列表框中选择需要输出的账套，如图2-22所示。

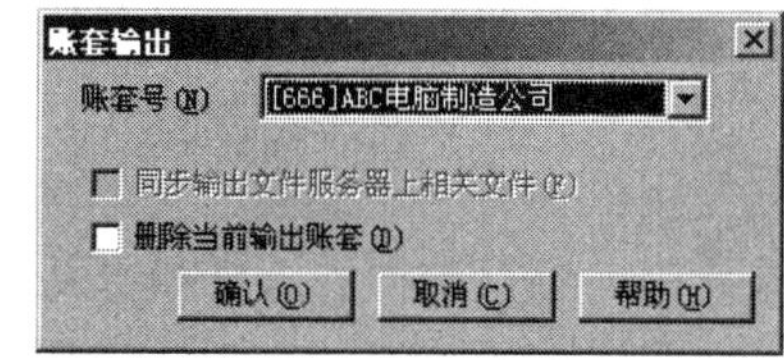

图2-22 选择输出的账套

（3）单击【确认】按钮，弹出“请选择账套备份路径”对话框。

（4）单击D盘后，再单击【新建文件夹】按钮，弹出“请输入新建的文件夹名称”对话框，输入“生产制造管理账套-1”，单击【确定】按钮，如图2-23所示。

（5）D盘新建“生产制造管理账套-1”文件夹。选中该文件夹，单击【确定】按钮，如图2-24所示。

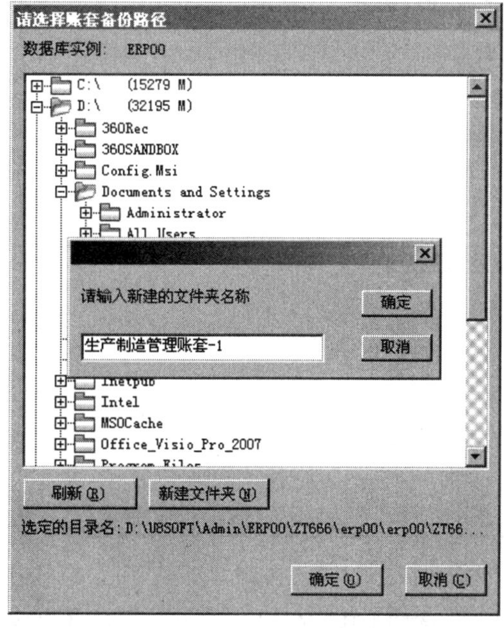

图2-23 新建文件夹

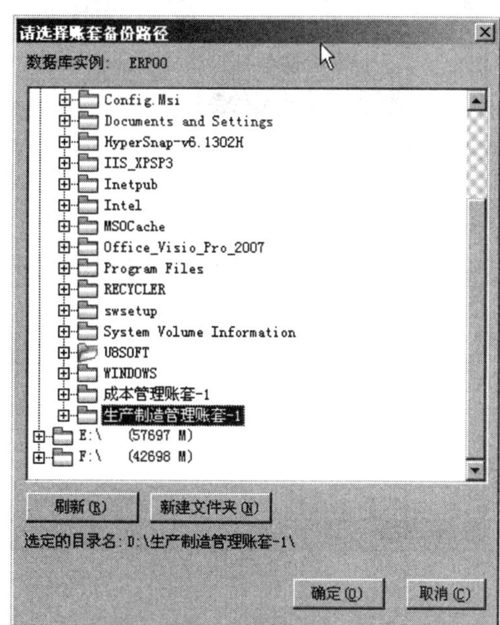

图2-24 选中新建文件夹

（6）系统输出。当系统提示“输出成功”，单击【确定】按钮。

提示：

- 只有系统管理员（admin）有权进行账套输出。
- 一个目录下只能存放一个账套备份的数据。如果备份时所选择的文件夹中已有账套备份，则会将新备份账套的数据覆盖原有备份账套的数据。

2.5.2 账套引入实训

引入账套是将指定的账套从“系统管理”平台外，例如从指定的盘区 D 盘，或磁带机中引入到“系统管理”平台中。该功能帮助系统在处理完硬件、系统故障后，重新恢复系统使用。也有利于集团公司的深度应用，例如定期将各子公司的账套数据，引入集团公司系统中，进行数据的分析和合并工作，便于及时地掌握各子公司产品经营运作情况。

将[666]账套从“D:\生产制造管理账套-1”文件夹中引入至“管理系统”平台。

操作步骤：

（1）以 admin 身份进入“系统管理”平台，选择“账套”→“引入”命令，如图 2-25 所示，弹出“请选择账套备份路径”对话框。

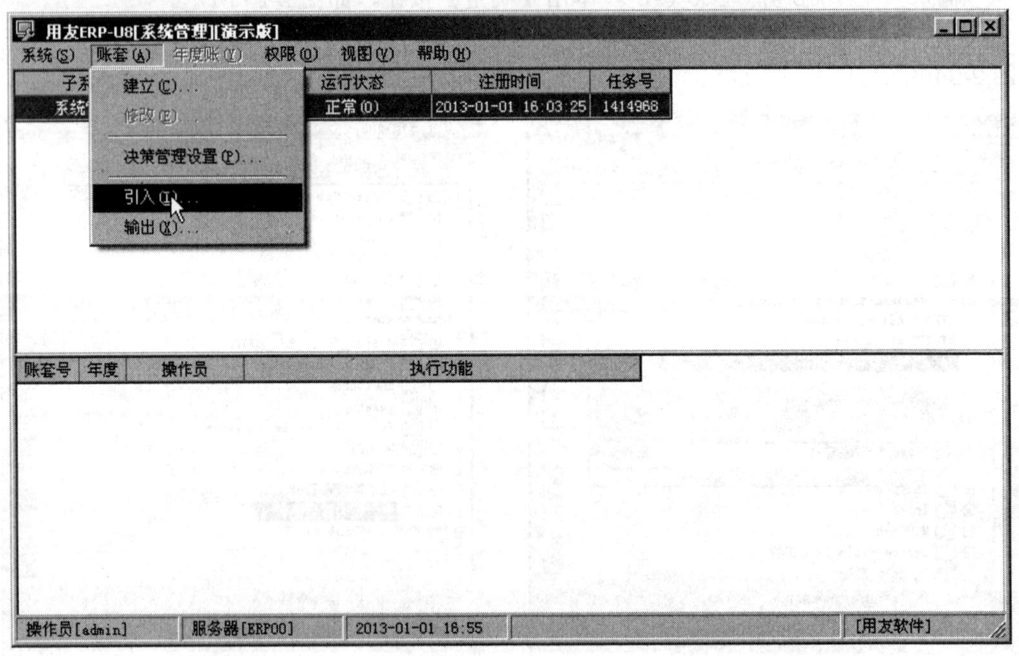

图 2-25 引入账套

（2）选择“D:\生产制造管理账套-1”文件夹，选中 UfErpAct.Lst 文件，单击【确定】

按钮，如图 2-26 所示。

（3）提示“请选择账套引入目录当前默认路径为 D:\U8SOFT\Admin\erp00\ZT666”，单击【确定】按钮，弹出默认路径，如图 2-27 所示，单击【确定】按钮，便从默认的当前路径中引入，系统提示“账套引入”。

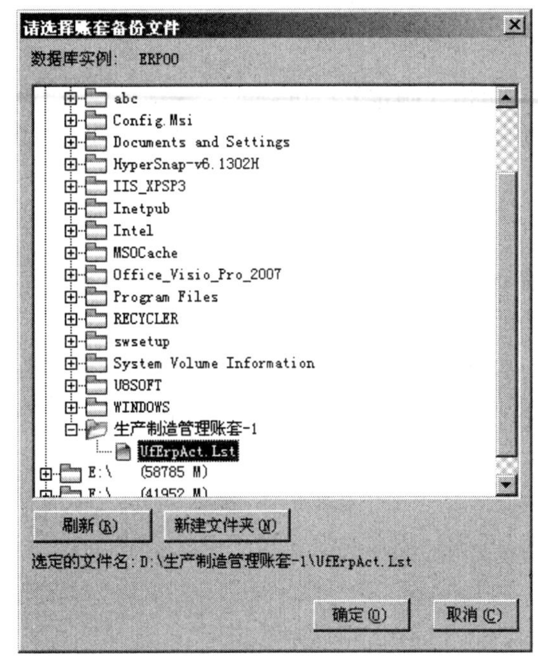

图 2-26　选择 UfErpAct.Lst 文件

图 2-27　默认当前路径

（4）引入成功后，系统提示“账套[666]引入成功！”，单击【确定】按钮。

2.5.3　账套删除实训

如果某个账套长期不用了，最好将它从“系统管理”平台中删除，则可以用账套输出功能删除该账套。

将[666]ABC 电脑制造公司账套从“系统管理”平台中删除。

操作步骤：

（1）以 admin 身份进入“系统管理”平台，选择“账套”→“输出”命令，打开“账套输出”对话框。

（2）在“账套号”下拉列表框中选择要删除的账套，选中“删除当前输出账套”复选框，单击【确认】按钮，如图 2-28 所示。

图 2-28 选择删除的账套

（3）弹出“请选择账套备份路径”对话框，单击【确定】按钮。

（4）系统提示“真要删除该账套吗？”，单击【是】按钮。系统提示“输出成功”，单击【确认】按钮。

提示：

- 账套删除是一件危险的工作，要求非常谨慎，最好在企业管理者授权后再操作，避免造成企业的重大损失。
- 挽救的方法。当删除的账套出错的话，立刻从 D:引入。如果做了 D:账套删除，则无法恢复。因此为了保险起见，企业里通常都会将这些历史的账套备份在磁带机里或刻录在光盘上，慎重地保管起来。

思考题

1．系统管理的主要工作任务是什么？

2．如果一个新用户不能登录“企业应用平台”，应该如何处理？

3．什么用户可以进入“系统管理”平台？

4．什么用户可以登录“企业应用平台”？

5．增加 3000 用户李想时，如果不做角色连接，也不做授权处理。请问用户 3000 能登录“企业应用平台”吗？为什么？

6．增加生产计划主管角色，不做授权处理；再增加用户 2000，周华，连接生产计划主管角色。请问用户 2000 能登录“企业应用平台”吗？为什么？

练习题

1．创建“333 南方小家电制造公司”的账套

（1）系统管理员（admin）登录“系统管理”平台，依据表 2-2 资料，增加角色编码、角色名称并授权子系统。

（2）增加用户，并链接角色。

（3）账套主管登录“企业应用平台”，参考 2.3.6 节。

（4）表 2-2 中的所有用户同时登录“企业应用平台”，确认自己的业务工作，并查询相应的子系统权限是否正确。

表 2-2　增加用户/角色资料

用户编号	用户姓名	角色编码	角色名称	业务工作	子系统
3000	郑铭	DATA-MANAGER	账套主管	[333]账套主管	所有的
3001	刘艳	OPER-FI-0011	应收会计	应收款记账	应收款管理
3002	晏铃	OPER-FI-0012	应付会计	应付款记账	应付款管理
3002	钟意	OPER-FI-0022	存货核算员	成本核算记账	存货核算
3003	王海	OPER-MO-0001	生产计划员	编制主生产计划	主生产计划
3004	马东	OPER-SA-0001	销售业务员	编制销售订单	销售管理
3005	赵明	OPER-PU-0002	采购业务员	编制采购订单	采购管理
3006	葛洪		供应链主管	采购、销售、报表查询	销售/采购/库存管理
3007	柳梅	OPER-ST-0001	仓库统计员	入库、出库操作	库存管理

2．备份账套

（1）输出账套[333]。

（2）引入账套[333]。

（3）删除账套[333]。

第3章 基础数据管理

3.1 背景知识

3.1.1 基础数据管理简介

基础数据是生产制造管理系统运作的前提。基础数据包括产品资料、工艺资料、存货资料、供应商资料、客户资料、财务资料、产品制造资料。为了方便对这些数据的统计与引用、查询，ERP 系统将这些资料进行了简单的数据结构处理，例如会计以多级科目设置，存货的分类、供应商的分类、客户的分类等。

基础数据管理的主要目标是建立在企业标准的基础数据管理体系基础之上的。包括物料编码、供应商编码、客户编码、仓库编码等。这里的物料是所有产品、原材料、配件、零件的统称（“用友 U8.72”软件中称为存货）。

基础数据的建立将使得企业里所有的部门都可以共享产品的数据与信息。

3.1.2 基础数据应用模式

图 3-1 是 ABC 电脑制造公司的基础数据管理应用模式，它是从图 1-4 总应用模式中分解出来的。基础数据主要包括供应商资料、客户资料、存货资料、生产制造档案资料、存货核算、应付款管理、应收款管理、会计科目等数据，以及描述了这些数据之间的关系。

基础数据管理应用模式支撑着采购管理、生产管理、销售管理、库存管理、主生产计划、物料需求计划、应付款管理、应收款管理、存货核算、总账等多个子系统的正常运行。制造企业的基本数据包括人事档案结构、采购档案管理、产品档案管理、销售档案管理、仓库档案管理、财务资料管理、生产资料管理七个方面的基础数据。

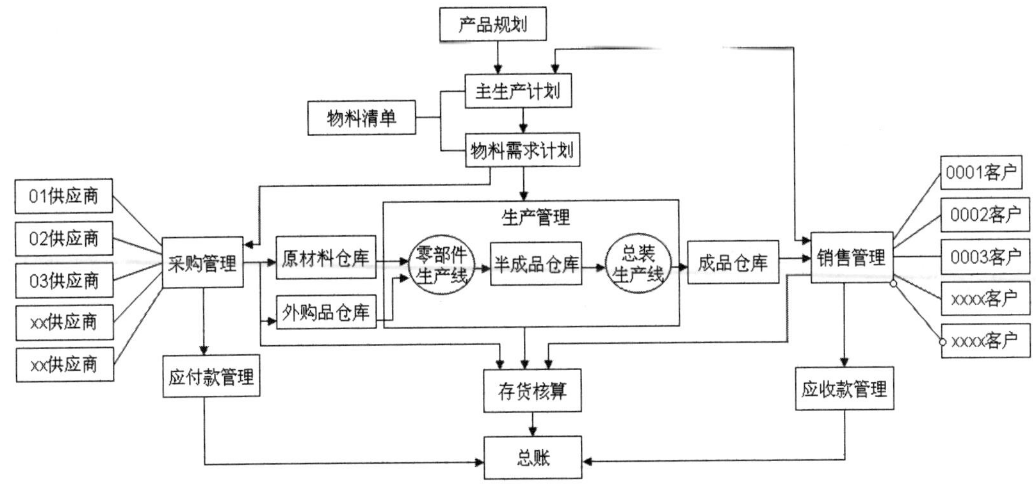

图 3-1　基础数据管理应用模式

图 3-1 可以从纵横向两个方面来理解。纵向是由主生产计划、物料需求计划、生产管理构成了生产计划控制系统。横向是由采购管理、生产管理、销售管理、库存管理构成一个典型的生产制造型的物流系统。该物流系统从原材料采购，原材料入库仓库，或外购品入库仓库暂存；生产投料进行第一次加工成为半成品，并在半成品仓库暂存；再进行生产投料，做第二次加工成为产成品（或成品），暂存在成品仓库里，等待销售后出库。既演绎了企业里产品生产的过程，同时也演绎了物料的物理变化的过程。

3.1.3　基础数据设置流程

基础数据设置的流程主要分为以下三个步骤来完成：第一，基础档案输入；第二，各子系统的参数设置；第三，期初数据输入。

只有在系统期初数据输入完成之后，企业的生产制造管理系统才可以运行。

3.2　实 训 指 导

3.2.1　实训内容

- 部门/人员档案实训。
- 存货管理资料实训。
- 库存管理资料实训。
- 销售管理档案实训。
- 采购管理档案实训。

- 财务管理资料实训。
- 生产管理资料实训。

3.2.2 实训要求

1. 技能要求

（1）学会生产制造管理系统基础数据的输入。
（2）学会生产制造管理系统参数的设置。
（3）学会对生产制造管理系统期初数据的整理与输入。
（4）理解各个部门基础数据资料、参数设置及各子系统期初设置的意义。

2. 环境要求

单用户环境实训，要求由一个人完成表3-1中的所有设置。

表3-1 基础数据管理模拟企业分工

用户	岗位	部门	基础档案设置	系统参数	期初数据
admin		信息部	引入/输出，[666]生产制造管理账套-1		
7000	人事主管	人力资源部	定义部门档案，人员档案		
4000	销售主管	销售部	定义客户档案及分类，定义销售类型	销售管理参数	
3000	采购主管	采购部	定义供应商档案及分类，定义采购类型	采购管理参数	采购期初记账
6000	仓库主管	仓储部	定义存货分类，计量单位，存货档案，仓库信息，货位档案、仓库对照表设置	库存管理参数	仓库管理期初
1006	生产计划主管	生产计划部	定义工作中心，系统日历，班次的资料		
5000	会计主管	财务部	记账凭证，会计科目，结算方式开户银行，费用，发运方式	存货核算参数	存货核算期初 总账期初

3. 操作要求

当基础数据输入完成后，以admin系统管理员的身份登录“系统管理”平台，将[666]账套输出到D:\生产制造管理账套-1。

3.2.3 实训准备

1. 账套引入

系统日历2013-01-01，以admin的身份登录“系统管理”平台，将D:\生产制造账套-1

引入至系统。

2．登录“企业应用平台”

以操作员：“1000，张健”账套主管的身份；输入密码：1；选择账套：[666]ABC 电脑制造公司；登录“企业应用平台”，开始基础数据管理实训。

提示：

- 登录对话框中的“登录到”下拉列表框中默认的是本机的完整计算机名。
- 如果在客户机登录，请在登录对话框的“登录到”下拉列表框中选择服务器机（主机）的计算机名。

3．数据备份

当初始数据的整理与输入完成以后，从“系统管理”平台输出至 D:\生产制造管理账套-1。

提示：[666]ABC 电脑制造公司账套的数据将被覆盖。

3.3 基础数据管理实训

3.3.1 典型案例描述

1．企业基础数据输入

系统日历：2013 年 1 月 1 日，将 ABC 电脑制造公司的基础数据资料输入到 ERP 系统中去。包括部门档案资料、人员档案、库存（存货）档案资料、销售管理档案资料、采购管理档案资料、财务管理资料、生产管理资料共七个方面的基础数据。

2．子系统参数设置

对销售管理、采购管理、库存管理、存货核算、生产管理、财务管理的参数进行初始化设置。

3．企业初始数据输入

将 ABC 电脑制造公司的库存期初数据、存货核算期初数据输入到系统中去。

3.3.2 基础档案设置实训

1．企业组织与人事结构设置

（1）部门档案

ABC 电脑制造公司的组织结构如图 3-2 所示，表 3-2 与表 3-3 是部门与人员之间的对应关系，如图 3-2 所示。表 3-2 中的“说明”为具体的工作任务，表 3-3 中的“岗位群说明”为对应的岗位。

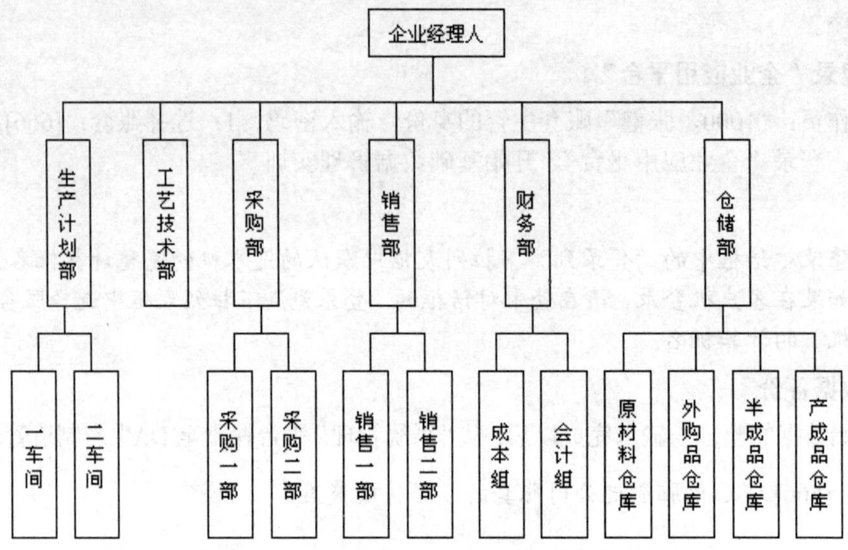

图 3-2 ABC 电脑制造公司的组织结构

表 3-2 部门档案

<table>
<tr><th>部门编码</th><th>部门名称</th><th>说明</th></tr>
<tr><td>1</td><td>生产计划部</td><td>主生产计划/物料需求计划</td></tr>
<tr><td>101</td><td>一车间</td><td>产成品生产订单管理</td></tr>
<tr><td>102</td><td>二车间</td><td>零/部件生产订单管理</td></tr>
<tr><td>2</td><td>工艺技术部</td><td>物料清单管理</td></tr>
<tr><td>3</td><td>采购部</td><td>采购管理</td></tr>
<tr><td>301</td><td>采购一部</td><td rowspan="2">采购订单管理</td></tr>
<tr><td>302</td><td>采购二部</td></tr>
<tr><td>4</td><td>销售部</td><td>销售管理</td></tr>
<tr><td>401</td><td>销售一部</td><td rowspan="2">销售订单管理</td></tr>
<tr><td>402</td><td>销售二部</td></tr>
<tr><td>5</td><td>财务部</td><td>财务管理</td></tr>
<tr><td>501</td><td>成本组</td><td>存货核算</td></tr>
<tr><td>502</td><td>会计组</td><td>应收、应付、总账处理</td></tr>
<tr><td>6</td><td>仓储部</td><td rowspan="5">库存管理</td></tr>
<tr><td>601</td><td>原材料仓库</td></tr>
<tr><td>602</td><td>外购品仓库</td></tr>
<tr><td>603</td><td>半成品仓库</td></tr>
<tr><td>604</td><td>产成品仓库</td></tr>
</table>

操作步骤：

① 在“企业应用平台”窗口中，单击“基础设置”标签，打开“基础设置”窗格。

② 选择“基础信息”→“基础档案”→“机构人员”→“部门档案”选项，打开“部门档案”窗口。窗口分为左右两部分，左窗口显示部门的结构，右窗口显示新增部门明细资料。

③ 单击【增加】按钮，在右边输入表 3-2 部门资料。如要修改，单击【修改】按钮，修改相关信息，如图 3-3 所示。

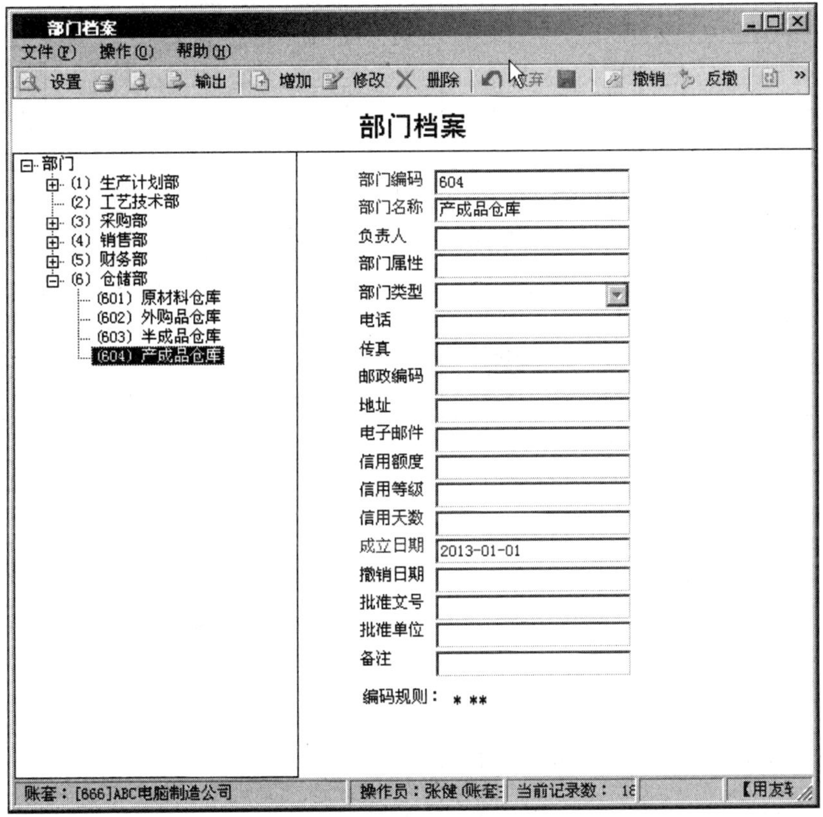

图 3-3　部门档案

④ 单击【保存】按钮。

（2）人员档案

操作步骤：

① 选择“基础档案”→“机构人员”→“人员档案”选项，打开“人员列表”窗口。窗口分为左右两部分，左窗口显示部门结构；右窗口显示部门人员状况明细。

② 选择“生产计划部门”后，单击【增加】按钮，弹出“人员档案”窗口，则可以输入表 3-3 人员档案资料，如图 3-4 所示。

表 3-3 人员档案

部门编码	部门名称	人员编码	人员名称	人员类别	性 别	是否业务员	岗位群说明
1	生产计划部	001	王宏	在职人员	男	否	生产计划员
101	一车间	002	李涛	在职人员	男	是	班组长
102	二车间	003	梁丽	在职人员	女	是	班组长
2	工艺技术部	004	肖湘	在职人员	女	否	工艺员
3	采购部	005	张伟	在职人员	男	否	采购主管
301	采购一部	006	马强	在职人员	男	是	采购业务员
302	采购二部	007	赵刚	在职人员	男	是	采购业务员
4	销售部	008	杨娟	在职人员	女	否	销售主管
401	销售一部	009	李勋	在职人员	男	是	销售业务员
402	销售二部	010	吴坚	在职人员	男	是	销售业务员
5	财务部	011	翁玲	在职人员	女	否	财务主管
501	成本组	012	姚娟	在职人员	女	是	成本会计
502	会计组	013	周洋	在职人员	男	是	财务会计
6	仓储部	014	刘强	在职人员	男	否	仓库主管
601	原材料仓库	015	张明	在职人员	男	是	原材料仓管员
602	外购品仓库	016	李华	在职人员	女	是	外购品仓管员
603	半成品仓库	017	朱玉	在职人员	女	是	半成品仓管员
604	产成品仓库	018	刘香	在职人员	女	是	产成品仓管员

提示：

- 表 3-2 中的说明在部门档案中可以不用维护。
- 表 3-3 中的岗位群说明在人员档案中不需要维护。

③ 单击【保存】按钮，然后单击【退出】按钮。

④ 选择部门继续输入表 3-3 人员档案资料。

2．存货资料设置

存货分类是对物料的精细化管理。制造企业常常将存货分为产成品、半成品、外购品、原材料等，也有分成最终产品、部件、零件、原料等。总之存货分类可以根据企业的管理要求而定。

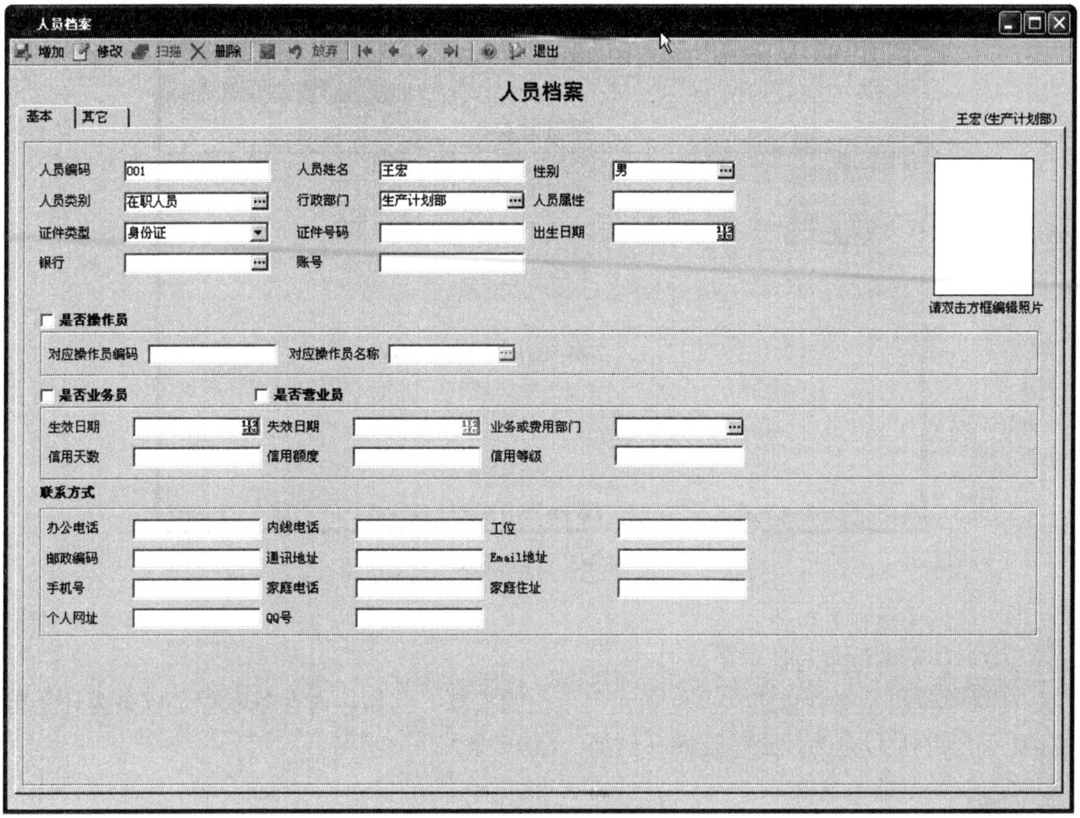

图 3-4 维护人员资料

（1）存货分类

操作步骤：

① 在“企业应用平台”窗口中，单击“基础设置”标签，打开“基础设置”窗格。

② 选择“基础档案”→“存货”→“存货分类”选项，打开“存货分类”窗口。窗口分为左右两部分，左窗口显示存货分类的结构；右窗口显示新增存货分类资料。

③ 单击【增加】按钮，输入表 3-4 中的存货分类资料，如图 3-5 所示。

表 3-4 存货分类

分类编码	分类名称
01	产成品
02	半成品
03	外购品
04	原材料

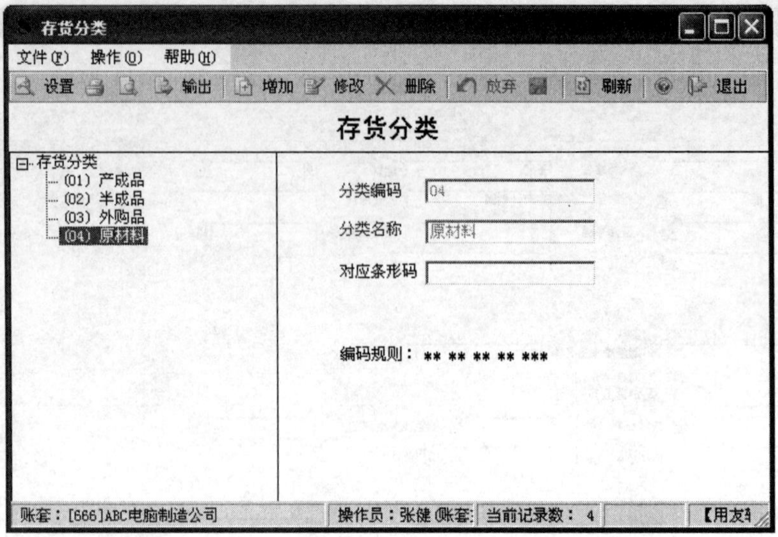

图 3-5　存货分类

④ 单击【保存】按钮。

（2）计量单位组与计量单位

计量单位组是对存货采购单位和使用单位的换算。例如，内存条库存是以条为计量单位的，而采购是以盒为计量单位的（例如一盒 12 条）。

① 编辑计量单位组。

操作步骤：

- 选择“基础档案”→“存货”→“计量单位”选项，打开“计量单位”窗口。
- 单击【分组】按钮，弹出“计量单位分组”对话框，单击【增加】按钮，输入表 3-5 中的资料，如图 3-6 所示。
- 单击【保存】按钮。

表 3-5　计量单位分组档案

单位组编码	计量单位名称	计量单位组类别
01	无换算	无换算
02	内存条计算	固定计算

② 编辑计量单位。

操作步骤：

- 选择“基础档案”→“存货”→“计量单位”选项，打开“计量单位”窗口。
- 单击【单位】按钮，弹出“计量单位”对话框，单击【增加】按钮，输入表 3-6 中的资料，如图 3-7 所示。

图 3-6 计量单位分组

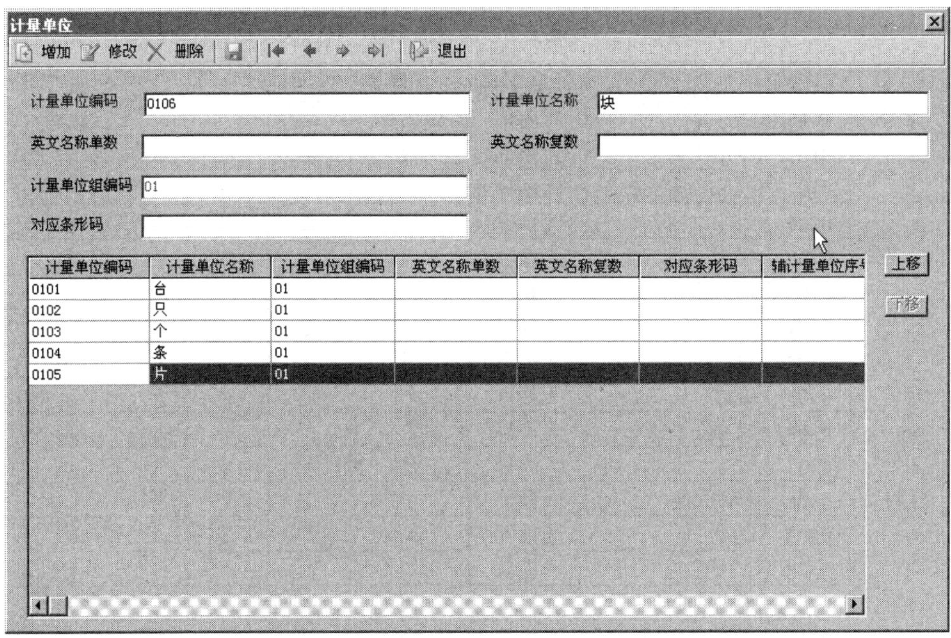

图 3-7 计量单位设置

● 单击【保存】按钮。

表 3-6 计量单位档案

计量单位组编码	计量单位组名称	计量单位编码	计量单位名称	计量单位组类别	主计量单位标志	换算率
01	无换算	0101	台	无换算率		/
01	无换算	0102	只	无换算率		/
01	无换算	0103	个	无换算率		/
01	无换算	0104	条	无换算率		/
01	无换算	0105	片	无换算率		/
01	无换算	0106	块	无换算率		/
02	内存条计算	0201	条	固定换算率	是	1
02	内存条计算	0202	盒	固定换算率	否	12

（3）存货档案

操作步骤：

① 选择“基础档案”→“存货”→“存货档案”选项，打开“存货档案”窗口。

② 单击【增加】按钮，弹出“增加存货档案”对话框。该对话框中包括“基本”“成本”“控制”等七个选项卡。系统默认打开“基本”选项卡，栏目字体为蓝色的为必填项目，按表 3-7 输入存货及属性资料，如图 3-8 所示。

表 3-7 存货档案

分类编码	分类名称	存货编码	存货名称	计量单位组名称	主计量单位名称	内销	外购	自制	生产耗用	供需策略
01	产成品	0101	家用电脑	无换算	台	是	否	是	否	LP
		0102	商务电脑	无换算	台	是	否	是	否	LP
02	半成品	0201	机箱	无换算	个	否	否	委外	是	LP
		0202	家用主机	无换算	台	否	否	是	是	LP
		0203	商务主机	无换算	台	否	否	是	是	LP
03	外购品	0301	显示器	无换算	台	是	是	否	是	LP
		0302	鼠标	无换算	只	是	是	否	是	LP
		0303	键盘	无换算	个	是	是	否	是	LP
		0304	内存条	无换算	条	否	是	否	是	LP
		0305	硬盘	无换算	个	否	是	否	是	LP
		0306	移动硬盘	无换算	个	是	是	否	否	LP
		0307	U 盘	无换算	个	是	是	否	否	LP
		0308	家用主板	无换算	块	否	是	否	是	LP
		0309	商务主板	无换算	块	否	是	否	是	LP
		0310	激光打印机	无换算	台	是	是	否	否	PE
		0311	喷墨打印机	无换算	台	是	是	否	否	PE
04	原材料	0401	金属板（1*2M）	无换算	块	否	是	否	是	PE
		0402	金属板（1*3M）	无换算	块	否	是	否	是	PE

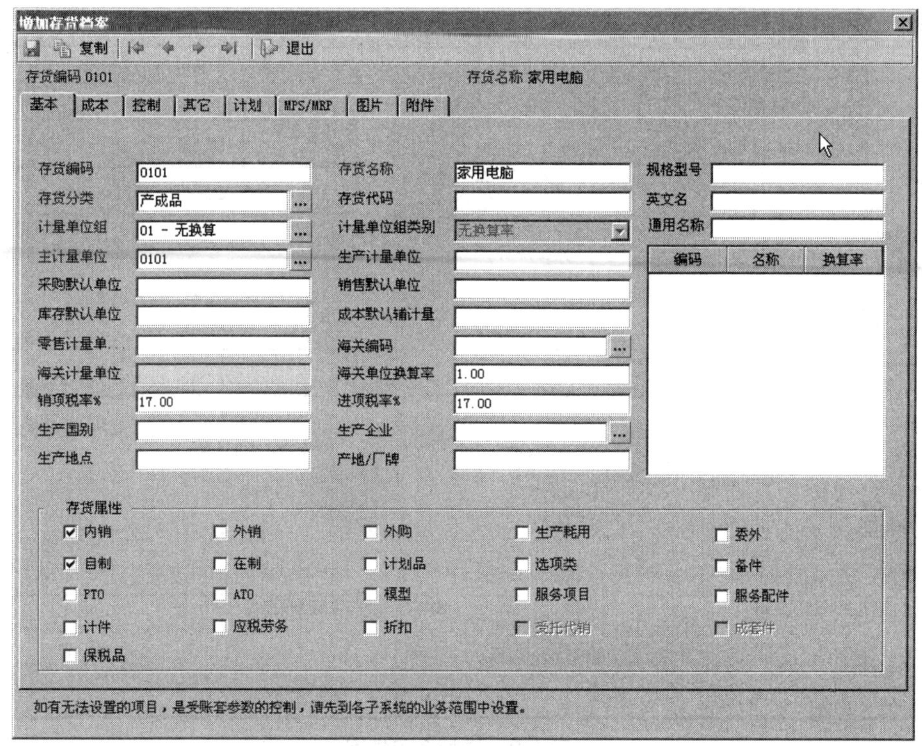

图 3-8　存货档案

③ 单击 MPS/MRP 标签，设置供需政策：LP。

④ 单击【保存】按钮。如果需要修改，单击【修改】按钮，可以修改相关资料。

3．库存资料设置

（1）仓库档案

操作步骤：

① 在“企业应用平台”窗口中，单击“基础设置”标签，打开“基础设置”窗格。

② 选择“基础档案”→“业务工作”→“仓库档案”选项，打开“仓库档案”窗口。

③ 单击【增加】按钮，弹出“增加仓库档案”对话框，输入表 3-8 仓库资料，栏目字体为蓝色的为必填项目，如图 3-9 所示。

表 3-8　仓库档案

仓库编码	仓库名称	计价方式	是否货位管理	参与 MRP 运算	可用量控制方式
001	产成品仓库	移动平均	否	是	不作控制且零出库时不提示
002	半成品仓库	移动平均	否	是	
003	外购品仓库	移动平均	是	是	
004	原材料仓库	移动平均	否	是	

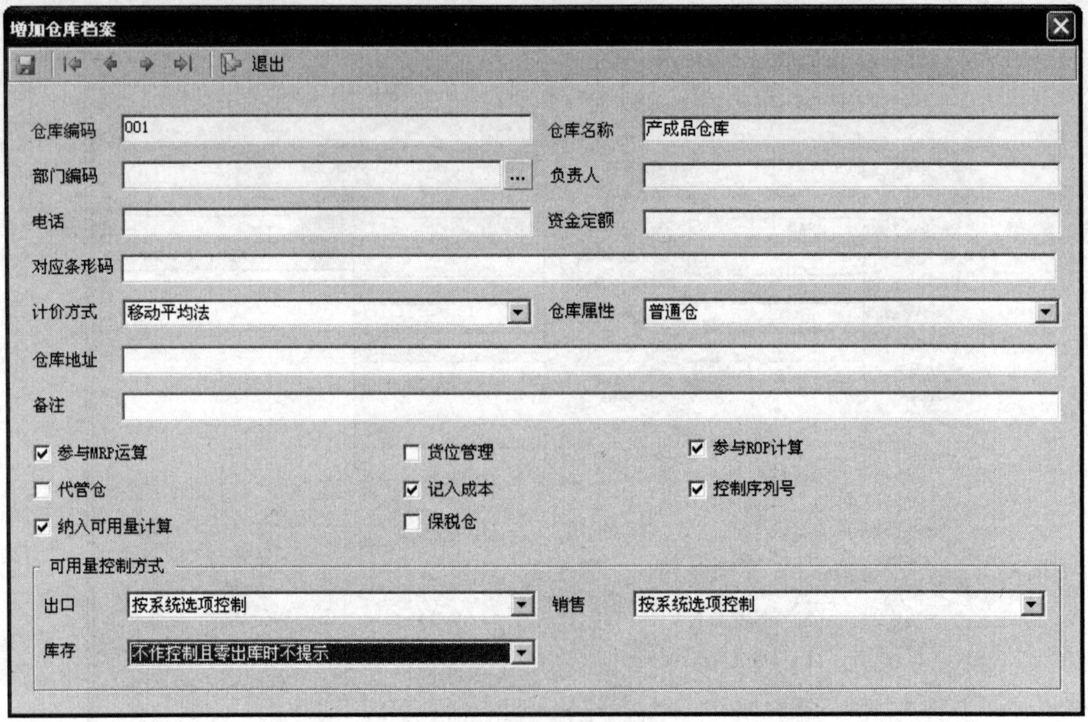

图 3-9 增加仓库档案

④ 单击【保存】按钮。如果需要修改，单击【修改】按钮，可以修改相关资料。

提示：

- 当物料进行货位管理时，选中“货位管理”复选框。
- 选中“参与 MRP 运算”复选框，表示该仓库中的存货参与物料需求计划的运算。
- 可用量控制方式。库存：不作控制且零出库时不提示。

（2）货位档案

操作步骤：

① 选择“基础档案”→“业务工作”→“货位档案”选项，打开“货位档案”窗口。

② 单击【增加】按钮，输入表 3-9 中的资料，如图 3-10 所示。

表 3-9 货位档案

货位编码	货位名称	所属仓库
01	移动盘货架	003
02	内存货架	003
03	打印机货架	003
04	其他货架	003

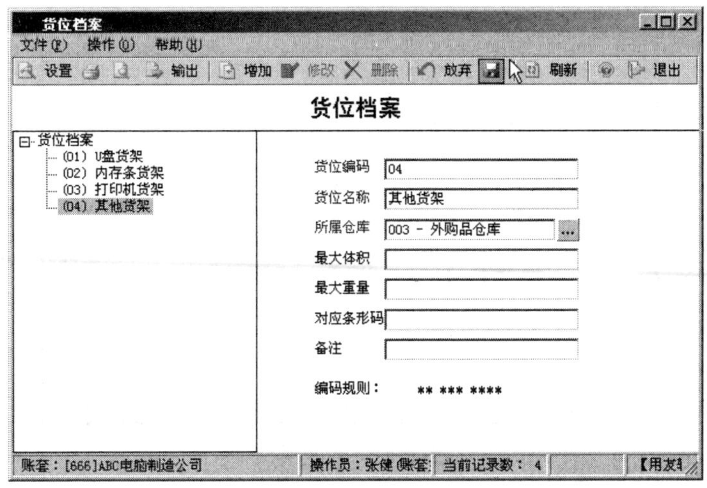

图 3-10　货位档案

③ 单击【保存】按钮。

（3）收发类别

收发类别是为了对存货的出/入活动进行分类汇总、查询而设置的。

操作步骤：

① 选择“基础档案”→“业务工作”→“收发类别”选项，打开“收发类别”窗口。页面分左右两个部分，左窗口显示已设置的收发类别组合，右窗口中显示某一类别下的设置。

② 单击【增加】按钮，输入表 3-10 中的资料，如图 3-11 所示。

表 3-10　收发类别

收 发 标 志	类 别 编 码	类 别 名 称
收	1	入库
	11	采购入库
	12	产成品入库
	13	委外入库
	14	盘点入库
	15	其他入库
发	2	出库
	21	销售出库
	22	材料出库
	23	委外出库
	24	盘亏出库
	25	其他出库

③ 单击【保存】按钮。如果需要修改，单击【修改】按钮，可以修改相关资料。

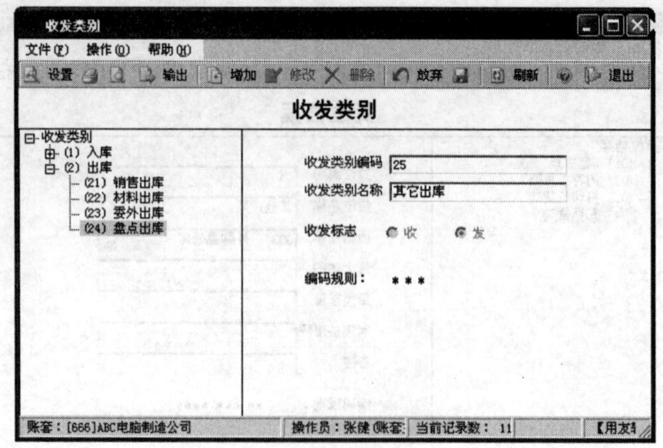

图3-11　收发类别

（4）仓库对照表

将存货与其对应的仓库建立数据连接的关系，称为仓库对照表。仓库对照表可以使系统后台运行时，通过默认仓库的数据快速地查找、处理仓库入/出库的动态数据。

① 仓库对照表。

操作步骤：

- 选择“基础档案”→“对照表”→“仓库存货对照表”选项，打开“仓库存货对照表”窗口。
- 单击【选择】按钮，弹出“批量增加”对话框，如图3-12所示，按照表3-11～表3-14中的资料，建立仓库存货数据的对应关系。

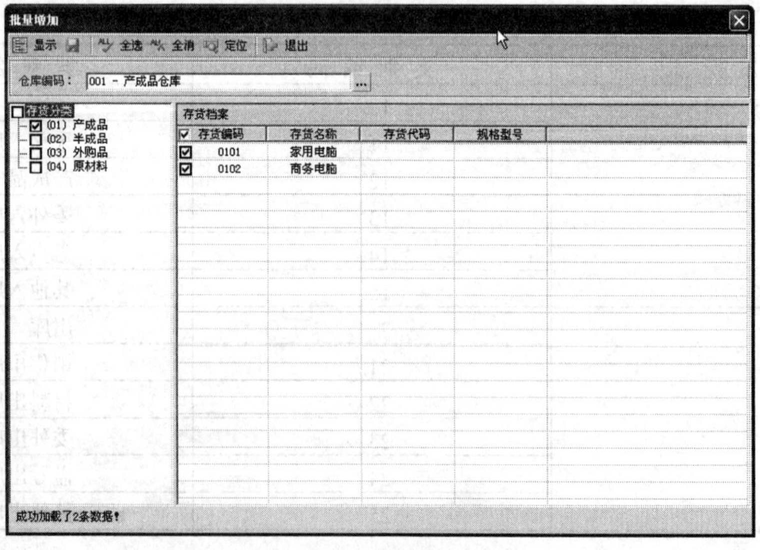

图3-12　批量增加存货

表 3-11 产成品仓库档案

存货编码	存货名称	计量单位组编码	计量单位组名称	主计量单位编码	主计量单位名称
0101	家用电脑	01	无换算	0101	台
0102	商务电脑	01	无换算	0101	台

表 3-12 半成品仓库档案

存货编码	存货名称	计量单位组编码	计量单位组名称	主计量单位编码	主计量单位名称
0201	机箱	01	无换算	0103	个
0202	家用主机	01	无换算	0101	台
0203	商务主机	01	无换算	0101	台

表 3-13 外购品仓库档案

存货编码	存货名称	计量单位组编码	计量单位组名称	主计量单位编码	主计量单位名称
0301	显示器	01	无换算	0101	台
0302	鼠标	01	无换算	0102	只
0303	键盘	01	无换算	0103	个
0304	内存条	01	无换算	0104	条
0305	硬盘	01	无换算	0103	个
0306	移动硬盘	01	无换算	0103	个
0307	U 盘	01	无换算	0103	个
0308	家用主板	01	无换算	0106	块
0309	商务主板	01	无换算	0106	块
0310	激光打印机	01	无换算	0101	台
0311	喷墨打印机	01	无换算	0101	台

表 3-14 原材料仓库档案

存货编码	存货名称	计量单位组编码	计量单位组名称	主计量单位编码	主计量单位名称
0401	金属板（P3）	01	无换算	0106	块
0402	金属板（P4）	01	无换算	0106	块

- 先输入仓库编码，例如 001-产品仓库。
- 再选择存货分类，例如（01）产成品。
- 单击【显示】按钮，参考图 3-11，选中对应的存货。
- 单击【保存】按钮，然后单击【退出】按钮。

② 货位对照表。将存货与其对应的货位建立数据连接的关系，称为货位对照表。货位

管理使仓库的结构分为：存货分类→仓库→货位 3 级，使其仓库管理更加精细化。

操作步骤：

- 选择“基础档案”→“对照表”→“存货货位对照表”选项，打开“存货货位对照表”窗口。单击【选择】按钮，打开“批量增加”对话框。
- 输入“货位编码”，先选择“存货分类”后，单击【显示】按钮，按照表 3-15 中的资料，建立货位与存货数据的对应关系，如图 3-13 所示。

表 3-15　货位对照表

货位编码	货位名称	序号	存货编码	存货名称
01	移动盘货架	1	0306	移动硬盘
		2	0307	U 盘
02	内存货架	1	0304	内存条
03	打印机货架	1	0310	激光打印机
		2	0311	喷墨打印机
04	其他货架	1	0301	显示器
		2	0302	鼠标
		3	0303	键盘
		4	0305	硬盘
		5	0308	家用主板
		6	0309	商务主板

图 3-13　批量增加存货货位

- 单击【保存】按钮。
- 单击【退出】按钮。

4．销售管理档案资料

销售管理档案资料包括客户的分类、客户分类与客户档案建立数据连接，以及定义企业的销售类型。

（1）客户的分类

操作步骤：

① 在“企业应用平台”窗口中，单击“基础设置”标签，打开“基础设置”窗格。

② 选择“基础档案”→“客商信息”→“客户分类”选项，打开“客户分类”窗口。

③ 单击【增加】按钮，输入表 3-16 中的客户资料。

表 3-16 客户分类

分类编码	分类名称
01	本地客户
02	外地客户

④ 单击【保存】按钮。如果需要修改，单击【修改】按钮，可以修改相关资料。

（2）客户档案

操作步骤：

① 选择“基础档案”→“客商信息”→“客户档案”选项，打开“客户档案”窗口。

② 单击【增加】按钮，输入表 3-17 中的客户基础资料。单击【保存】按钮，如图 3-14 所示。

表 3-17 客户档案

分类编码	分类名称	客户编码	客户名称	税　号	开户银行	银行账号	默　认
01	本地客户	0001	志远公司	310003145	工行	112	是
01	本地客户	0002	希望公司	310108777	中行	225	是
02	外地客户	0003	精益公司	315000123	建行	369	是
01	本地客户	0004	敏捷公司	316000654	招行	158	是

③ 单击【银行】按钮，输入表 3-17 中的客户银行资料。如果需要修改，单击【修改】按钮，可以修改相关资料，如图 3-15 所示。

（3）销售类型

操作步骤：

① 选择“基础档案”→“业务工作”→“销售类型”选项，打开“销售类型”窗口。

② 单击【增加】按钮，输入表 3-18 中的资料，栏目字体为蓝色的为必填项目，如图 3-16

所示。

增加客户档案

客户编码	0001	客户名称	志远公司
客户简称	志远公司	所属分类	01 - 本地客户
所属地区		所属行业	
客户总公司		客户级别	
对应供应商		法人	
币种	人民币	税号	310003145
☑ 国内		☐ 国外	

图 3-14 增加客户档案

③ 单击【保存】按钮。如果需要修改，单击【修改】按钮，可以修改相关资料。

客户银行档案

序号	所属银行	开户银行	银行账号	账户名称	默认值
1	中国工商银行	01	112		是

图 3-15 客户银行档案

表 3-18　销售类型

销售类型编码	销售类型名称	出 库 类 别	是否默认值	MPS/MRP
01	普通销售	21（销售出库）	是	是

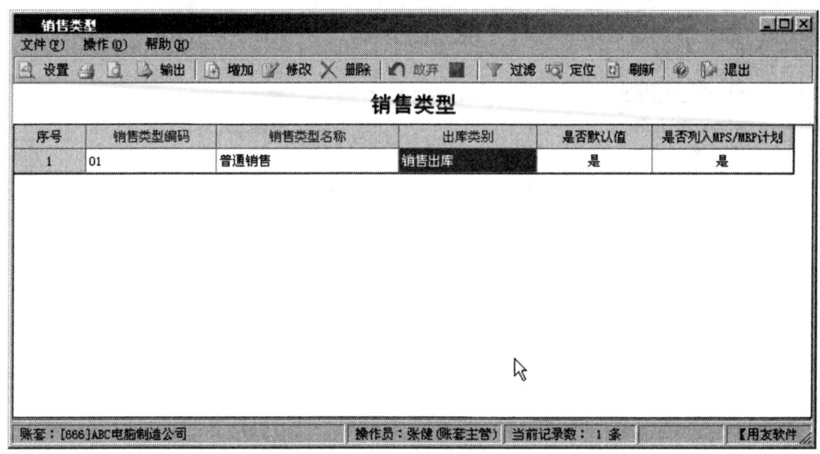

图 3-16　销售类型

5. 采购管理档案资料

采购管理档案资料包括供应商的分类、供应商分类与供应商档案建立数据连接，以及定义企业的采购类型。

（1）供应商的分类

操作步骤：

① 在“企业应用平台”窗口中，单击“基础设置”标签，打开“基础设置”窗格。

② 选择“基础档案”→“客商信息”→“供应商分类”选项，打开“供应商分类”窗口。

③ 单击【增加】按钮，输入表 3-19 中的资料，如图 3-17 所示。

表 3-19　供应商分类

分 类 编 码	分 类 名 称
01	原材料供应商
02	外购品供应商
03	其他供应商

④ 单击【保存】按钮。如果需要修改，单击【修改】按钮，可以修改相关资料。

（2）供应商档案

操作步骤：

① 选择“基础档案”→“客商信息”→“供应商档案”选项，打开“供应商档案”

窗口。

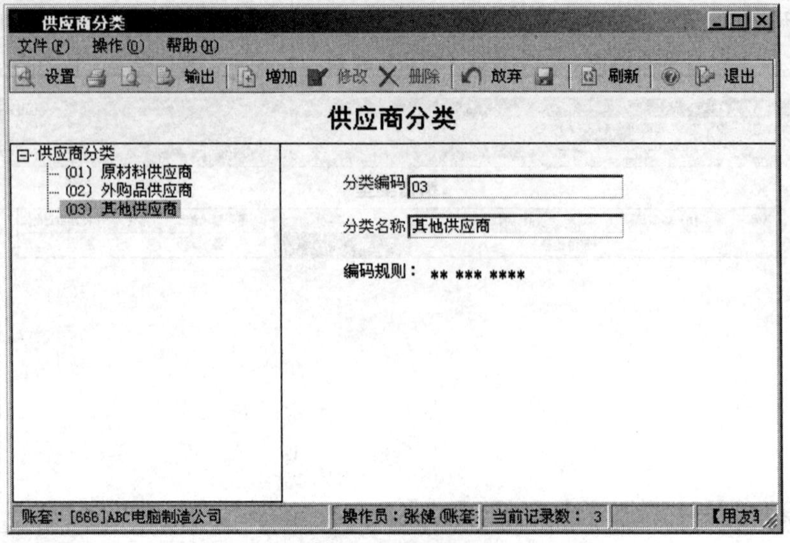

图 3-17 供应商分类

② 单击【增加】按钮，输入表 3-20 中的资料。

表 3-20 供应商档案

分类编码	分类名称	供应商编码	供应商名称	税号
01	原材料供应商	1001	兴华公司	310823691
02	外购品供应商	1002	实达公司	313832123
03	外购品供应商	1003	朗科公司	304353215
03	其他供应商	1004	科威公司	315353423

③ 单击【保存】按钮。如果需要修改，单击【修改】按钮，可以修改相关资料。

（3）采购类型

操作步骤：

① 选择“基础档案”→“业务工作”→“采购类型”选项，打开“采购类型”窗口。

② 单击【增加】按钮，输入表 3-21 中的资料，如图 3-18 所示。

表 3-21 采购类型

采购类型编码	采购类型名称	入库类别	是否默认值	是否委外默认值
01	普通采购	11（采购入库）	是	否
02	委外采购	13（委外入库）	否	是

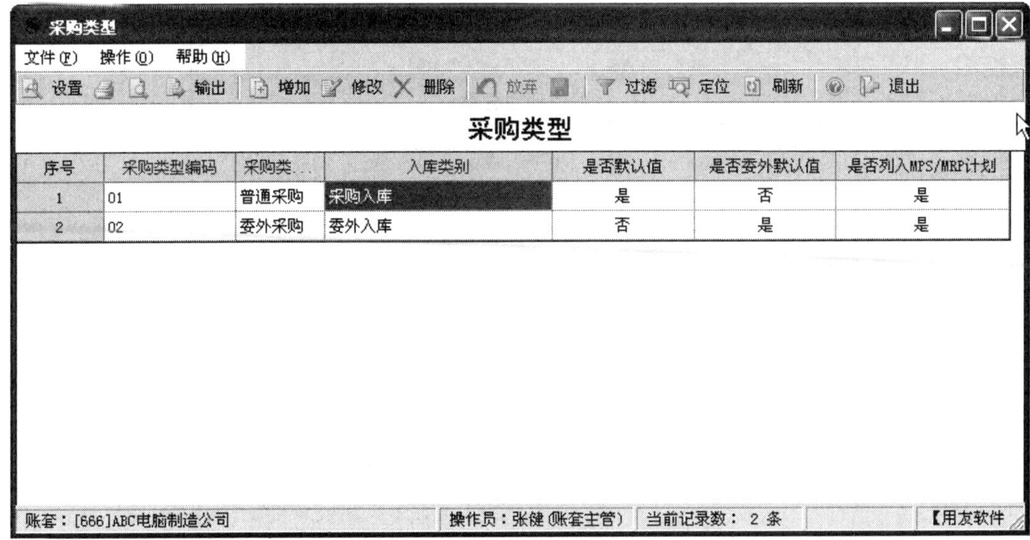

图 3-18　采购类型

③ 单击【保存】按钮。

6. 财务资料设置

财务资料设置包括费用项目的分类、项目的分类与费用项目建立数据连接、发运方式、会计科目的设置，以及财务的计算方式等。

（1）费用项目分类

操作步骤：

① 在“企业应用平台”窗口中，单击“基础设置”标签，打开“基础设置”窗格。

② 选择“基础档案”→“业务工作”→“费用项目分类”选项，打开“费用项目分类”窗口。

③ 单击【增加】按钮，输入表 3-22 中的资料，如图 3-19 所示。

表 3-22　费用项目分类

费用项目分类编码	费用项目分类名称
1	无分类

④ 单击【保存】按钮。

（2）费用项目

操作步骤：

① 选择“基础档案”→“业务工作”→“费用项目”选项，打开“费用项目档案无分类”窗口。

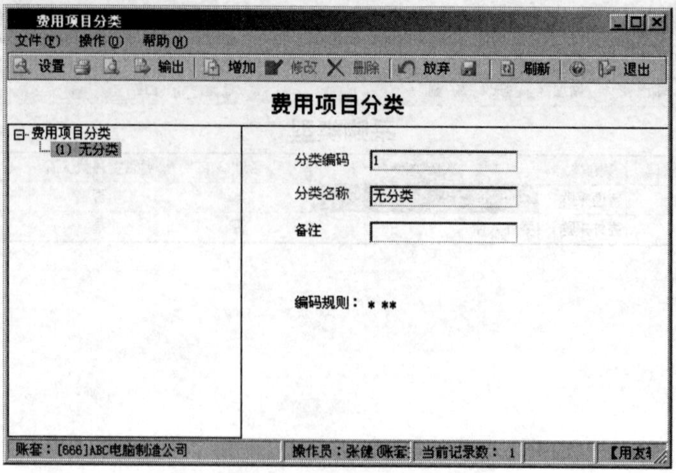

图 3-19 费用项目分类

② 单击【增加】按钮，输入，如图 3-20 所示。

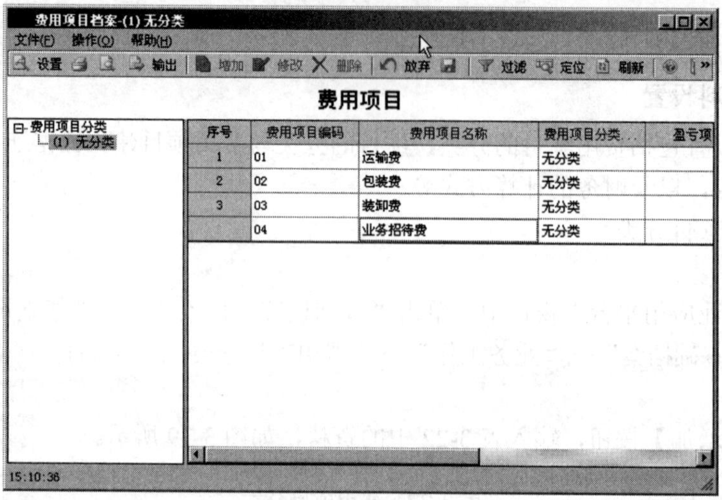

图 3-20 费用项目

③ 单击【保存】按钮，增行继续输入，完成表 3-23 资料，单击【退出】按钮。

表 3-23 费用项目

费用项目编码	费用项目名称	所 属 分 类
01	运输费	无分类
02	包装费	无分类
03	装卸费	无分类
04	招待费	无分类

（3）发运方式

操作步骤：

① 选择“基础档案”→“业务工作”→“发运方式”选项，打开“发运方式档案”窗口。

② 单击【增加】按钮，输入表 3-24 中的资料，如图 3-21 所示。

表 3-24 常用发运方式

发运方式编码	发运方式名称
01	公路运输
02	铁路运输
03	航空运输

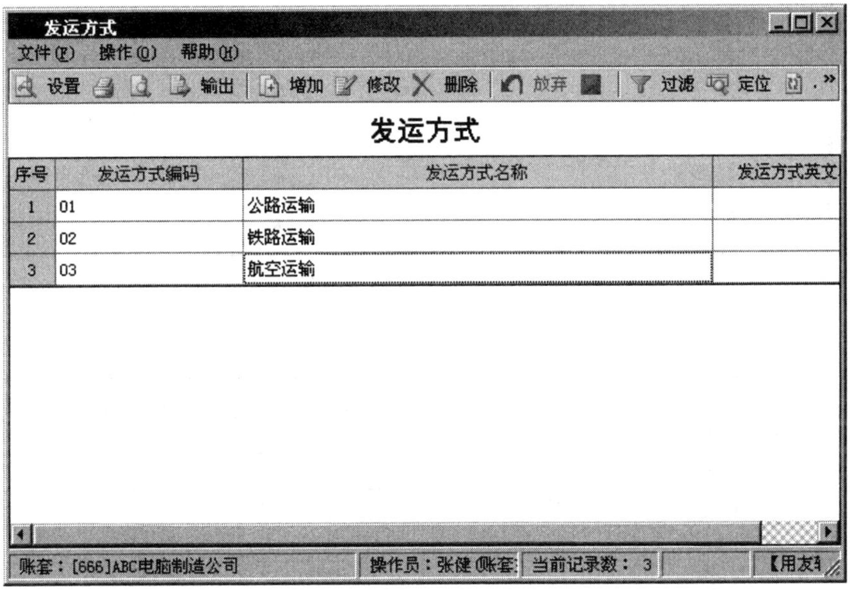

序号	发运方式编码	发运方式名称	发运方式英文
1	01	公路运输	
2	02	铁路运输	
3	03	航空运输	

图 3-21 发运方式

③ 单击【保存】按钮，完成表 3-24 资料，单击【退出】按钮。

（4）会计科目设置

操作步骤：

① 选择“基础档案”→“财务”→“会计科目”选项，打开“会计科目”窗口，如图 3-22 所示。

② 如果表 3-25 中的“操作说明”为增加，则单击【增加】按钮，弹出“新增会计科目”对话框，输入表 3-25 中 100201 科目编码、科目名称、辅助核算资料。

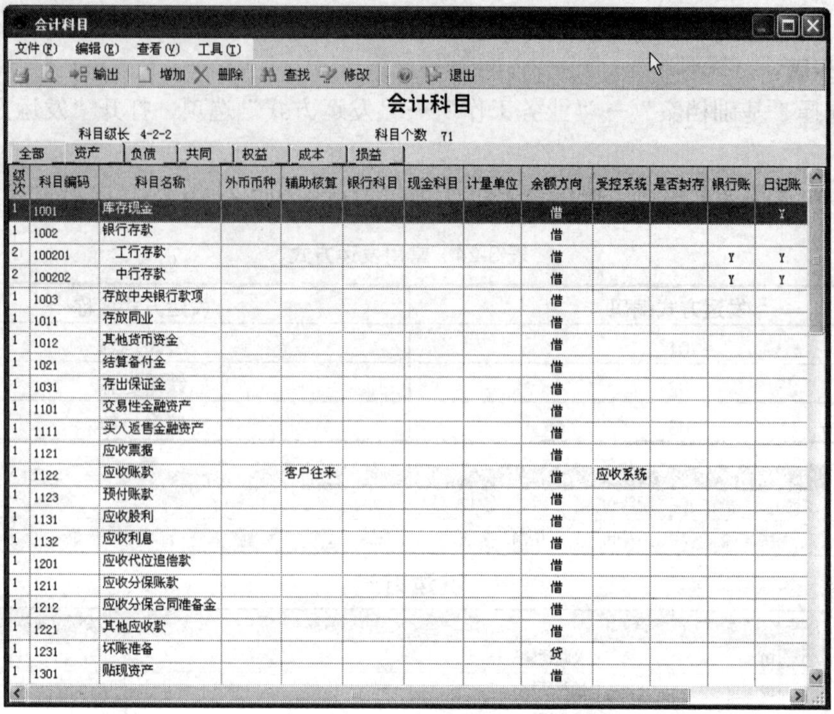

会计科目

文件(F) 编辑(E) 查看(V) 工具(T)

输出 增加 删除 查找 修改 退出

会计科目

科目级长 4-2-2 科目个数 71

全部 | 资产 | 负债 | 共同 | 权益 | 成本 | 损益

级次	科目编码	科目名称	外币币种	辅助核算	银行科目	现金科目	计量单位	余额方向	受控系统	是否封存	银行账	日记账
1	1001	库存现金						借				Y
1	1002	银行存款						借				
2	100201	工行存款						借			Y	Y
2	100202	中行存款						借			Y	Y
1	1003	存放中央银行款项						借				
1	1011	存放同业						借				
1	1012	其他货币资金						借				
1	1021	结算备付金						借				
1	1031	存出保证金						借				
1	1101	交易性金融资产						借				
1	1111	买入返售金融资产						借				
1	1121	应收票据						借				
1	1122	应收账款		客户往来				借	应收系统			
1	1123	预付账款						借				
1	1131	应收股利						借				
1	1132	应收利息						借				
1	1201	应收代位追偿款						借				
1	1211	应收分保账款						借				
1	1212	应收分保合同准备金						借				
1	1221	其他应收款						借				
1	1231	坏账准备						贷				
1	1301	贴现资产						借				

图 3-22　会计科目设置

表 3-25　会计科目

级　次	科目编码	科目名称	辅助核算	受控系统	操作说明
1	1001	现金	日记账		修改
1	1002	银行存款			修改
2	100201	工行存款	银行账、日记账		增加
2	100202	中行存款	银行账、日记账		增加
1	1122	应收账款	客户往来	应收系统	修改
1	1403	原材料			
1	1405	库存商品			
1	1601	固定资产			
1	1602	累计折旧			
1	2202	应付账款	供应商往来	应付系统	修改
1	4001	实收资本			
1	5001	生产成本	部门核算		修改
1	2221	应缴税金			
2	222101	应缴增值税			增加
3	22210101	进项税额			增加
3	22210105	销项税额			增加

③ 如果表 3-25 中的“操作说明”为修改，则单击【查找】按钮，查找到指定的科目后，双击该科目，弹出“会计科目_修改”对话框，按表 3-25 修改“辅助核算”内容，如图 3-23 所示。

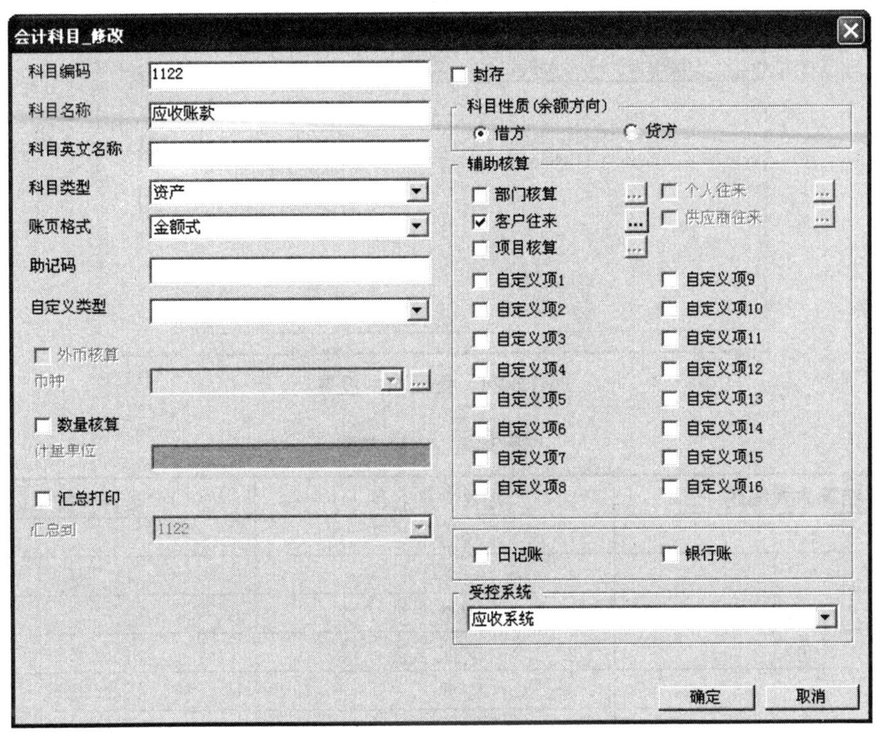

图 3-23　辅助核算设置

（5）凭证类别

设置会计凭证使用的“记账凭证”类别，本案例采用系统默认的“记账凭证”类别。

操作步骤：

① 选择“基础档案”→“财务”→“凭证类别”选项后，打开“凭证类别”对话框。

② 弹出“凭证类别”对话框，如图 3-24 所示。

③ 单击【退出】按钮，或关闭对话框。

（6）结算方式

操作步骤：

① 选择“基础档案”→“收付结算”→“结算方式”选项，打开“结算方式”窗口。页面分左右两个部分，左窗口中显示结算方式结构，右窗口中显示某一方式的明细。

② 单击【增加】按钮，输入表 3-26 中的资料，如图 3-25 所示。

③ 单击【保存】按钮。

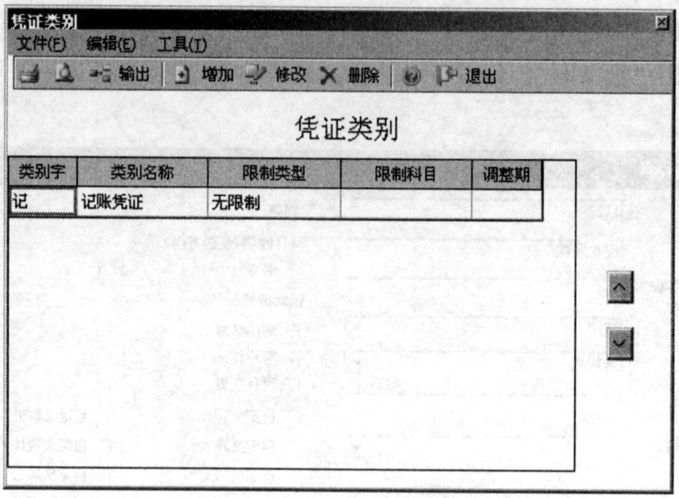
凭证类别
文件(F) 编辑(E) 工具(T)
输出 增加 修改 删除 退出
凭证类别
类别字 类别名称 限制类型 限制科目 调整期
记 记账凭证 无限制

图 3-24 凭证类别设置

表 3-26 结算方式

结算方式编码	结算方式名称	是否票据管理
1	现金	
2	支票	是
201	现金支票	是
202	转账支票	是
3	汇票	是
4	其他	是

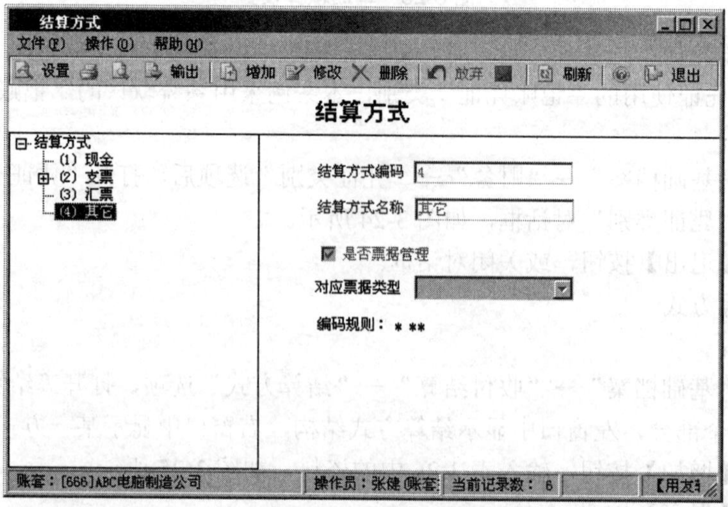
结算方式
文件(F) 操作(O) 帮助(H)
设置 输出 增加 修改 删除 放弃 刷新 退出
结算方式
结算方式
(1) 现金
(2) 支票
(3) 汇票
(4) 其它
结算方式编码 4
结算方式名称 其它
是否票据管理
对应票据类型
编码规则： * **
账套：[666]ABC电脑制造公司
操作员：张健
当前记录数： 6

图 3-25 结算方式设置

（7）开户银行

操作步骤：

① 选择“基础档案”→“收付结算”→“本单位开户银行”选项，打开“本单位开户银行”窗口。

② 单击【增加】按钮，弹出“增加本单位开户银行”对话框，输入表 3-27 中的资料，如图 3-26 所示。

表 3-27 开户银行

编码	银行账号	币种	开户银行	所属银行
001	012658231016	人民币	中国工商行广东省佛山市支行	中国工商银行

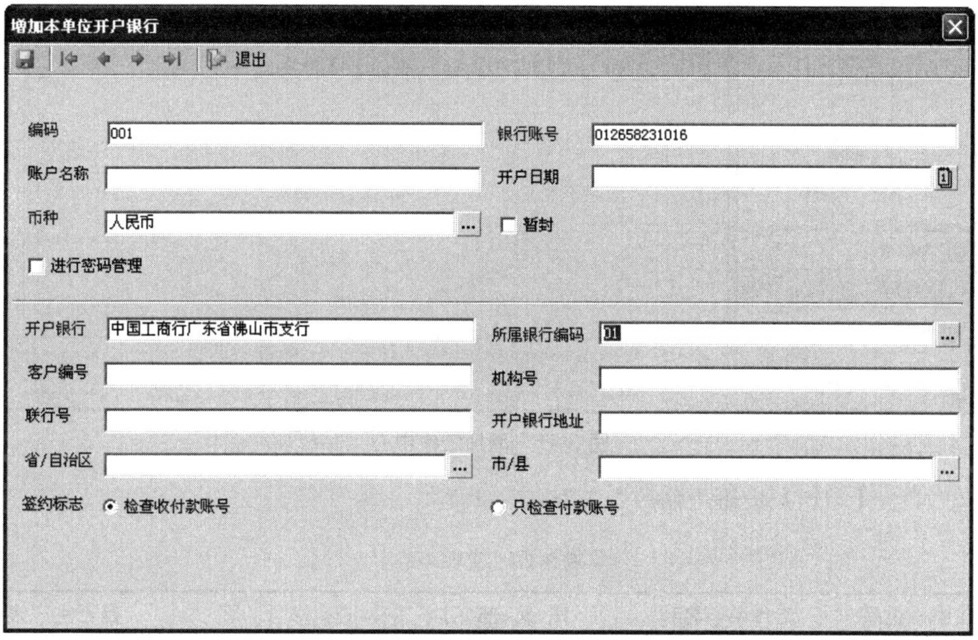

增加本单位开户银行

退出

编码 001　银行账号 012658231016

账户名称　开户日期

币种 人民币　暂封

进行密码管理

开户银行 中国工商行广东省佛山市支行　所属银行编码 01

客户编号　机构号

联行号　开户银行地址

省/自治区　市/县

签约标志 检查收付款账号　只检查付款账号

图 3-26 增加开户银行

③ 单击【保存】按钮。

7. 生产管理资料设置

生产管理基本资料包括工作中心、系统日历、班次。

（1）工作中心

工作中心（Working Center，WC）是产品制造的基本单元。它由一台或几台设备，一个或多个工作人员组成。工作中心对应工艺路线（或工序）。通常作为产能/负荷计算、成本资料或生产效率评估的单位。详细说明请参考按 F1 键打开的在线帮助。

操作步骤：

① 在“企业应用平台”窗口中，单击“基础设置”标签，打开“基础设置”窗格。

② 选择“基础档案”→“业务工作”→“工作中心维护”选项，打开“工作中心维护”窗口，如图 3-27 所示。

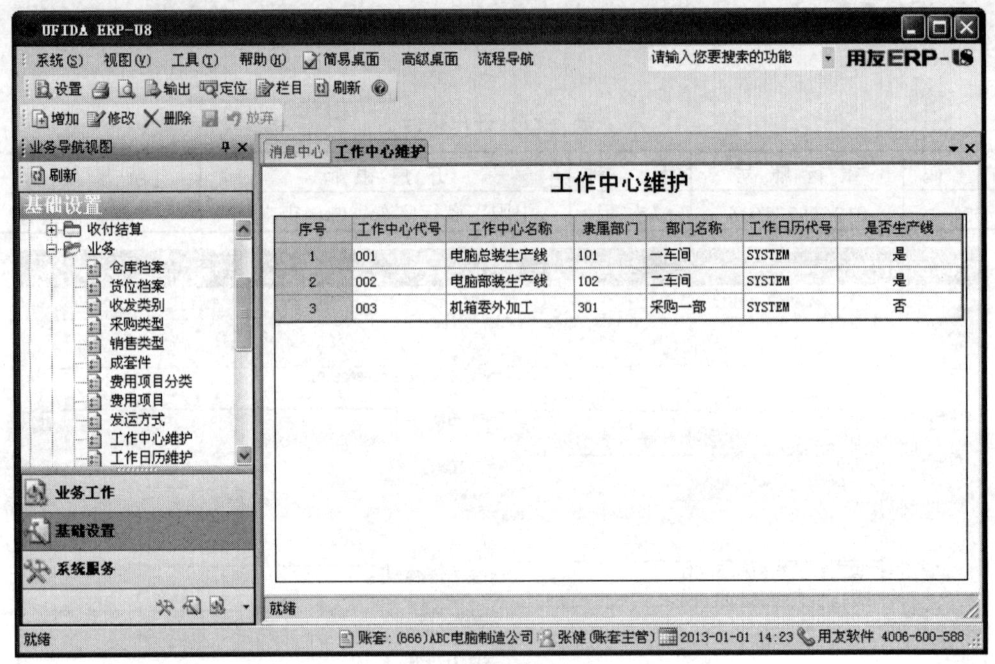

图 3-27 增加工作中心

③ 单击【增加】按钮，输入表 3-28 中的资料。

表 3-28 工作中心

工作中心代号	工作中心名称	隶 属 部 门	工 作 日 历	是否生产线
001	电脑总装生产线	一车间	SYSTEM	是
002	电脑部装生产线	二车间	SYSTEM	是
003	机箱委外加工	采购一部	SYSTEM	否

④ 单击【保存】按钮。

（2）工作日历

也称系统日历，它是用来进行物料需求计划、车间工序计划、产能的日历时间推算的。系统日历可以按照公众日历来维护，也可以按照实际日历来维护。

假设 ABC 电脑制造公司采用 SYSTEM 工作日历。从 2013 年 1 月 1 日至 2013 年 12 月 31 日；星期一至星期五，每天工作 8 小时。

操作步骤：

① 选择“基础档案”→“业务工作”→“工作日历维护”选项，进入“工作日历维护”对话框，如图 3-28 所示。

工作日历维护

工作日历代号：SYSTEM　说明：SYSTEM

2013 年 01 月

日	一	二	三	四	五	六
		1 8.00	2 8.00	3 8.00	4 8.00	5 8.00
6	7 8.00	8 8.00	9 8.00	10 8.00	11 8.00	12 8.00
13	14 8.00	15 8.00	16 8.00	17 8.00	18 8.00	19 8.00
20	21 8.00	22 8.00	23 8.00	24 8.00	25 8.00	26 8.00
27	28 8.00	29 8.00	30 8.00	31 8.00		

新增　修改　删除　保存　退出　帮助

图 3-28　工作日历

② 单击【修改】按钮，进入“工作日历维护”对话框，修改星期六为工作日，如图 3-29 所示。

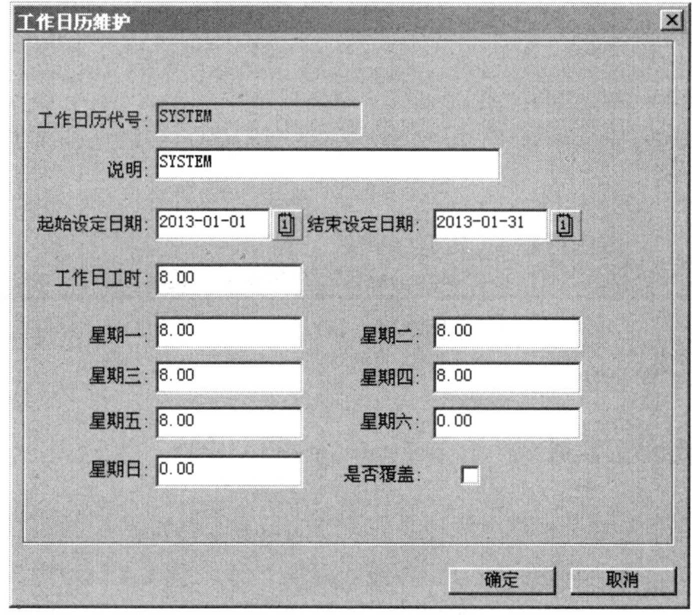

图 3-29　修改工作日历

③ 单击【确定】按钮。

（3）班次

在企业里有的设备一旦开机就得连续运行，因此 24 小时都要生产。需要采用分班制，如两班、三班制。为了管理和统计的方便，系统支持班次的管理。

操作步骤：

① 选择“基础档案”→“业务工作”→“班次维护”选项，弹出“班次维护”窗口。

② 单击【增加】按钮，进行班次维护，如图 3-30 所示。如果单击【放弃】按钮，则放弃对当前班次的增加。

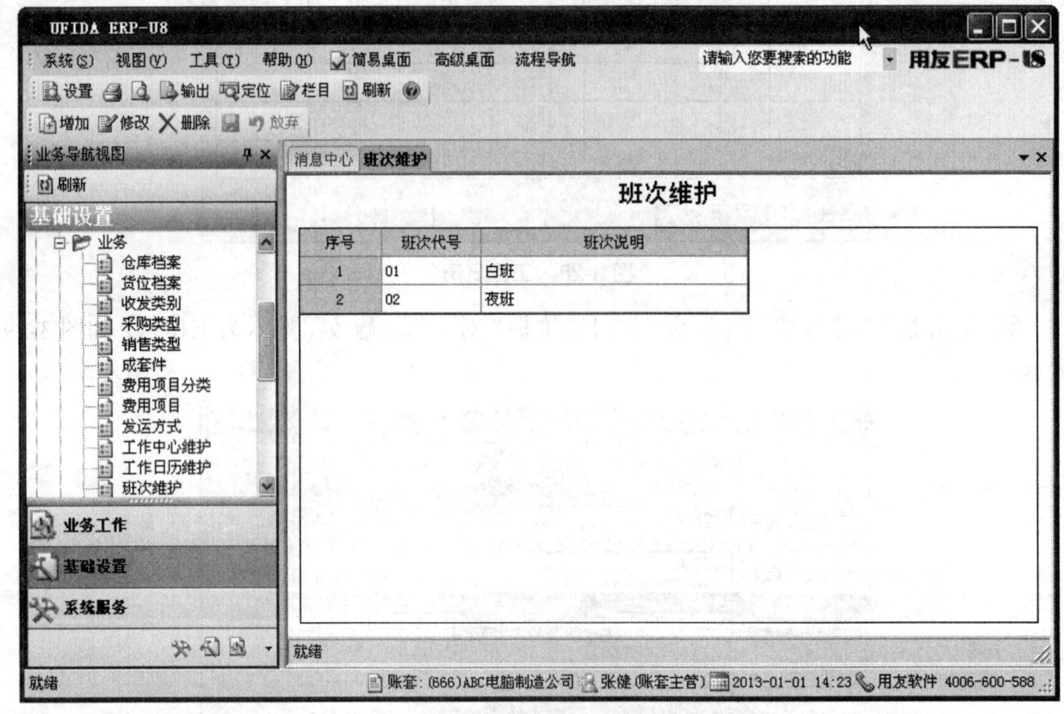

图 3-30 班次维护

③ 单击【保存】按钮。

3.3.3 系统参数设置实训

系统参数设置是指对子系统中各种业务细节的设置，例如图 3-23，复选框设定检查存货货位对应关系时，则操作员在进行出库或入库操作时，系统将自动检查存货货位的数据后，才能确定该出库或入库作业是否能执行；如果去掉，则不检查。详细的系统参数设置说明，请参考在线帮助。

1．采购管理系统参数设置

采购管理系统参数设置“普通业务必有订单”和“退货必有订单”。

操作步骤：

（1）单击“业务工作”标签，选择“供应链”→“采购管理”→“设置”→“采购选项”选项，打开“采购选项设置”对话框。

（2）在“业务及权限控制”选项卡中选中“普通业务必有订单”和“退货必有订单”复选框，如图 3-31 所示。

2．销售管理系统参数设置

销售管理系统参数设置，取消选中“是否销售生成出库单”复选框，选中“普通业务必有订单”和“退货必有订单”复选框，如图 3-31 所示。

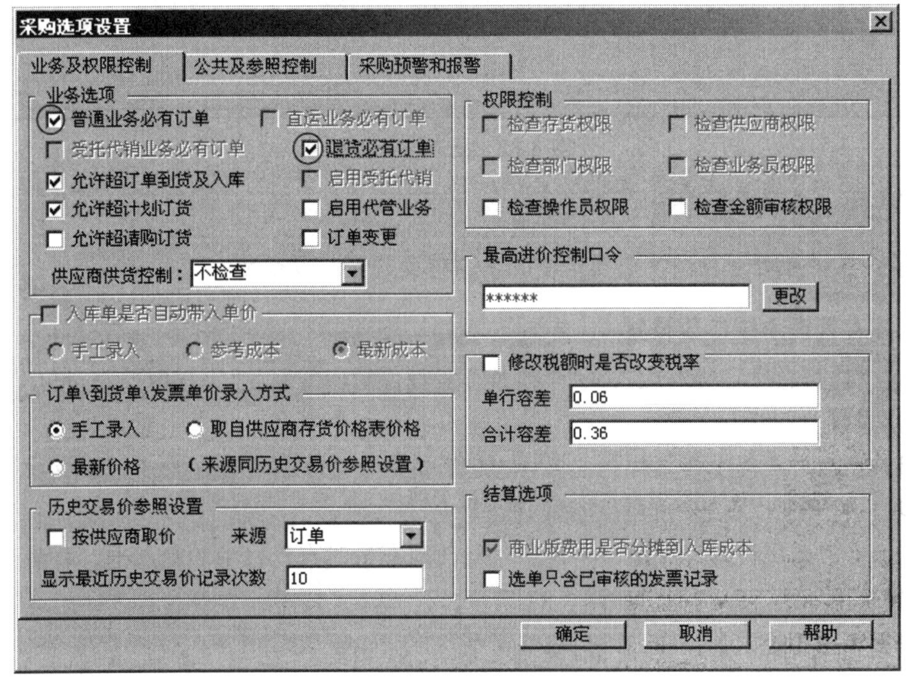

图 3-31　采购系统管理

操作步骤：

（1）单击“业务工作”标签，选择“供应链”→“销售管理”→“设置”→“销售选项”选项，打开“销售选项”对话框。

（2）在“业务控制”选项卡中，取消选中“销售生成出库单”复选框，选中“普通销售必有订单”和“退货必有订单”复选框，如图 3-32 所示。

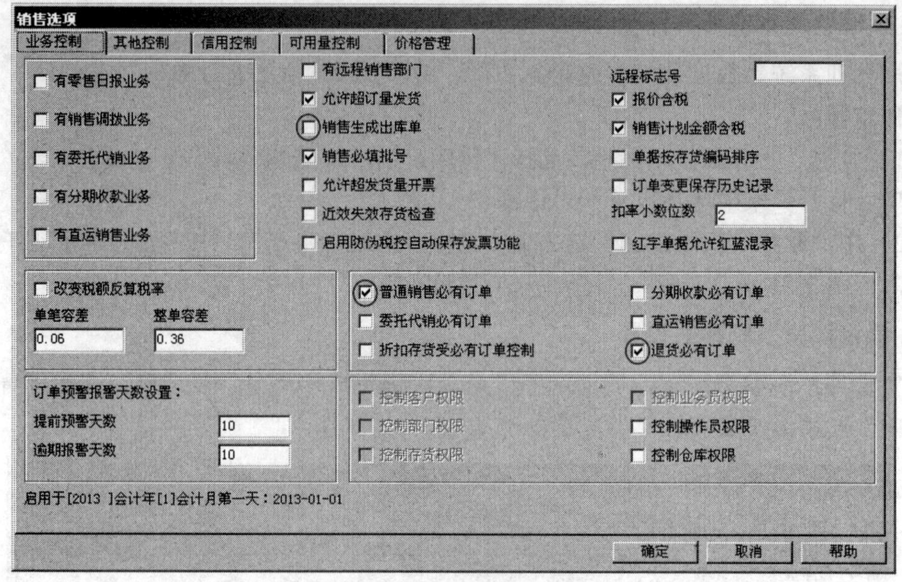

图 3-32 销售选项设置

（3）单击【确定】按钮。

提示：在“可用量控制”选项卡中选中“待发货量”复选框。

3．库存管理系统参数设置

设置“检查仓库存货对应关系”“检查存货货位对应关系”“审核时检查货位”参数。

操作步骤：

（1）单击“业务工作”标签，选择“供应链”→“库存管理”→“初始设置”→“选项”选项，打开“库存选项设置”对话框。

（2）在“通用设置”选项卡中选中“修改现存量时点”栏中的复选框，取消选中“库存生成销售出库单”复选框，如图 3-33 所示。

（3）单击【确定】按钮。

4．存货核算系统参数设置

操作步骤：

（1）单击“业务工作”标签，选择“供应链”→“存货核算”→“初始设置”→“选项”→“选项录入”选项，弹出“选项录入”对话框。

（2）“核算方式”标签默认，如图 3-34 所示。

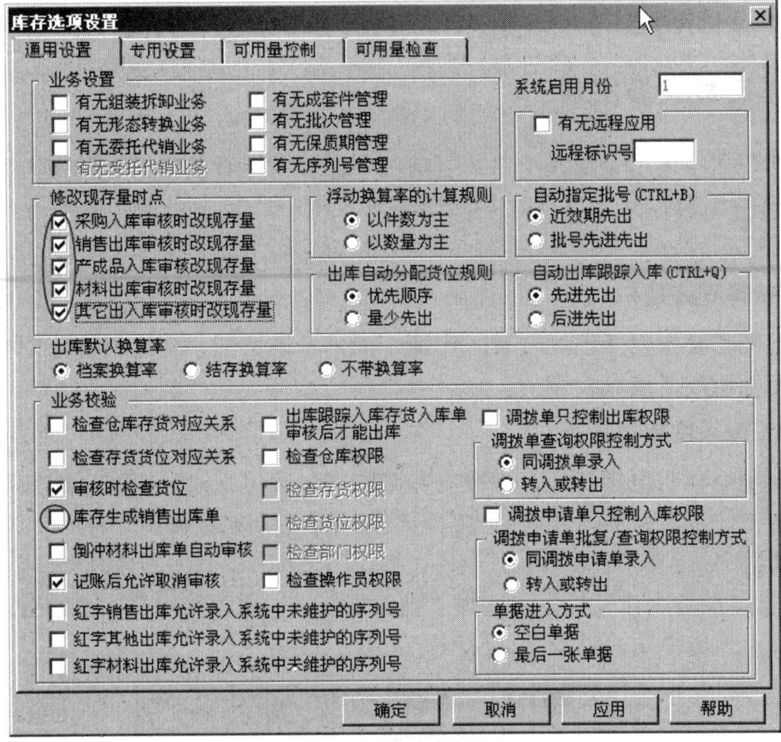

图 3-33 库存选择设置

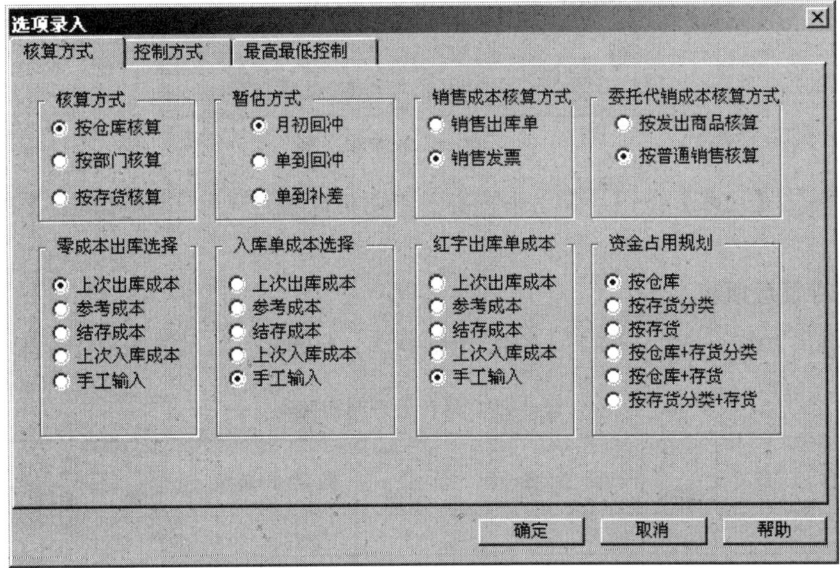

图 3-34 选项录入

（3）单击【确定】按钮。

3.3.4 系统期初数据实训

系统期初数据描述了企业在上系统之前的产品经营运行状况。企业在上系统之前，必须要将各系统的期初数据准备好，并准确输入系统中，减少企业实际运行与系统运行的差异。

1．销售管理系统期初

销售管理期初是指包括已经发货、出库、尚未开发票的，普通销售分期收款等业务。本教程实训无期初数据输入。

2．采购管理系统期初

采购管理系统期初包括暂估入库数据和采购在途数据，通过期初采购入库单和采购发票输入到系统中。本教程实训无期初数据，直接对采购期初记账。

操作步骤：

（1）单击“业务工作”标签，选择“供应链”→“采购管理”→“设置”→“采购期初记账”选项，弹出“期初记账”对话框，如图 3-35 所示。

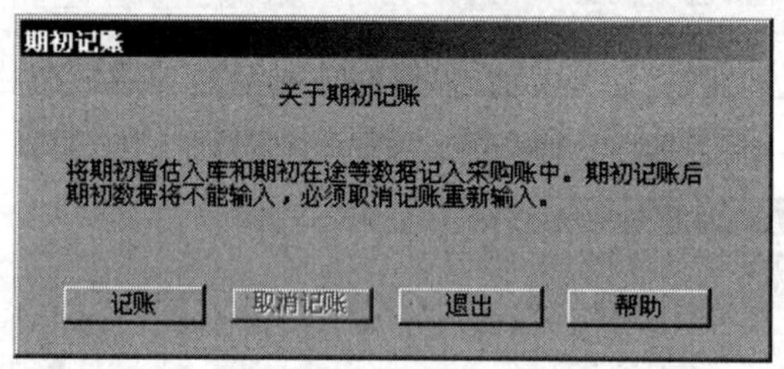

图 3-35 采购期初记账

（2）单击【记账】按钮，弹出系统提示“期初记账完毕”，单击【确定】按钮，完成期初记账。

3．库存管理期初

即截止到 2012 年 12 月 31 日，ABC 电脑制造公司的库存管理账面数据如表 3-29 所示。

表 3-29 库存管理期初列表

仓库编码	仓 库	存货编码	存货名称	主计量单位	数量	单价	合计金额	货位编码	货 位
001	产品仓库	0101	家用电脑	台	100	4 000	400 000		
001	产品仓库	0102	商务电脑	台	40	5 000	200 000		
002	半成品仓库	0201	机箱	个	50	60	3 000		

续表

仓库编码	仓 库	存货编码	存 货 名 称	主计量单位	数量	单价	合计金额	货位编码	货 位
002	半成品仓库	0202	家用主机	台	7	3 000	21 000		
002	半成品仓库	0203	商用主机	台	4	3 500	14 000		
003	外购品仓库	0301	显示器	台	194	1 500	291 000	04	其他货架
003	外购品仓库	0302	鼠标	只	100	30	3 000	04	其他货架
003	外购品仓库	0303	键盘	个	100	60	6 000	04	其他货架
003	外购品仓库	0304	内存条	条	300	200	60 000	02	内存货架
003	外购品仓库	0305	硬盘	个	50	800	40 000	04	其他货架
003	外购品仓库	0306	移动硬盘	个	50	700	35 000	01	U 盘货架
003	外购品仓库	0308	家用主板	块	10	700	7 000	04	其他货架
003	外购品仓库	0310	激光打印机	台	100	3 200	320 000	03	打印机货架
004	原材料仓库	0401	金属板（1*2M）	片	8 000	50	400 000		

操作步骤：

（1）单击“业务工作”标签，选择“供应链”→“库存管理”→“初始设置”→“期初库存”选项，打开“库存期初数据录入”窗口。

（2）在右上角“仓库”下拉列表框中选择需要设置期初库存的仓库，然后单击【修改】按钮，在表体中输入表 3-29 中的资料，如图 3-36 所示。

图 3-36 库存期初数据输入

（3）单击【保存】按钮，完成输入。

（4）单击【审核】按钮，对该仓库的每笔数据进行检查与审核，或者单击【批审】按钮，对图 3-36 中所有存货一次性审核。

提示：

- 外购品仓库货位的输入。先输入存货编码，以及其数量、单价，单击【保存】按钮后，显示货位按钮。
- 选中表体中的存货编码，单击【货位】按钮，弹出货位编码框，双击货位编码，选中表 3-29 中的货位，再输入一次期初数量，如图 3-37 所示。输入后单击【保存】按钮，弹出“货位保存成功”对话框，单击【确定】按钮。继续下一个存货编码，直至完成。只有审核过的数据，才能传递到存货核算子系统。

图 3-37 仓库货位期初输入

4．存货核算期初

存货核算期初可以从各仓库中取数，这些数据包括存货数量和金额；也可以手工在“存货核算”系统中输入。鉴于库存的期初数据与存货核算的期初数据可能不一致，系统提供了两边互相取数和对账的功能。

操作步骤：

（1）单击“业务工作”标签，选择“供应链”→“存货核算”→“初始设置”→“期初数据”→“期初余额”选项，打开“期初余额”窗口。

（2）在左上角“仓库”下拉列表框中选择需要设置期初余额的仓库。

（3）单击【取数】按钮，自动从“库存管理”系统中取来期初结存数据，也可以添加或修改期初金额，如图 3-38 所示。

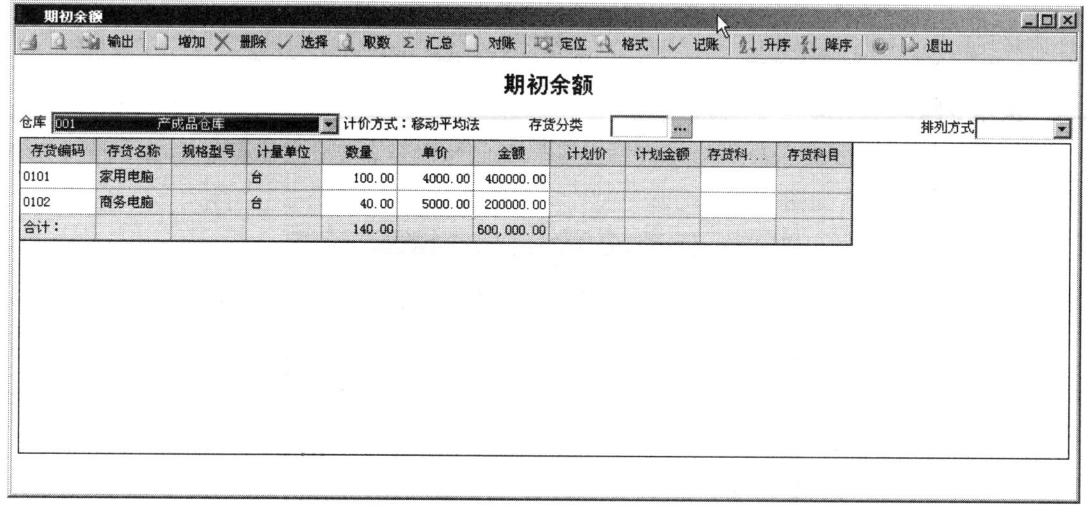

图 3-38 存货期初余额

（4）所有仓库的期初余额都取数完毕后，单击【记账】按钮，完成期初数据记账。

5．总账期初

总账期初是指系统运行前企业的总账期初余额数据。“期初余额”功能主要包括输入科目期初余额，及核对期初余额，并进行试算平衡。

（1）输入总账期初资料

例如，截止到 2012 年 12 月 31 日，ABC 电脑制造公司财务总账的数据，为总账期初余额，如表 3-30 所示。

表 3-30 总账期初资料

级 次	科 目 编 码	科 目 名 称	辅 助 核 算	期 初 余 额
1	1001	库存现金	日记账	3 000
2	100201	工行存款	银行账、日记账	800 000
2	100202	中行存款	银行账、日记账	600 000
1	1122	应收账款	客户往来	
1	1403	原材料		1 200 000
1	1405	库存商品		600 000
1	1601	固定资产		2 000 000

续表

级　次	科目编码	科目名称	辅助核算	期初余额
1	1602	累计折旧		203 000
1	2202	应付账款	供应商往来	
1	4001	实收资本		5 000 000

操作步骤：

① 单击“业务工作”标签，选择“总账”→“设置”→“期初余额”选项，弹出“期初余额录入”窗口，如图 3-39 所示。

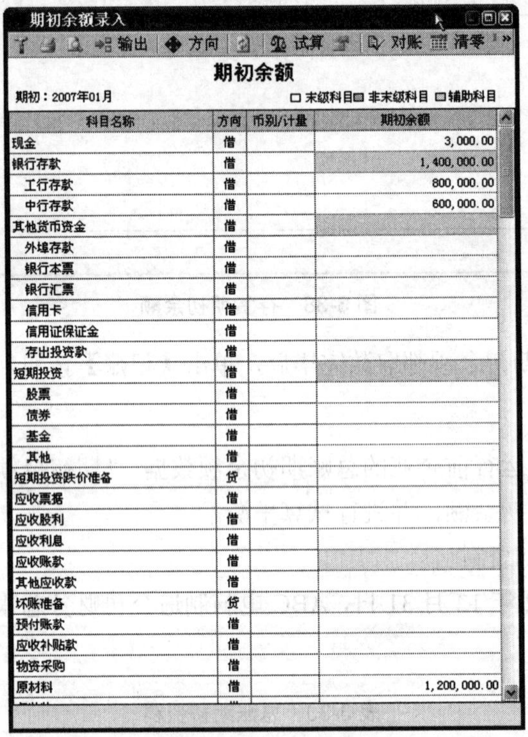

图 3-39　期初余额输入

② 单击【查找】按钮，按照表 3-30 输入科目，即可找到要选择的科目。

③ 双击“期初余额”列，输入数据。

④ 完成输入后，单击【试算】按钮，系统提示“试算平衡”。

（2）期初金额查询

操作步骤：

① 单击“业务工作”标签，选择“业务”→“总账”→“账表”→“科目账”→“余

额表”选项，打开“查询条件”对话框。

② 选择条件后，单击【确定】按钮，显示“发生额及余额表”，如图 3-40 所示。即 ABC 电脑销售公司的生产制造管理系统 2013 年 1 月 1 日运行前的数据。

发生额及余额表

月份：2013.01-2013.01

科目编码	科目名称	期初余额		本期发生		期末余额	
		借方	贷方	借方	贷方	借方	贷方
1001	库存现金	3,000.00				3,000.00	
1002	银行存款	1,400,000.00				1,400,000.00	
1403	原材料	1,200,000.00				1,200,000.00	
1405	库存商品	600,000.00				600,000.00	
1601	固定资产	2,000,000.00				2,000,000.00	
1602	累计折旧		203,000.00				203,000.00
资产小计		5,203,000.00	203,000.00			5,203,000.00	203,000.00
4001	实收资本		5,000,000.00				5,000,000.00
权益小计			5,000,000.00				5,000,000.00
合计		5,203,000.00	5,203,000.00			5,203,000.00	5,203,000.00

图 3-40 发生额与余额表

思考题

1. “系统管理”主要是用来做什么的？它有哪些功能？
2. “企业应用平台”主要是用来做什么的？
3. 简述“企业应用平台”中的设置页签与业务页签各自的功能。
4. 简述“企业应用平台”设置页签的设置意义是什么？
5. 简述仓库管理与货位管理有什么不同？你认为哪一些物料采用仓库管理好，哪一些物料采用货位管理更好？
6. 系统启用在哪设置？
7. 存货核算期初在哪设置？

练习题

按照“表 3-1 基础数据管理模拟企业分工”做多用户的基础数据设置练习。

1．要求

（1）学生进行角色扮演，用户授权，分部门输入基础数据，了解各部门基础数据输入的内容。

（2）信息部门指定信息主管的主机为服务器。设置系统日历为 2013 年 1 月 1 日；引入 D:\生产制造管理账套-1；按照表 3-1 基础数据管理模拟企业分工增加用户并授权。

提示： 除信息主管外，其他的用户在自己的客户端上，以各自的用户身份，登录“企业应用平台”。在登录“企业应用平台”时，将“登录到：xxx”指向信息主管的主机（完整的计算机名）。

2．岗位分工练习

系统日历：2013 年 1 月 1 日

- 人力资源部门：输入部门档案。
- 销售部门业务员：输入销售管理档案。
- 采购部门业务员：输入采购管理档案；采购管理系统期初。
- 仓储部门仓库主管：输入存货信息、库存资料；仓库对照表；库存管理期初。
- 财务部门财务会计：输入财务管理资料；存货核算期初；总账期初。
- 生产计划部门：输入生产管理资料。

第4章

产品资料管理

4.1 背景知识

4.1.1 产品资料管理简介

产品资料管理是ABC电脑制造公司的生产制造管理系统中的子系统，它是人们最熟悉的在传统管理中的产品档案管理工作。

对企业而言，产品数据管理是非常重要的，它涉及产品的制造、成本、质量、服务等多角度的管理工作的展开。从理论上而言，它是企业生存与发展的基础。

在传统的产品资料管理中，人们最困惑的是产品资料的结构化，资料的发放、更新、回收、动态的保存等问题。ERP很好地解决了这些问题。

用ERP的术语，产品结构称为物料清单BOM（Bill of Material）。物料清单在APICS辞典中的定义是：一个典型的BOM描述了原材料转换零件，零件组（本书称为部件）合成为次装配件（Subassembly）、次装配件组合成装配件（Assembly）的关系。

从产品生产制造的角度理解，一个典型的BOM表述了原材料转换为半成品，半成品转换为产成品的物料关系。BOM的顶层为产成品，最下层为原材料，在产成品与原材料之间则为半成品。

1．物料清单

（1）物料清单（BOM）通常有两种表达形式，一种是树形结构，如图4-1所示，一种是表格形式，如表4-1和表4-2所示。这两种形式都唯一清楚地描述了产成品、部件和原材料之间的数据关系。

（2）生产制造的BOM是描述产品的加工过程的。如图4-1物料清单a所示，由原材料 b1、b2、b3、b4 生产成部件 B，又由原材料 a、部件 B、原材料 g 生产成产成品 X。

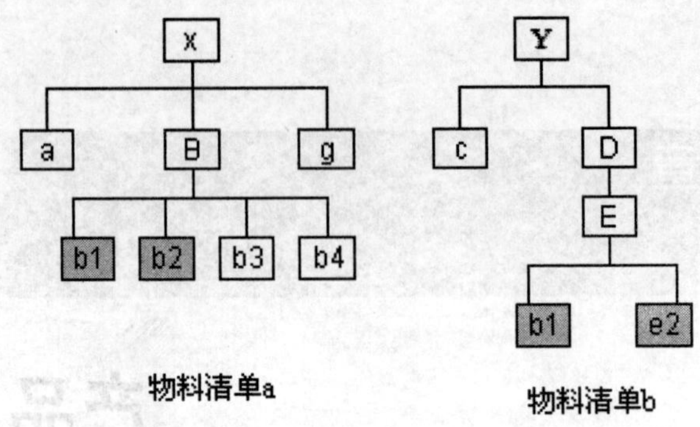

图 4-1　树形结构 BOM

2．工艺路线

产品的工艺路线是描述产品加工的工序过程的。如图 4-1 物料清单 a 中的部件 B 的工艺路线描述。

工序 1：材料 b1 和 b2 在一号工作中心的设备上加工后，转入工序 2。

工序 2：在二号设备上与 b3 焊接在一起，转入工序 3。

工序 3：最后与 b4 组装成部件 B。

3．物料清单的阶码

物料清单的阶码也称层次。如图 4-1 所示，物料 X、Y、B、D、E 在物料清单中有母件之称，a、B、g、c、D、E、b1、b2、b3、b4、e2 有子件之称。又如 B 在产品结构的上下阶中，X 是它的上阶，为母件；下阶 b1、b2、b3、b4 为子件。

（1）阶码。是指在物料清单结构中自上而下为各层都赋予阶码，一般最上层的阶码为 0，向下依次递增。例如在图 4-1 中，X 的阶码为 0，a、B、g 的阶码为 1，b1 至 b4 的阶码为 2。

（2）低阶码。当某一物料成为多个产品的通用件时，其在不同的产品结构中会对应不同的阶码，其中，阶码最低的数值越大。同一物料最大的阶码，也称为该物料的低阶码。如图 4-1 所示，b1 在 X 的产品结构中的阶码为 2，在 Y 的产品结构中的阶码为 3，则 b1 的低阶码应该为 3。

（3）单阶。在 X 物料中，X 对 a、B、g，或 B 对 b1、b2、b3、b4 的上下关系，称为单阶。

（4）多阶。对 X 和 Y 的完整结构而言，有上、中、下各阶，称为多阶或全阶。

（5）BOM 的表格形式。产品设计工程师们常常还将图 4-1 描述为表格形式，如表 4-1 和表 4-2 所示。

表 4-1 X 产品的物料清单

阶码	物料	单位	用量	物料属性	版本	版本日期	生效日期	失效日期	工作中心
0	x	件	1	自制	10	2013.1.1			W1
1	a	件	1	采购			2013.1.1	2099.12.31	
1	B	件	1	自制	10	2013.1.1	2013.1.1	2099.12.31	W2
2	b1	件	1	采购			2013.1.1	2099.12.31	
2	b2	件	1	采购			2013.1.1	2099.12.31	
2	b3	件	1	采购			2013.1.1	2099.12.31	
2	b4	件	1	采购			2013.1.1	2099.12.31	
1	g	件	1	采购			2013.1.1	2099.12.31	

表 4-2 Y 产品的物料清单

阶码	物料	单位	用量	物料属性	版本	版本日期	生效日期	失效日期	工作中心
0	y	件	1	自制	10	2013.1.1			W3
1	c	件	1	采购			2013.1.1	2099.12.31	
1	D	件	1	自制	10	2013.1.1	2013.1.1	2099.12.31	W4
2	E	件	1	自制	10	2013.1.1	2013.1.1	2099.12.31	W5
3	b1	件	1	采购			2013.1.1	2099.12.31	
3	b2	件	1	采购			2013.1.1	2099.12.31	

4.1.2 产品资料管理应用模式

产品数据管理的应用模式是开放的、共享的，如图 4-2 所示。由产品设计部门设计完成后，再由工艺技术部门设计工艺路线，即生产的 BOM。该 BOM 由技术部门牵头，生产计划部门、车间、销售部门、采购部门、财务部门共享。

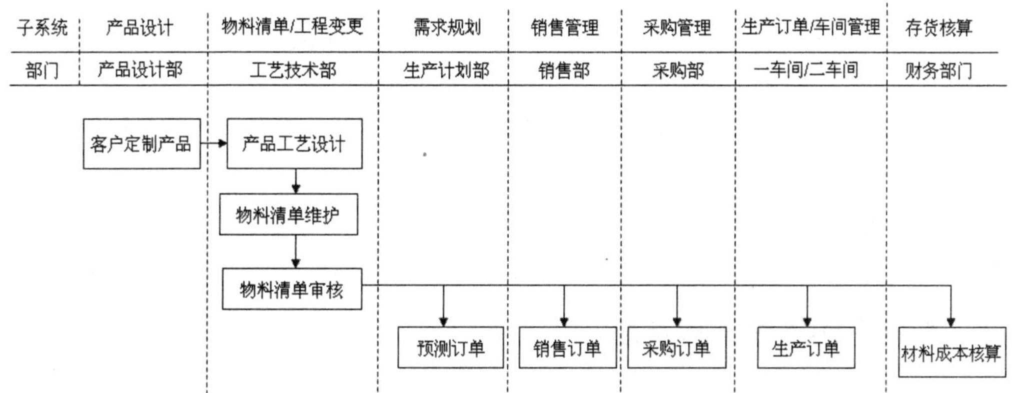

图 4-2 产品资料管理应用模式

（1）生产计划部门通过 BOM 展开物料需求计划，其逻辑参考图 1-1。

（2）生产车间依据 BOM 了解领用什么？领用多少？参考第 6 章。

（3）销售部门依据 BOM 的 PTO 模型可做配套出库，即产品配套出货。

（4）采购部门通过 BOM 跟踪采购计划。

（5）财务部门通过 BOM 分析产品的成本情况。

显然，BOM 的共享将传统串联的业务流程重组成一部分串联、一部分并联，因此可以大大地提高工作效率。

4.1.3 产品资料管理业务流程

产品资料管理是工艺技术部门的任务之一，涉及产品的工艺设计，BOM 维护、发布、更新和失效取消等内容。产品资料管理的源头来自产品设计部门。

当市场需求新产品时，先由产品设计部门的产品设计工程师完成对新产品的设计与开发，然后再由工艺技术部门的工艺工程师进行产品工艺设计。这是 ERP 的数据源之一，如图 4-3 所示。

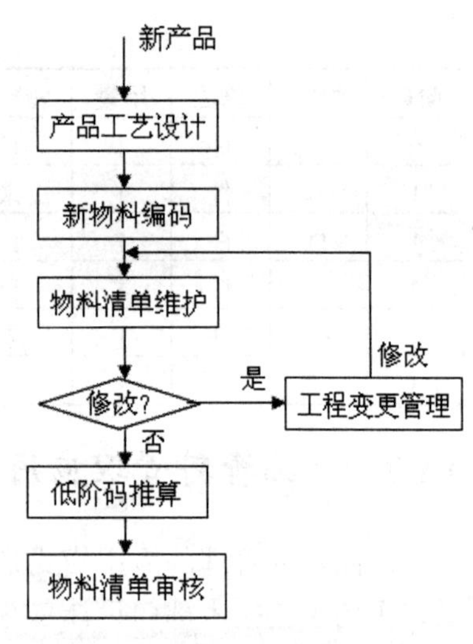

图 4-3 产品资料管理业务流程

1. 新产品工艺设计

工艺工程师根据产品设计工程师的要求，设计该产品在哪个工作中心加工，用什么设备和工具加工等，最终设计出新产品的生产工艺路线。

2. 维护 BOM

（1）对新的产成品、部件、材料进行编码，并维护物料清单，从而建立产品结构的关系。

（2）为方便 ERP 系统的后台 BOM 信息处理，还需要对 BOM 进行阶码的运算，计算累计提前期，即该产品的加工天数。

（3）当产品结构发生变化时，例如产品进行工艺修改时，需要更新 BOM。

3. 审核 BOM

审核后的 BOM 数据，与整个企业的多个部门共享，以提高工作效率，缩短产品的生产制造时间。

4.1.4 产品资料管理工作原理

显然，与传统的档案室保存产品资料的管理模式相比，ERP 的产品资料管理更及时、共享、使捷、清晰，不仅大人地缩短了产品的生产周期，提高生产质量，而且还大大地减少了采购和生产的成本，提高了产品的服务质量。在这一方面的成功应用，已经成为了世界制造业界所共知的一个基本常识。

产品资料管理的主要内容有以下几个方面。

（1）新产品、新物料的称呼与唯一性的编码，增加产品的识别能力。

（2）新产品物料清单的及时维护，明确产品与材料的结构关系。

（3）产品工艺更改资料的发放与老资料的回收。通过 ERP 系统动态发布产品资料的信息，并记录历史的资料。消除了在传统管理中新老资料交替时，多部门资料引用不统一所出现的工艺设计、生产制造、材料成本、服务质量等异常问题。

（4）替代物料可以方便产品在制造过程中投料时，多点材料品种的选择。

（5）给生产物料的配套计划提供了可能。

（6）生产限额领料信息，降低材料成本。

（7）产品配套采购计划信息，降低库存，减少库存积压。

总之，产品资料是产品生产制造信息的源头，是企业产品质量的生命线。

4.2　实训指导

4.2.1　实训内容

- 标准物料清单维护实训。
- 模型物料清单维护实训。
- 选项类物料清单维护实训。
- 计划物料清单维护实训。

4.2.2　实训要求

1．技能要求

（1）学习产品的生产制造加工路线。

（2）学会维护物料清单。

（3）学会使用物料清单。

2．环境要求

单用户环境实训，要求由一个人完成表 4-3 中的所有设置。

表 4-3 产品资料维护模拟企业分工

用 户	角 色	部 门	岗 位	操 作 内 容
admin		信息部门	信息主管	引入 D:\生产制造管理账套-1
2000	物料计划员	工艺技术部	工艺员	维护、修改、查询物料清单
1001	生产计划员	产品计划部	生产计划员	依据产成品 BOM，查询部件和产成品对应的工作中心
1002	生管人员	一车间	班组长	依据产成品 BOM，查询一车间领用的物料品种
1004	生管人员	二车间	班组长	依据部件的 BOM，查询二车间领用的物料品种
3001	采购业务员	采购部	采购业务员	依据部件的 BOM，查询需要采购的物料品种

4.2.3 实训准备

1．账套引入

系统日历 2013-01-01，以 admin 的身份登录“系统管理”平台，将 D:\生产制造管理账套-1 引入至系统中。

2．登录“企业应用平台”

以操作员：“1000，张健”账套主管的身份；输入密码：1；选择账套：[666]ABC 电脑制造公司；登录“企业应用平台”，进行普通采购业务的实训。

3．数据备份

当产品资料维护完成后，从“系统管理”平台输出至 D:\生产制造管理账套-2。

4.3 物料清单实训

物料清单在企业的应用是非常灵活的。从产品制造的角度，物料清单常常被分为标准物料清单、模型物料清单、选项物料清单、计划物料清单四种类型，它们分别有不同的应用含义。

4.3.1 典型案例描述

1．情境描述

系统日历 2013-01-01，将表 4-4～表 4-8 中工艺技术部设计的家用电脑和商务电脑的物料清单维护到 ERP 系统中去，并按 BOM 的多阶功能查询这些 BOM 的图形结构。

表 4 4　家用电脑物料清单

阶　　码	物料编码	物料名称	基本用量	基础用量	供应类型	固定/变动
0	0101	家用电脑				
1	0202	家用主机	1	1	领用	变动
1	0301	显示器	1	1	领用	变动
1	0302	鼠标	1	1	领用	变动
1	0303	键盘	1	1	领用	变动

表 4-4 中“0”阶码是“1”阶码子件对应的母件，表示家用电脑由家用主机、显示器、鼠标和键盘 4 个子件组成，且每个子件的基本用量都为 1。

表 4-5　家用主机物料清单

阶　　码	物料编码	物料名称	基本用量	基础用量	供应类型	固定/变动
0	0202	家用主机				
1	0201	机箱	1	1	领用	变动
1	0304	内存条	1	1	领用	变动
1	0305	硬盘	1	1	领用	变动
1	0308	家用主板	1	1	领用	变动

表 4-6　机箱物料清单

阶　　码	物料编码	物料名称	基本用量	基础用量	供应类型	固定/变动
0	0201	机箱				
1	0401	金属板（1*2M）	1	3	领用	变动

表 4-6 中基础用量（分母）为 3，基本用量（分子）为 1，即 1/3，表示一片金属板可以加工出 3 个机箱，这是板型材料常用的计算方法。

表 4-7　商务电脑物料清单

阶　　码	物料编码	物料名称	基本用量	基础用量	供应类型	固定/变动
0	0102	商务电脑				
1	0203	商务主机	1	1	领用	变动
1	0301	显示器	1	1	领用	变动
1	0302	鼠标	1	1	领用	变动
1	0303	键盘	1	1	领用	变动

表 4-8　商务主机物料清单

阶　　码	物料编码	物料名称	基本用量	基础用量	供应类型	固定/变动
0	0203	商务主机				
1	0201	机箱	1	1	领用	变动
1	0304	内存条	1	1	领用	变动
1	0305	硬盘	1	1	领用	变动
1	0309	商务主板	1	1	领用	变动

2．基本技能

（1）熟悉产品资料管理应用模式。

（2）熟悉产品资料管理业务流程。

（3）会维护企业基础数据。

（4）了解表 4-3 中的部门、岗位和日常业务。

3．知识链接

（1）结合产品资料管理、物料管理的知识，理解现代管理应用技术。

（2）结合企业信息管理知识，理解产品资料管理的应用技术。

4.3.2　标准类物料清单实训

在企业中，出于多方面的考虑，一个产品可在多个工作中心生产，则产品的工艺设计工程师可能为它设计出多个工艺路线，但是最常用的产品工艺路线通常会被固定一个，称之为标准物料清单（Standard Item）。标准物料清单一般包含产品的物料属性、产品的用量、产品的结构、工艺路线、生产线、在制品库存地点等多方面的信息。

1．维护标准物料清单

维护表 4-4“0101，家用电脑”的标准物料清单。

操作步骤：

（1）单击“业务工作”标签，选择“生产制造”→“物料清单”→“物料清单维护”→“物料清单资料维护”选项，打开“物料清单资料维护”窗口。

（2）单击【增加】按钮，默认“BOM 类别：主 BOM”，单击“母件编码”，出现【…】按钮。

（3）单击【…】按钮，弹出“存货基本参照”对话框，选择“0101”，单击【确定】按钮，系统回到“物料清单资料维护”窗口。系统自动引出“0101”的母件名称、计量单位；默认“版本代号：10”，默认“状态：审核”。

（4）表头输入：“版本说明：A”，“版本日期：2013-01-01”。

（5）表体输入：单击表体第 1 行，出现子件行号：“10”，工序行号：“0000”，双击“子件编码”，出现【…】按钮。单击【…】按钮，弹出“存货基本参照”对话框，按表 4-4 依次选择“0202、0301、0302、0303”后，单击【确定】按钮，回到“物料清单资料维护”窗口，如图 4-4 所示。

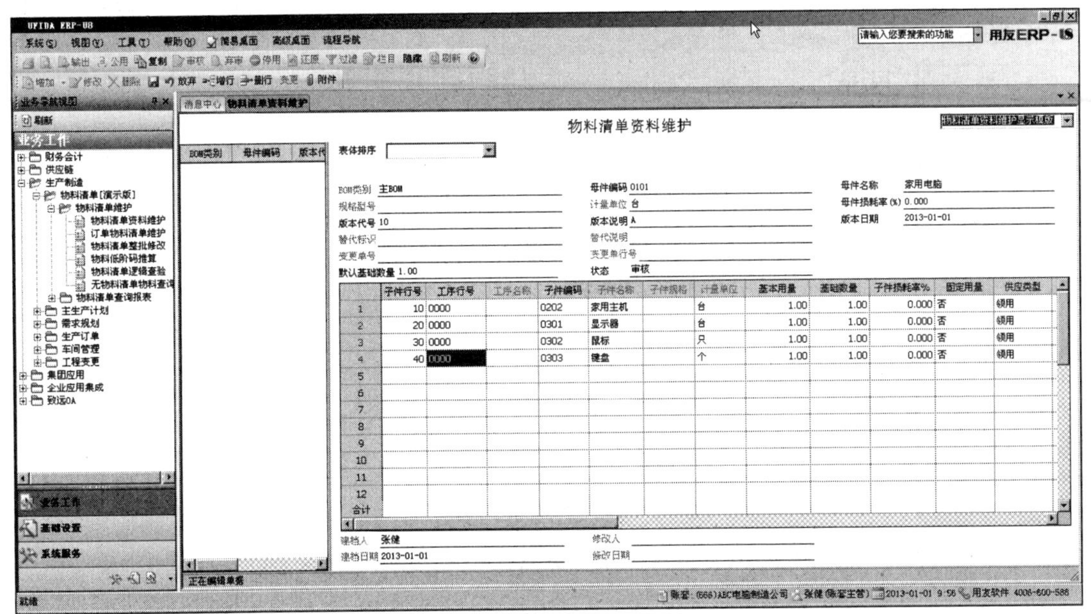

图 4-4　维护标准物料清单

（6）单击【保存】按钮，表 4-4 资料完成，它是“家用电脑”BOM 的单阶形式。

按照上述步骤，继续维护表 4-5“0202，家用主机”的单阶物料清单；表 4-5“0201，机箱”的单阶物料清单，便搭建出“0101，家用电脑”的多阶物料清单，状态为审核。

提示：表 4-4～表 4-6 资料的版本号，有效日期保持一致。

2．查询物料清单

查询家用电脑的物料清单。

操作步骤：

（1）单击“业务工作”标签，选择“生产制造”→“物料清单”→ “物料清单查询报表”→“母件结构查询-多阶”选项，打开“母件结构查询-多阶”窗口。

（2）单击【过滤】按钮，弹出“母件结构查询-多阶过滤”对话框，选择“母件编码：0101、版本代号：A、有效日期 2013-01-01”。

（3）单击【确定】按钮，返回“母件结构查询-多阶”窗口。

（4）展开中间件的物料清单结构。展开“0202，家用主机”的物料清单，展开“0201，机箱”的物料清单。中间窗格显示“0101，家用电脑”多层的产品结构图。

（5）将光标放在“0101，家用电脑”上，右边窗格显示的是“0101，家用电脑”单阶的物料清单，如图 4-5 所示。

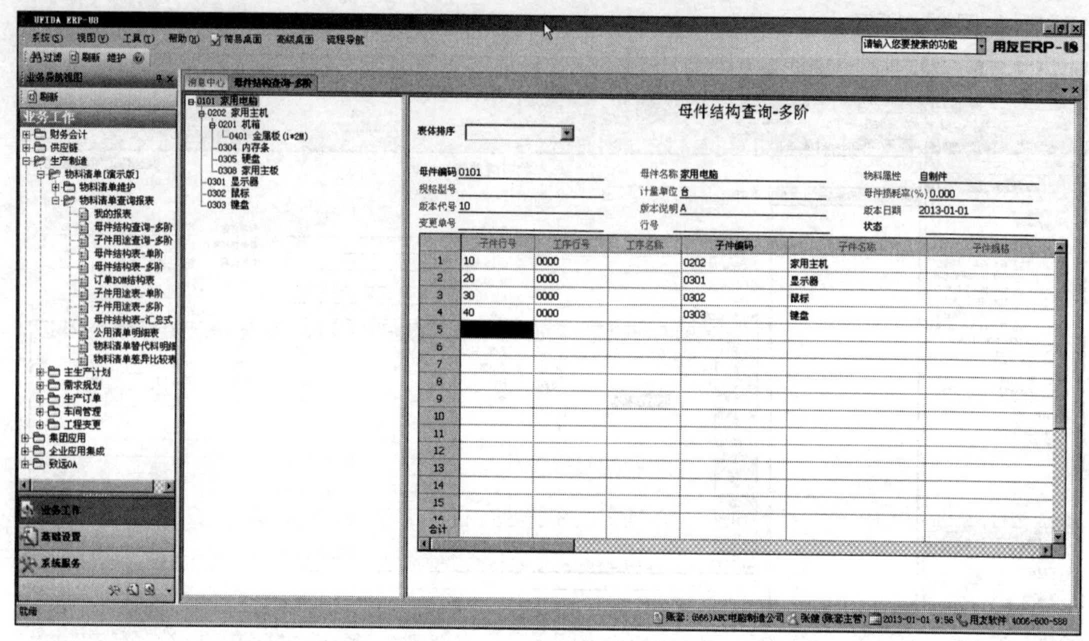

图 4-5　多阶物料清单查询

3．子件替代

产品在制造过程中，为方便产品的生产、采购，工艺工程师常常会设计多个材料替代的情况，例如某个材料可以由另一个或多个材料替代使用，而不会影响产品的质量。

例如，当“0401，金属板（1*2M）”在生产时，如果出现缺料或质量问题，可以领用“0402，金属板（1*3M）”替代，但是必须先建立它们之间的替代关系。

操作步骤：

（1）单击“业务工作”标签，选择“生产制造”→“物料清单”→“物料清单维护”→“物料清单资料维护”选项，打开“物料清单资料维护”窗口。

（2）单击【过滤】按钮，弹出“过滤条件选择-定位条件”对话框，输入母件编码：“0201 到 0201”，单击【过滤】按钮，显示“机箱”单阶物料清单。

（3）单击【变更】按钮，在子件编码“0401”行单击鼠标右键，在弹出的快捷菜单中选择“替代料”命令，如图 4-6 所示。

（4）弹出“物料清单替代料资料维护”窗口，双击表体行 1“可替代编码”，出现【…】按钮，选取替换的物料：“0402，金属板（1*3M）”，并将“替代比”修改为 4.000，如图 4-7

所示。

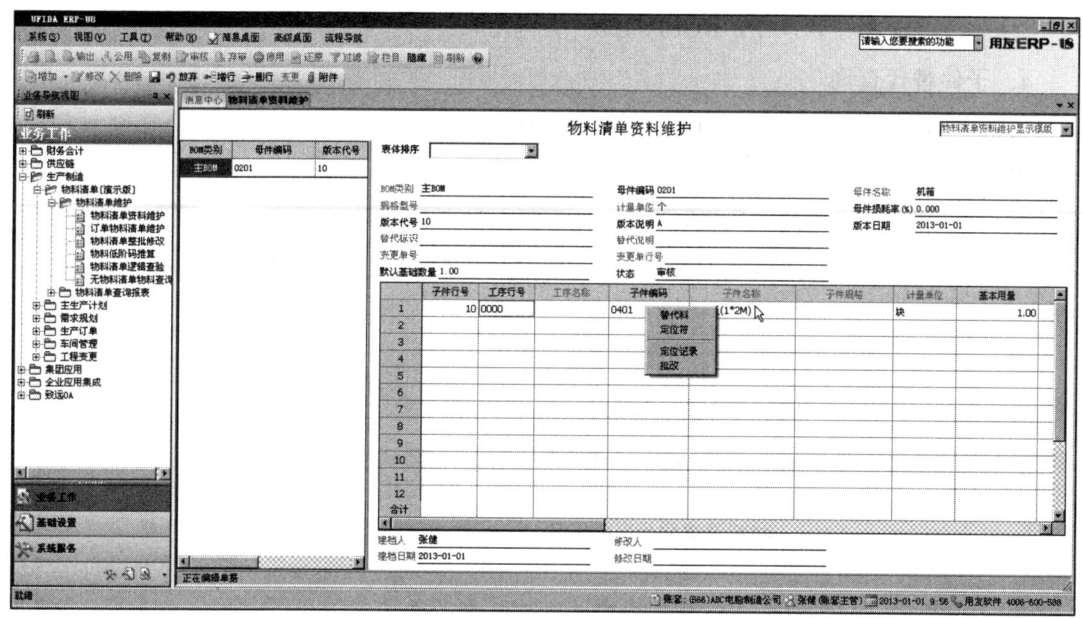

图 4-6　替代选择

物料清单替代料资料维护

输出 放弃 增行 删行 退出

物料清单替代料资料维护

表体排序

子件编码 0401　子件名称 金属板(1*2M)

子件规格　计量单位 块

基本用量 1.00　基础数量 3.00　子件损耗率(%) 0.000

使用数量 0.33　固定用量 否　供应类型 领用

	可替代料编码	替代料名称	替代料规格	计量单位	替代次序	替代比	生效日期	失效日期	替换料
1	0402	金属板(1*3M)		块	1	4.000	2013-01-01	2099-12-31	否
2									
3									
4									
5									
6									
7									
8									
9									
10									
11									
12									
合计									

图 4-7　物料清单替代料资料维护

（5）单击【保存】按钮，保存替代资料，返回“物料清单资料维护”窗口。

（6）单击【保存】按钮，BOM 的替代资料完成。

4．子件替代查询

查询“0401，金属板（1*3M）”的替代维护。

操作步骤：

（1）单击“业务工作”标签，选择“生产制造”→“物料清单”→“物料清单查询报表”→“物料清单替代料明细表”选项，弹出“过滤条件-物料清单替代料明细表”对话框。

（2）物料清单选择“全部”，单击【过滤】按钮，打开“物料清单替代料明细表”窗口，如图 4-8 所示。查询到金属板（1*2M）的替代材料是金属板（1*3M）。

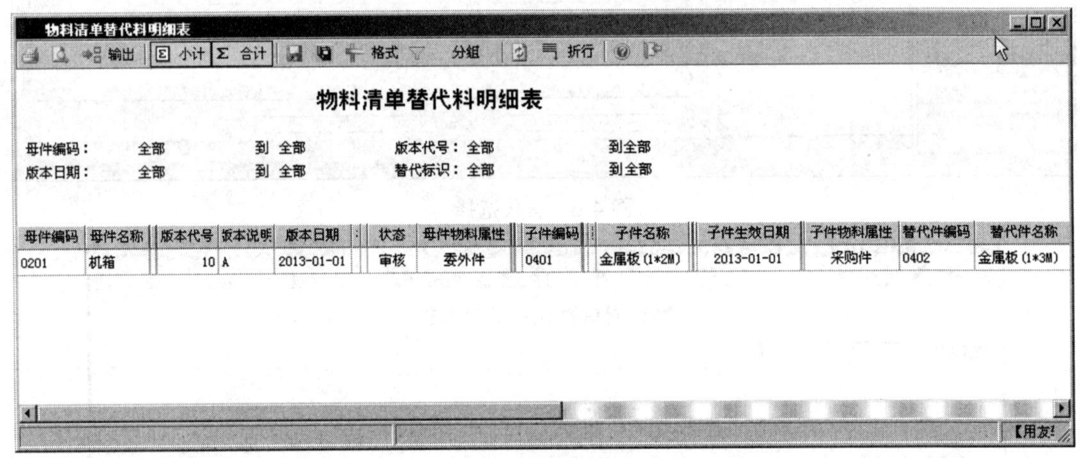

母件编码	母件名称	版本代号	版本说明	版本日期	状态	母件物料属性	子件编码	子件名称	子件生效日期	子件物料属性	替代件编码	替代件名称
0201	机箱	10	A	2013-01-01	审核	委外件	0401	金属板(1*2M)	2013-01-01	采购件	0402	金属板(1*3M)

图 4-8　物料清单替代料明细表

4.3.3　模型类物料清单实训

模型类物料清单（Model Item）是提供给销售部门在客户订货时使用的，是可配置产品。模型物料清单有两种情况，一种是面向客户订单的装配（Assemble To Order，ATO）使用的；另一种是面向订单（Pick To Order，PTO），即库存检货（也称挑库）使用的。

ATO 与 PTO 的区别是，ATO 是需要下达生产订单，进行组装成产成品后，才能出货，而 PTO 则在仓库里，按照物料清单选配货物，直接打包出货。

1．ATO 模型

ATO 模型和标准物料清单一样，由多个子件组成，但每个子件都可以根据要求设置为选择或者不选择。

维护“0501-电脑（ATO）”的物料清单，如表 4-9 所示。

表 4-9　电脑（ATO）的物料清单

阶码	物料编码	物料名称	可选否	选择规则	计划（%）	基本用量	基础用量	供应类型
0	0503	电脑（ATO）						
1	0502	主机（选项类）	是	一个	100	1	1	虚拟件
1	0301	显示器	否	全部	100	1	1	领用
1	0302	鼠标	否	全部	100	1	1	领用
1	0303	键盘	否	全部	100	1	1	领用
1	0505	打印机（选项类）	是	一个	100	1	1	虚拟件

准备工作：

（1）维护存货分类“05：模型类”，参考图 3-5。

（2）维护 0501～0505 的存货档案，参考图 3-8。

输入数据：

0501，电脑（计划），无换算，台，存货属性：计划品。

0502，主机（选项类），无换算，台，存货属性：选项类。

0503，电脑（ATO），无换算，台，存货属性：内销、自制、ATO、模型。

0504，电脑（PTO），无换算，台，存货属性：PTO、模型。

0505，打印机（选项类），无换算，台，存货属性：选项类。

维护模型类物料清单。

操作步骤：

（1）单击“业务工作”标签，选择“生产制造”→“物料清单”→“物料清单维护”→“物料清单资料维护”选项后，打开“物料清单资料维护”窗口。

（2）单击【增加】按钮，生成一个新的物料清单，选择“母件编码”为“0503”，“版本代号”为“10”，“版本说明”为“A”，“版本日期”为“2013-01-01”。

（3）在表体栏目中选取“0502”“0301”“0302”“0303”“0305”“0505”作为子件。拉动滚动条，按照表 4-9 的资料，输入子件的内容，如图 4-9 所示。

（4）单击【保存】按钮。

2．PTO 模型

PTO 模型与 ATO 模型基本上一致，所不同的是 PTO 件直接以子件的形式进行物料清单的出库。

ABC 电脑制造公司的“0504-电脑（PTO）”的物料清单，如表 4-10 所示。

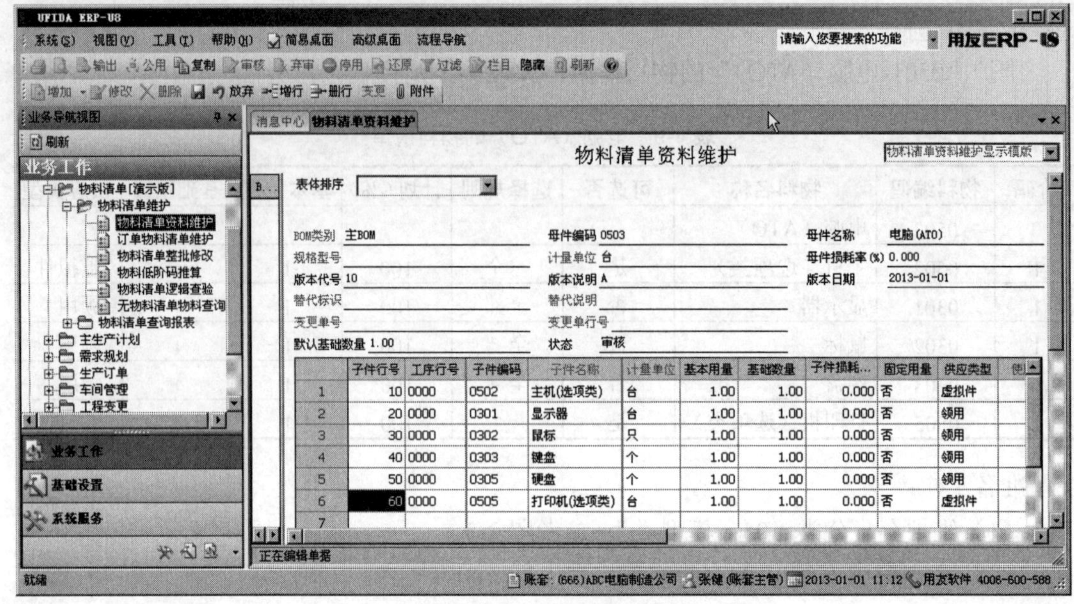

图 4-9 ATO 物料清单的维护

表 4-10 电脑（PTO）的物料清单

阶码	物料编码	物料名称	可选否	选择规则	计划（%）	基本用量	基础用量	供应类型
0	0504	电脑（PTO）						
1	0502	主机（选项类）	是	任意	100	1	1	虚拟件
1	0301	显示器	是	任意	100	1	1	领用
1	0302	鼠标	是	任意	100	1	1	领用
1	0303	键盘	是	任意	100	1	1	领用
1	0505	打印机（选项类）	是	任意	100	1	1	虚拟件

操作步骤：

（1）单击“业务工作”标签，选择“生产制造”→“物料清单”→“物料清单维护”→“物料清单资料维护”选项，打开“物料清单资料维护”窗口。

（2）单击【增加】按钮，生成一个新的物料清单，选择“母件编码”为“0504”，“版本代号”为“10”，“版本说明”为“A”，“版本日期”为“2013-01-01”。

（3）在表体栏目中选取“0502”“0301”“0302”“0303”“0505”作为子件，并按照表 4-10 维护子件的内容，如图 4-10 所示。

（4）单击【保存】按钮。

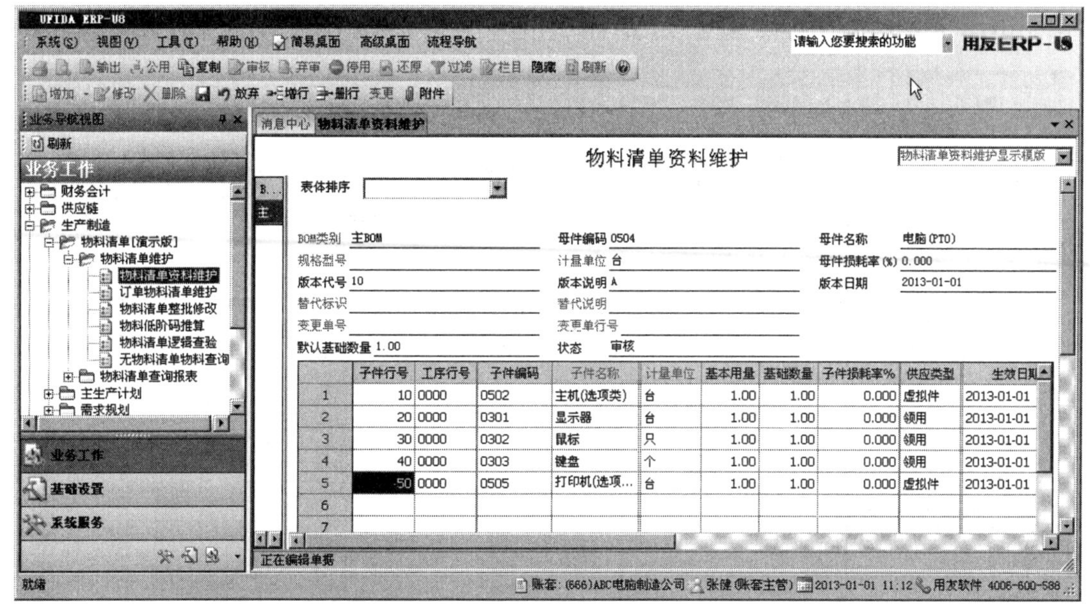

图 4-10 PTO 物料清单的维护

4.3.4 选项类物料清单实训

选项类（Option Class Item）是一个系列选项的物料清单。选项类在物料清单上按可选子件进行分类。使选项类作为一个物料，成为模型物料清单层中的一层。

例如，客户订购一台计算机，当打印机是一个选项类时，可选择特定的打印机。维护“打印机（选项类）”的物料清单，如表 4-11 所示。

表 4-11 打印机（选项类）物料清单

阶码	物料编码	物料名称	可选否	选择规则	计划（%）	基本用量	基础用量	供应类型
0	0505	打印机（选项类）						
1	0310	激光打印机	是	任意	80	1	1	领用
1	0311	喷墨打印机	是	任意	20	1	1	领用

操作步骤：

（1）单击“业务工作”标签，选择“生产制造”→“物料清单”→“物料清单维护”→“物料清单资料维护”选项，打开“物料清单资料维护”窗口。

（2）单击【增加】按钮，生成一个新的物料清单，选择“母件编码”为“0505”，“版本代号”为“10”，“版本说明”为“A”，“版本日期”为“2013-01-01”。

（3）在表体栏目中选取“0310”“0311”作为子件，并按表 4-11 输入子件的内容，其中，“0310”的计划比例为“80%”，“0311”的计划比例为“20%”，如图 4-11 所示。

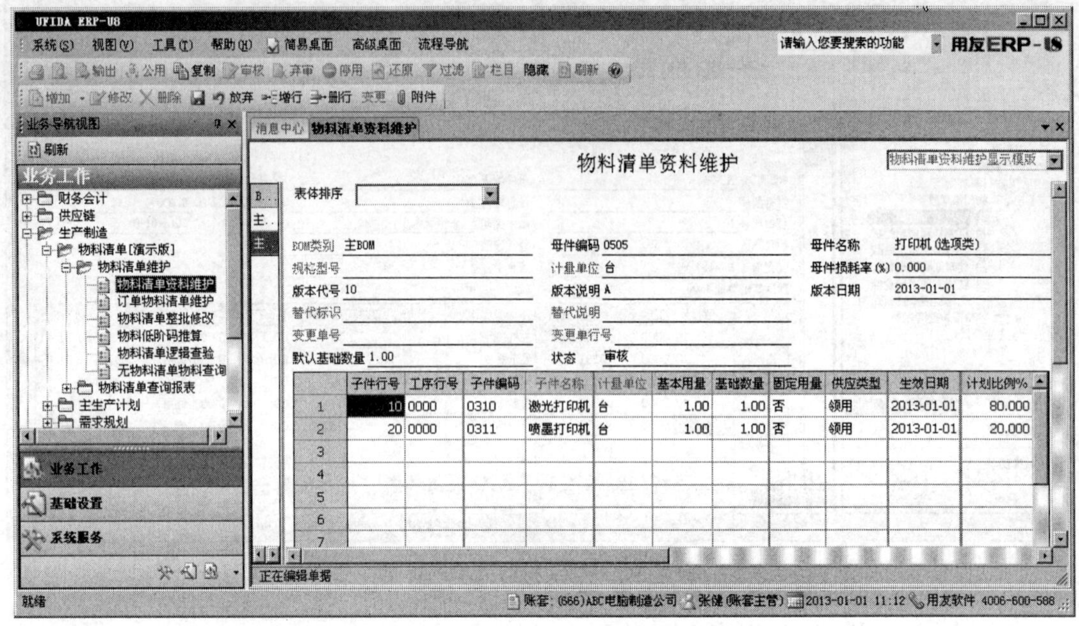

图 4-11 选项类物料清单的维护

（4）单击【保存】按钮。

4.3.5 计划类物料清单实训

计划类是进行产品生产计划安排的物料清单（Planning Item）。计划品代表一个产品系列的物料类型，其物料清单中包含子件物料和子件计划百分比，可以用于帮助执行生产计划和物料需求计划。

维护“0501-电脑（计划品）”的物料清单，如表 4-12 所示。

表 4-12 电脑（计划品）的物料清单

阶码	物料编码	物料名称	可选否	选择规则	计划（%）	基本用量	基础用量	供应类型
0	0501	电脑						
1	0101	家用电脑	否	全部	40	1	1	领用
1	0102	商务电脑	否	全部	60	1	1	领用

操作步骤：

（1）选择“业务”→“生产制造”→“物料清单”→“物料清单维护”→“物料清单资料维护”选项后，打开“物料清单资料维护”窗口。

（2）单击【增加】按钮，生成一个新的物料清单，选择“母件编码”为“0501”，在“物料清单资料维护”中单击【增加】按钮，生成一个新的物料清单，选择“母件编码”为“0501”，“版本代号”为“10”，版本说明为“A”，“版本日期”为“2013-01-01”。

（3）在表体栏目中选取“0101”“0102”作为子件，并按表4-12输入子件的内容，其中，“0101”的计划比例为“40%”，“0102”的计划比例为“60%”，如图4-12所示。

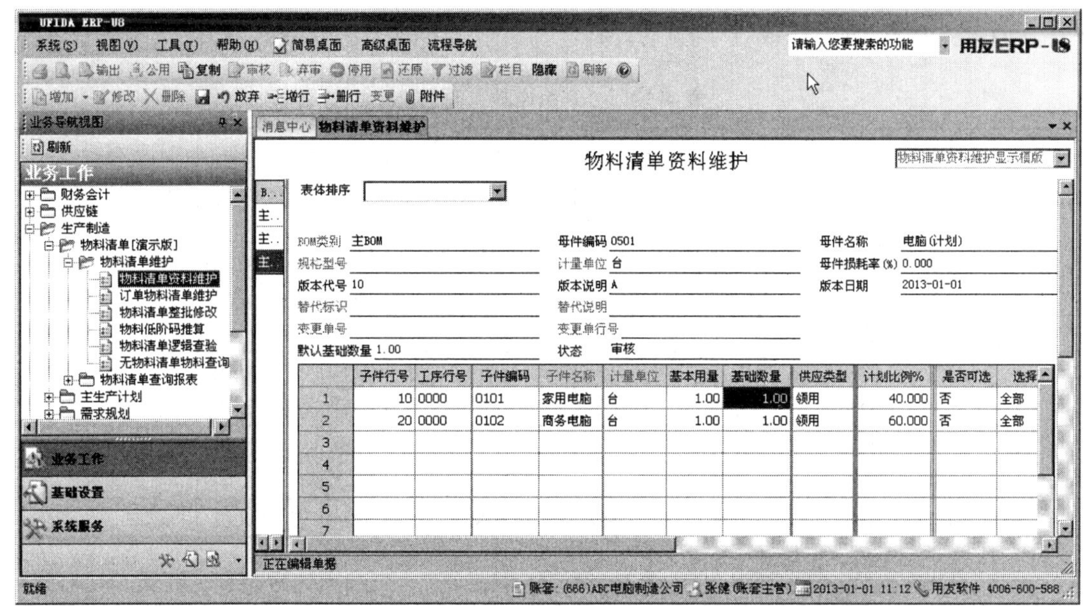

图4-12 计划品物料清单的维护

（4）单击【保存】按钮。

思考题

1．产品资料的管理意义。

2．物料清单可以用来编制生产计划，也可以用来作为生产订单的领料依据。

3．物料清单阶码可以用来描述产品结构的层次关系。

4．简述标准物料清单的应用意义。

5．简述模型物料清单的应用意义。

6．简述选项类物料清单的应用意义。

7．简述计划物料清单的应用意义。

练习题

1. 熟悉 BOM

（1）熟悉 BOM，完成表 4-13 的资料。

表 4-13 “家用电脑”的 BOM

阶 码	物料编码	物料名称	基本用量	存货属性	工艺路线名称
?	0101	家用电脑	1	?，?	电脑总装生产
?	0301	显示器	1	外购，生产耗用	
?	0302	鼠标	1	外购，生产耗用	
?	0303	键盘	1	外购，生产耗用	
?	0202	家用主机	1	?，?	电脑部装生产
?	0304	内存条	1	外购，生产耗用	
?	0305	硬盘	1	外购，生产耗用	
?	0308	家用主板	1	外购，生产耗用	
?	0201	机箱	1	?，?	机箱委外加工
?	0401	金属板（1*2M）	1/3	外购，生产耗用	

（2）熟悉 BOM 和工作中心的关系，完成表 4-14 和表 4-15 的资料。

表 4-14 家用电脑的 BOM 与生产线的关系

阶 码	物料编码	物料名称	存货属性	生产耗用	重复计划	工作中心号	隶属部门
0	0101	家用电脑	内销，自制		是	?	?
1	0301	显示器	外购	领用	否		
1	0302	鼠标	外购	领用	否		
1	0303	键盘	外购	领用	否		
1	0202	家用主机	自制	领用	是	?	?

表 4-15 家用主板的 BOM 与生产线的关系

阶 码	物料编码	物料名称	存货属性	生产耗用	重复计划	工作中心号	隶属部门
0	0202	家用主机	自制，自制		是	?	?
1	0304	内存条	外购	领用	否		
1	0305	硬盘	外购	领用	否		
1	0308	家用主板	外购	领用	否		
1	0201	机箱	委外	领用	否	?	?

2．模拟企业产品资料管理

按照表“4-3 产品资料维护模拟企业分工”做模拟企业产品资料管理系统的练习。

要求：

（1）学生进行角色扮演，用户授权，以团队分工协作的方式。按照图 4-3，做产品物料清单的维护操作，学会查询产品资料的信息，并学会分享 BOM 的信息，感受企业产品数据维护的过程，体会企业产品数据共享的快乐。

（2）信息部门设置系统日历：2013 年 1 月 2 日；指定信息主管的主机为服务器。引入 D:\生产制造管理账套-1；按照表 4-5～表 4-9 维护 BOM，并按图 4-1 各部门查询相关的资料。

提示： 注意保证各客户机的系统日历与主机服务器的系统日历相同。

岗位分工操作：

（1）工艺技术部工艺员：维护表 4-5～表 4-9 的物料清单资料。

（2）生产计划部生产计划员：维护“商务电脑、商务主机、机箱”的工作中心，维护它们的生产线关系，参考第 6 章。

（3）一车间班组长：查询“商务电脑、家用电脑”的单阶 BOM，指出表 4-14 一车间领用的物料。

（4）二车间班组长：查询“商务主机、家用主机”的单阶 BOM，指出表 4-14 二车间领用的物料。

（5）采购部业务员：查询“商务电脑、家用电脑”的多阶 BOM，熟悉产品的采购物料的品种。

第5章 采购管理

5.1 背景知识

5.1.1 采购管理简介

采购管理是 ABC 电脑制造公司的生产制造管理系统中的子系统，参考图 1-4，采购管理是制造型企业产、供、销三大业务之一。

采购管理的主要任务是执行采购计划、采购订单管理、采购发票管理及供应商管理。采购管理的目标是保证企业在销售业务顺利进行的前提下，维持合理的库存量，从而减少成本。由于降低成本，销售环节会变得敏感，容易影响客户的交货期，影响市场占有率，导致企业的信誉降低和企业发展。

因此，采购的最佳管理状态是既能满足市场，又要控制成本。在 ERP 信息系统平台，观察采购订单的执行过程，观察产品销售、生产、采购的过程，分析物料流信息、价值流信息、资金流信息。根据客户的需求跟踪物料的数量、成本、资金状态，控制企业资源。

5.1.2 采购管理应用模式

图 5-1 是一个普通采购业务的过程，本章称为普通采购业务应用模式，它是图 1-4ABC 电脑制造公司的应用模式的一部分。它是一个集采购管理、库存管理、存货核算、应付款管理及总账为一体的采购业务解决方案。

1．普通采购业务应用模式的特点

（1）应用模式相对固化了普通采购业务中的活动与流程。它覆盖供应商与企业之间所有的采购业务的信息。从信息系统处理的角度说，普通采购业务应用模式能够采集、存储、传递采购过程中的所有活动信息。

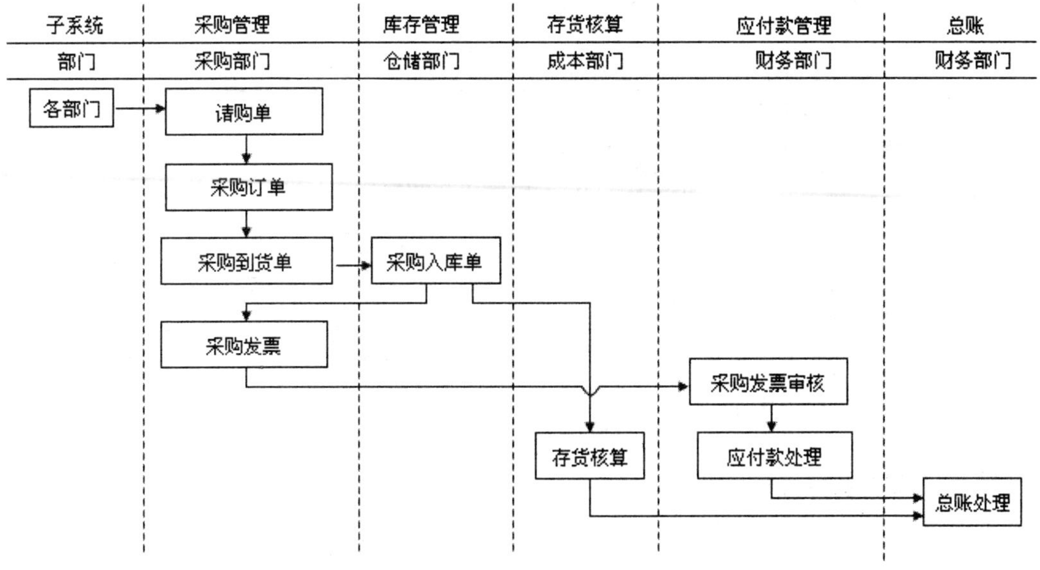

图 5-1　普通采购业务应用模式

（2）采购业务信息的传递消除了部门之间的障碍、人为的障碍、地点与时空的障碍。

（3）普通采购业务应用模式是基于企业内部网络（Intranet）的 ERP 平台的、交互式的作业方式。

2．普通采购业务应用模式的应用

（1）应用模式规定企业里的每一笔采购交易都是由原材料请购、采购订单生成、采购收货、采购入库、填制采购发票，到填制付款单结束，即六类单据处理的过程。

（2）而对应于每一类单据的控制都有审核请购单、审核采购订单、审核采购入库单、结算采购发票、审核付款单五种控制。

（3）采购管理系统实时地采集、存储、传递每一笔采购业务过程中的所有活动信息，它们包括物流、价值流和资金流信息，并将这些信息及时地、准确地提供给不同的业务部门，用来支持普通采购业务流程的运作。

因此，ERP 平台采购业务的实现，要从两个方面去理解。一是系统前台，各部门都在“企业应用平台”上，按业务流程进行“人机交互式”的业务活动；二是系统后台，有一双看不见的“手”采集、存储、传递及处理业务活动的信息。正是这双看不见的“手”帮助企业提高采购作业的效率。

5.1.3　普通采购业务流程

图 5-2 是普通采购应用模式的业务流程。从信息管理系统的技术角度，可以将普通采购

业务流程分为三类信息：物流信息、价值流信息与资金流信息，它们描述了采购业务物料流动的过程、价值流动的过程和资金流动的过程。

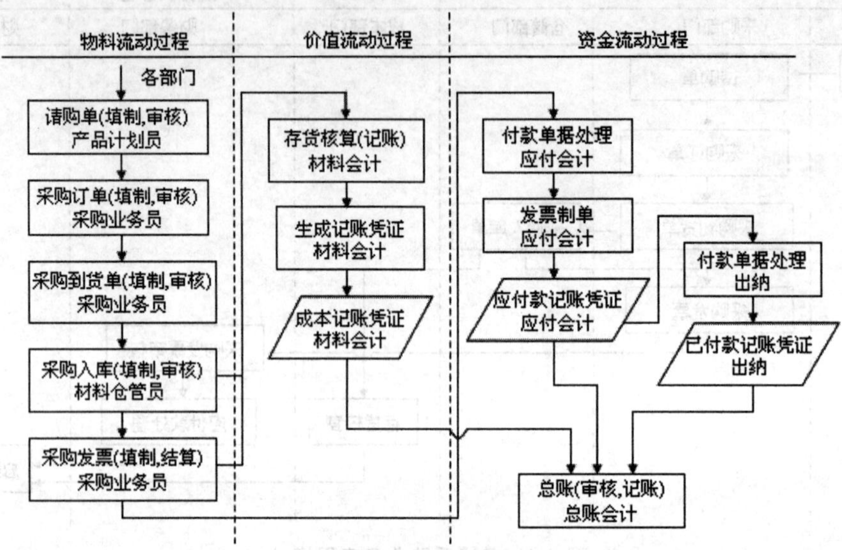

图 5-2　普通采购业务流程

下面是对图 5-2 这三类过程信息的深度分析。

（1）物料流动信息。观察图 5-2 不难看出采购业务是通过一系列的单据进行作业的。物流信息是采购业务的主体。它包括请购、采购订单下达、采购到货单、采购入库、采购发票结算五类作业。而前道作业向后道作业扭转时，是通过审核或复核信息控制的。例如采购订单审核后，才有采购到货作业。

（2）价值流动信息。当采购物料入库时，企业的物料库存增加，库存成本立刻发生变化，库存成本核算将产生价值流动信息。价值流动信息将支持采购成本核算，成本核算的凭证自动传递到财务部门对应的总账科目之下。

（3）资金流动信息。当采购物料入库时，将进行应付款处理，这时企业的资金流动信息将支持网上付账款处理，其应付款处理凭证将自动传递到财务部门对应的总账科目之下。

在规定的会计期间内，所有的采购业务与财务信息无缝连接，及时、准确地反映了财务应付款的信息。

5.1.4　采购管理系统构成

以往，人们熟悉的采购管理系统是通过采购请购、采购订单、仓库入库、采购发票等综合运用的管理系统，即单纯的采购物流管理系统。但是站在企业产品经营决策的层面，采购管理系统一定要与成本管理系统、财务管理系统进行无缝连接才能构成一个完整的业务过程。

本章采购管理系统包括采购管理、库存管理、存货核算、应付款管理与总账五个子系统，覆盖采购部门、仓储部门、成本管理部门和财务部门的日常业务作业。按专业分工，它覆盖采购管理流程、库存管理流程、存货核算流程、应付款流程和付款五个流程。每一个流程都设有多个岗位，参考表 5-1。

5.1.5 采购管理系统工作原理

普通采购业务的工作原理，以及 ERP 系统的数据处理技术如下。

1．采购部门

（1）采购订单管理。在采购管理系统中，填制采购订单。采购订单也可以参照 MPS 计划生成，或参照采购合同、销售订单、采购请购单（内部请购）生成。采购订单审核后，转发给供应商。供应商根据采购订单的信息准备货物。

（2）收货管理。供应商送货后，企业填制采购到货单。采购到货单参照采购订单生成，可以以此来控制收货品种和数量。

（3）发票信息管理。当供应商送货时，采购部门会检查货物，填制采购到货单；还会接收供应商开具的发票，并填制到采购管理系统。采购发票信息传递至应付款管理系统。

2．仓储部门

仓储部门的库存管理。采购入库单参照到货单生成，库存管理自动记账，采购入库信息传递至存货核算系统。

3．财务部门

（1）成本记账处理。在存货核算系统中登记存货明细账，并制单生成凭证传至总账。

（2）财务记账处理。在应付款管理系统中，记录采购发票结算额度明细账，当制单生成记账凭证后，再自动传至总账。

（3）总账处理。审核记账凭证并记账，最终将所有的资金数据归集在总账事先设置的科目之下。

5.2 实训指导

5.2.1 实训内容

- 采购订单实训。
- 成本核算实训。

- 应付款实训。
- 总账处理实训。

5.2.2 实训要求

1. 技能要求

在 ERP 系统平台上学习普通采购业务管理。

（1）学会采购业务的基本技能。

（2）学会采购业务的物流管理技能。

（3）学会采购业务的成本核算技能。

（4）学会采购业务应收款处理技能。

2. 环境要求

在单用户环境下，按表 5-1 资料、图 5-2 普通采购业务的流程，一个人模拟多岗位进行操作。

表 5-1 采购管理模拟企业分工

用户	角色	部门	岗位	操作内容
admin		信息部门	信息主管	引入 D:\生产制造管理账套-2
1001	生产计划员	生产计划部	生产计划员	填制/审核请购单
3001	采购业务员	采购部门	采购业务员	填制/审核采购订单，填制到货单
				填制/结算专用采购发票
6001	仓库主管	仓储部门	材料仓管员	填制/审核采购入库单
5001	材料会计	财务部门	材料会计	存货核算记账，生成记账凭证
5002	应付会计		应付会计	应付账款记账，制单处理
5003	出纳		出纳	填制/审核付款单，记账凭证，核销处理

5.2.3 实训准备

1. 账套引入

系统日历 2013-01-02，以 admin 的身份登录“系统管理”平台，将 D:\生产制造管理账套-2 引入至系统。

2. 登录“企业应用平台”

以操作员：“1000，张健”账套主管的身份；输入密码：1；选择账套：[666]ABC 电脑制造公司；登录“企业应用平台”，进行普通采购业务的实训。

5.3　普通采购业务实训

按照图 5-2 普通采购业务流程：从产品计划员“请购单”开始，参照生成“采购订单”，并修改产品的单价；参照采购订单生成“到货单”，参照“到货单”生成“采购入库单”；核算采购成本；进行应付款处理，最终将每一笔采购业务由采购订单生成的凭证都能自动地归集到总账设定的科目之下。

5.3.1　典型案例描述

1．情境描述

（1）系统日历：2013 年 1 月 2 日，二车间的生产计划员梁丽依据生产部的计划，编制材料需求计划，其中：0308 家用主板需求 10 块，0309 商务主板需求 10 块，要求本月 10 日到货。为此向采购部门提出请购单。

（2）系统日历：2013 年 1 月 3 日，采购部门查询到采购申请后转换为采购订单。输入供应商：实达公司；部门：采购一部；业务员：马强；原币单价：家用主板 400 元、商务主板 500 元。

（3）系统日历：2013 年 1 月 10 日，采购部门收到供应商的货物，及供应商开具的发票。确认供应商的货物后，交仓储部入库，并填制采购发票，告之财务部门应付款信息；财务部门查询到入库信息，核算该笔采购订单的成本，并进行应付款处理。

2．基本技能

（1）熟悉采购业务应用模式。

（2）熟悉采购业务流程。

（3）会维护企业基础数据。

（4）了解表 5-1 中的部门、岗位和日常业务。

3．知识链接

（1）结合采购管理、物流管理、财务管理多专业的知识，理解现代管理的应用技术。

（2）结合企业信息管理知识，理解采购业务流重组的应用技术。

5.3.2　采购订单实训

1．请购单

采购请购单是企业内部的各个部门，向采购部门提出的需要采购物料的申请。

请购单是采购业务流程的开始。请购单中的关键数据为：采购什么货物，采购数量，需求日期，申请部门和人员，还可以提供建议供应商、建议订货日期等。采购请购单的使用是可选择的。

（1）请购单

2013 年 1 月 2 日，二车间请购 10 个家用主板、10 个商务主板，需求日期 2013 年 1 月 10 日。据此填制请购单。

操作步骤：

① 单击“业务工作”标签，选择“供应链”→“采购管理”→“请购”→“请购单”选项，打开“采购请购单”窗口。

② 单击【增加】按钮，填制“请购单”。

③ 单击【保存】按钮，填制好请购单，单击【审核】按钮，如图 5-3 所示。

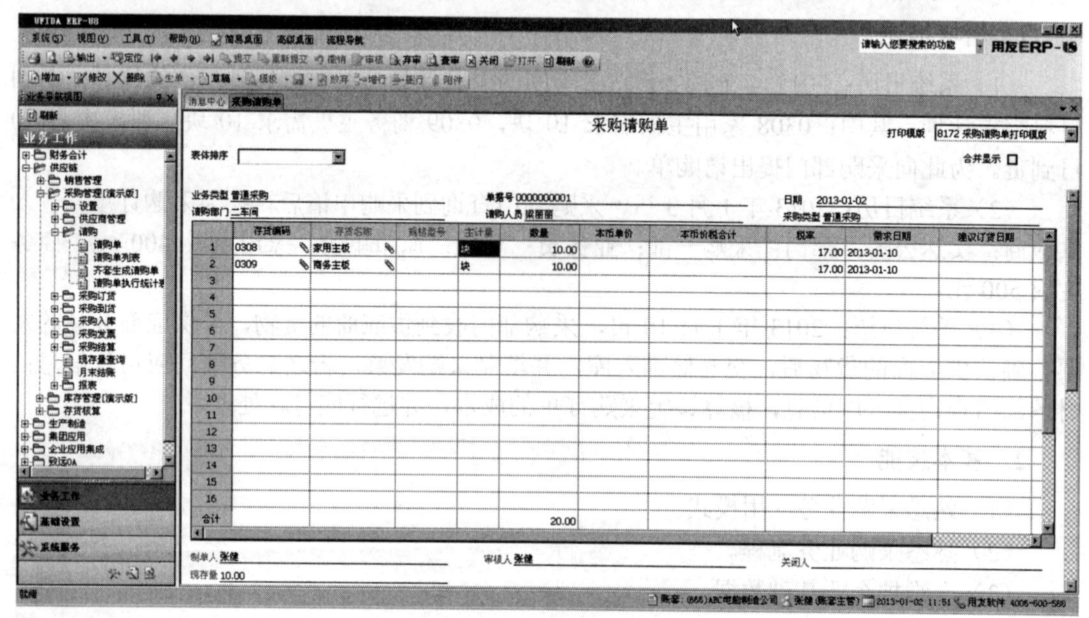

图 5-3 采购请购单

提示：

- 业务类型：默认为“普通采购”，若是商业企业，若设置“受托代销”业务，也可以选择“受托代销”。如果不选业务类型（为空），则可以输入普通存货，也可以输入受托代销存货。
- 需求日期：部门的需求日期必须输入。输入时要满足：“需求日期≥请购单单据日期”（请购单单据日期位于表头，表头描述为日期；需求日期位于表体）。系统参照“请购单”生成采购订单时，会自动将“需求日期”引入“订货到货日期”。
- 建议订货日期：可为空，输入时要求满足：“需求日期≥建议订货日期≥请购日期”。

（2）请购单信息查询

操作步骤：

① 单击“业务工作”标签，选择“供应链”→“采购管理”→“请购”→“请购单列表”选项，弹出“过滤条件选择-采购请购单”对话框。

② 选择“部门编码：二车间到二车间”过滤条件，单击【过滤】按钮，打开“请购单列表”，如图 5-4 所示。

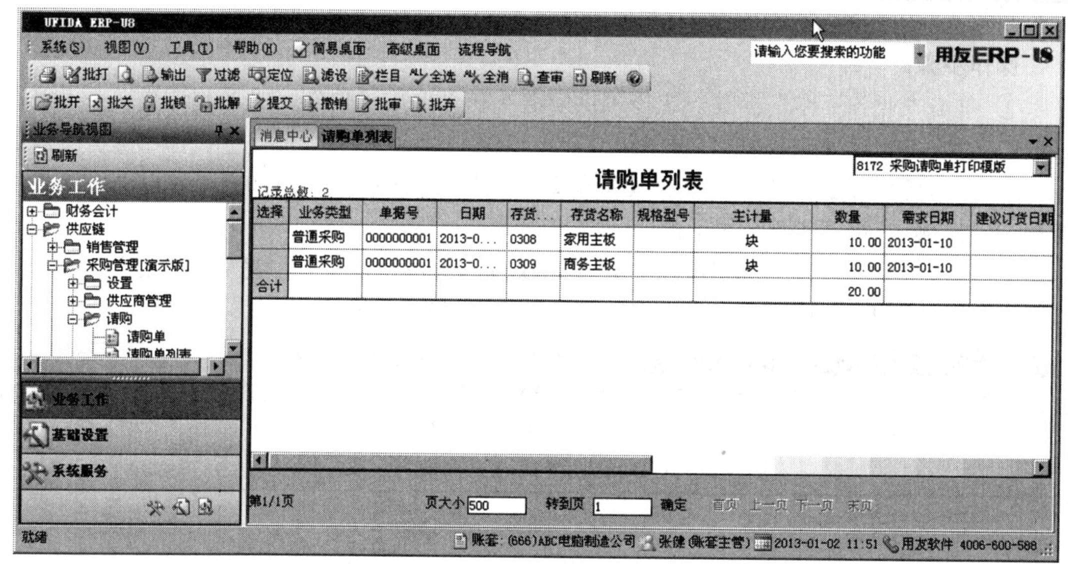

图 5-4　请购单列表

（3）请购单的状态

企业各部门可根据采购请购单的状态，跟踪请购单的执行情况。

① 请购单的五种状态：

- 输入——正在输入过程中的请购单。
- 未审核——已保存的请购单。
- 已审核——确定的请购单。
- 已执行——已被其他单据或系统调用的请购单。
- 关闭——单据执行完毕或确定不能执行，都可以关闭。

② 请购单修改、删除处理：

- 已审核单据不能修改、删除，如要修改、删除，需要先弃审。
- 已关闭单据不能修改、删除，如要修改、删除，需要先打开。

2. 采购订单

采购订单是指企业与供应商签订了采购合同或采购协议后，确定了要货时使用的。供应商将根据采购订单组织货源，并送货或指定取货的地点，企业依据采购订单进行收货（或验收货物）。

普通采购订单可以参照五个数据来源：请购单、MPS/MRP 计划、ROP 计划、销售订单、采购合同生成。当然也可以手工填制采购订单。

（1）采购订单

2013 年 1 月 3 日，采购部门收到二车间的请购单后，与实达公司达成采购协议。参照二车间的请购单，填制/审核采购订单。

操作步骤：

① 单击“业务工作”标签，选择“供应链”→“采购管理”→“采购订货”→“采购订单”选项，打开“采购订单”窗口。

② 单击【增加】按钮后，选择【生单】下拉列表框中的“请购单”，弹出“过滤条件选择-采购请购单列表过滤”对话框。

③ 输入“请购日期：2013-01-02”，单击【过滤】按钮，打开“拷贝并执行”窗口。

④ 单击【ALL】按钮，选中“采购请购单”，如图 5-5 所示。

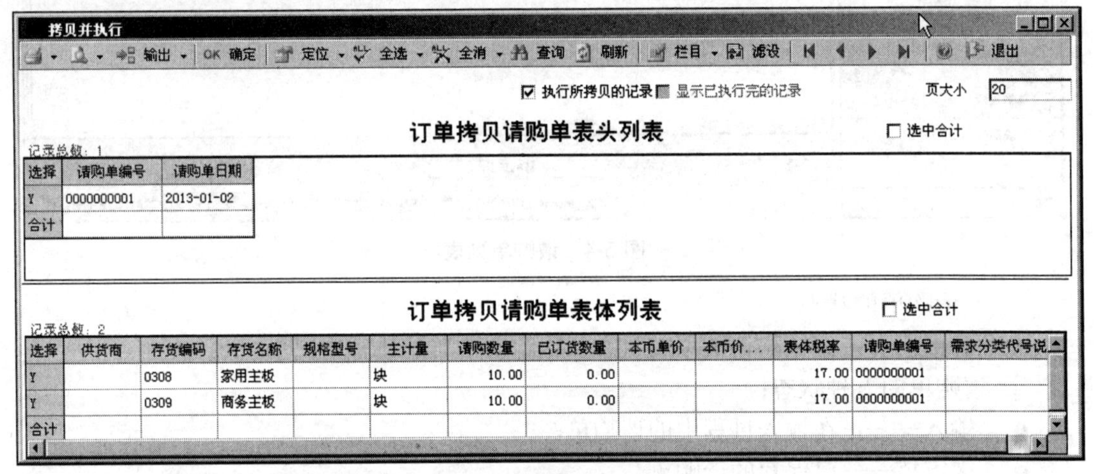

选择	请购单编号	请购单日期
Y	0000000001	2013-01-02
合计		

选择	供货商	存货编码	存货名称	规格型号	主计量	请购数量	已订货数量	本币单价	本币价...	表体税率	请购单编号	需求分类代号说
Y		0308	家用主板		块	10.00	0.00			17.00	0000000001	
Y		0309	商务主板		块	10.00	0.00			17.00	0000000001	
合计												

图 5-5　选择请购单

⑤ 单击【确认】按钮，打开“采购订单”窗口，“请购单”的资料将自动传递过来。

⑥ 表头输入“供应商：实达公司；部门：采购一部，业务员：马强”的资料。

⑦ 表体输入“家用主板的原币单价：400；商务主板的原币单价：500”。

⑧ 单击【保存】和【审核】按钮，如图 5-6 所示。

提示：

- 表头输入供应商、部门、业务员等资料。
- 原币单价可以由采购部门来控制原材料的价格，这样后续流程的单据都可引用该价格。

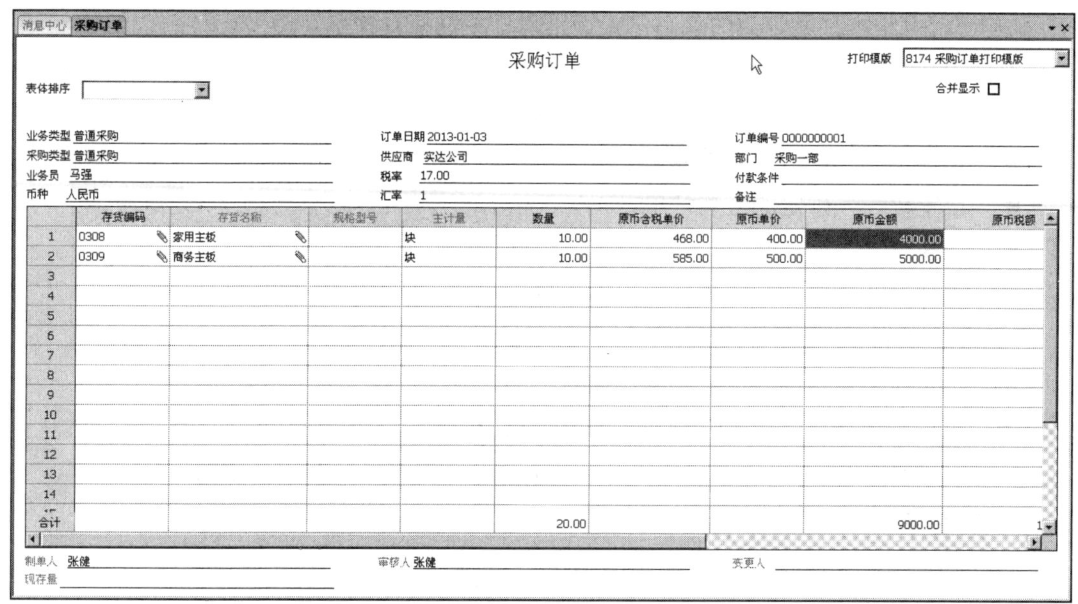

图 5-6　参照请购单生成采购订单

（2）采购订单信息查询

① 单击“业务工作”标签，选择“供应链”→“采购管理”→“采购订货”→“采购订单列表”选项，弹出“过滤条件选择-采购订单列表”对话框。输入“日期：2013-01-03”。

② 单击【过滤】按钮，打开“采购订单列表”窗口，如图 5-7 所示。

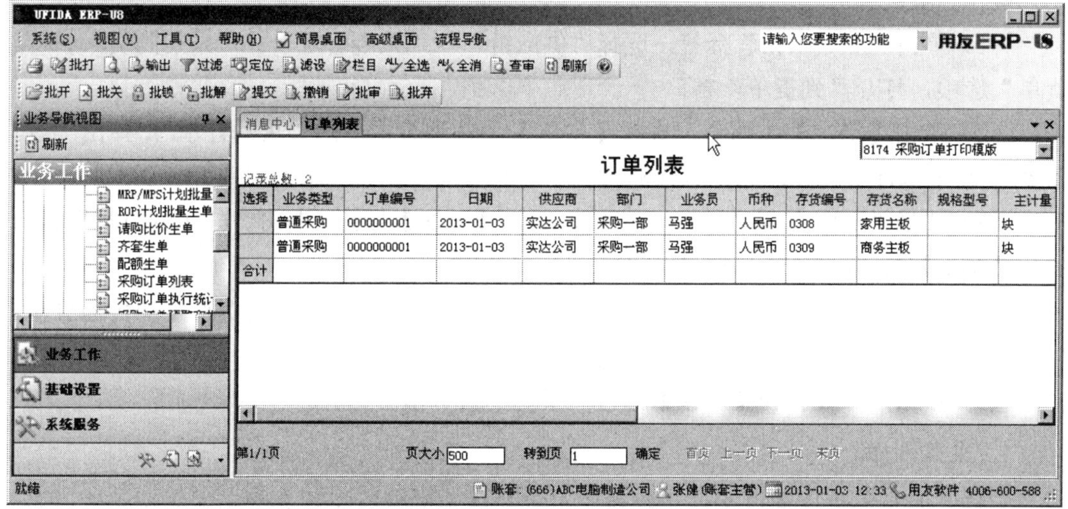

图 5-7　采购订单列表

（3）采购订单状态

采购部门可根据采购订单的状态，跟踪采购订单的执行情况。

① 采购订单的五种状态：

- 输入——正在输入过程中的采购订单。
- 未审核——已保存的采购订单。
- 已审核——确定的采购订单。
- 已执行——已被其他单据或系统调用的采购订单。
- 关闭——单据执行完毕或确定不能执行，都可以关闭。

② 采购订单修改、删除处理：

- 已审核单据不能修改、删除，如要修改、删除，需要先弃审。
- 已关闭单据不能修改、删除，如要修改、删除，需要先打开。

③ 批量处理功能：可以对单据进行批量处理，包括批审、批弃、批关、批开。

3．到货单

到货单是采购订单和采购入库的中间环节。例如采购业务员需要检查供应商送的货物是否与采购订单的要求相符合。如果是，则填写到货单，确认对方所送货物、数量和价格。到货单也可以作为已经收到了供应商货物的凭证。到货单是可选择单据，可以手工填制，也可以参照采购订单生成。

2013 年 1 月 10 日，实达公司货物抵达后，采购业务员确认到货情况，依据采购订单填制到货单。

操作步骤：

（1）单击“业务工作”标签，选择“供应链”→“采购管理”→“采购到货”→“到货单”选项，打开“到货单”窗口。

（2）单击【增加】按钮后，选择【生单】下拉列表框中的“采购订单”，弹出“过滤条件选择-采购订单列表过滤”对话框。

（3）选择“供应商编码：实达公司”，单击【过滤】按钮，打开“拷贝并执行”窗口，单击【ALL】按钮，“选择”栏显示“Y”。

（4）单击【确定】按钮，打开“到货单”窗口，“采购订单”的资料自动传递过来，如图 5-8 所示。

（5）单击【保存】和【审核】按钮，采购到货单填制完成。

4．采购入库

采购入库是将供应商送来的货物暂时存放在指定的仓库里保存起来。采购入库单是仓库入库的依据，也是存货核算、采购发票的重要依据之　。

消息中心　到货单

到货单

打印模版 8170 到货单打印模版

表体排序

合并显示 □

业务类型 普通采购　单据号 0000000001　日期 2013-01-10

采购类型 普通采购　供应商 实达公司　部门 采购一部

业务员 马强　币种 人民币　汇率 1

运输方式　税率 17.00　备注

	存货编码	存货名称	规格型号	主计量	数量	原币含税单价	原币单价	原币金额	原币税额
1	0308	家用主板		块	10.00	468.00	400.00	4000.00	
2	0309	商务主板		块	10.00	585.00	500.00	5000.00	
3									
4									
5									
6									
7									
8									
9									
10									
11									
12									
13									
14									
15									
合计					20.00			9000.00	

制单人 张健　现存量

图 5-8　填制到货单

当采购管理模块与库存管理模块集成应用时，入库业务是在库存管理模块进行的。当采购管理模块不与库存管理模块集成应用时，入库业务在采购管理模块进行。

2013 年 1 月 10 日，采购部门确认货物后，交仓储部门入库，在外购品仓库中暂存，据此填制采购入库单，并审核此单据。

操作步骤：

（1）单击“业务工作”标签，选择“供应链”→“库存管理”→“入库业务”→“采购入库单”选项，打开“采购入库单”窗口。

（2）选择【生单】下拉列表中的“采购到货单（蓝字）”，弹出“过滤条件选择-采购到货单列表”对话框，输入“供应商编码：实达公司”，单击【过滤】按钮，打开“到货单生单列表”。

（3）单击【ALL】按钮，选中“到货单”，如图 5-9 所示。

（4）单击【确定】按钮，返回“采购入库单”窗口，输入“仓库：外购品仓库”。

（5）单击【保存】按钮，如图 5-10 所示。

（6）选择表体的第 1 行的“家用主板”，单击【货位】按钮，输入“货位编码：其他货架；数量：10”，如图 5-11 所示。

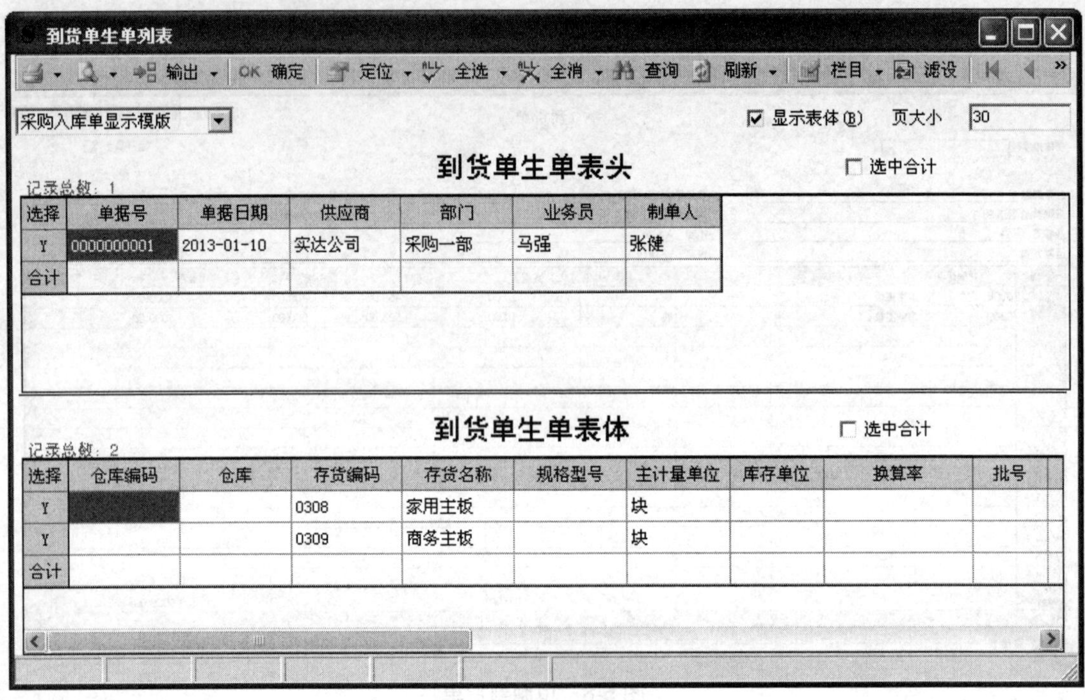

图 5-9 选择采购到货单

消息中心 采购入库单

采购入库单　　采购入库单打印模版

表体排序　　◉ 蓝字 ○ 红字

入库单号 0000000001　入库日期 2013-01-10　仓库 外购品仓库
订单号 0000000001　到货单号 0000000001　业务号
供货单位 实达公司　部门 采购一部　业务员 马强
到货日期 2013-01-10　业务类型 普通采购　采购类型 普通采购
入库类别 采购入库　审核日期　备注

	存货编码	存货名称	规格型号	主计量单位	数量	本币单价	本币金额
1	0308	家用主板		块	10.00	400.00	4000.00
2	0309	商务主板		块	10.00	500.00	5000.00
3							
4							
5							
6							
7							
8							
9							
10							
11							
12							
13							
14							
合计					20.00		9000.00

制单人 张健　审核人
现存量 20.00

图 5-10 填制采购入库单

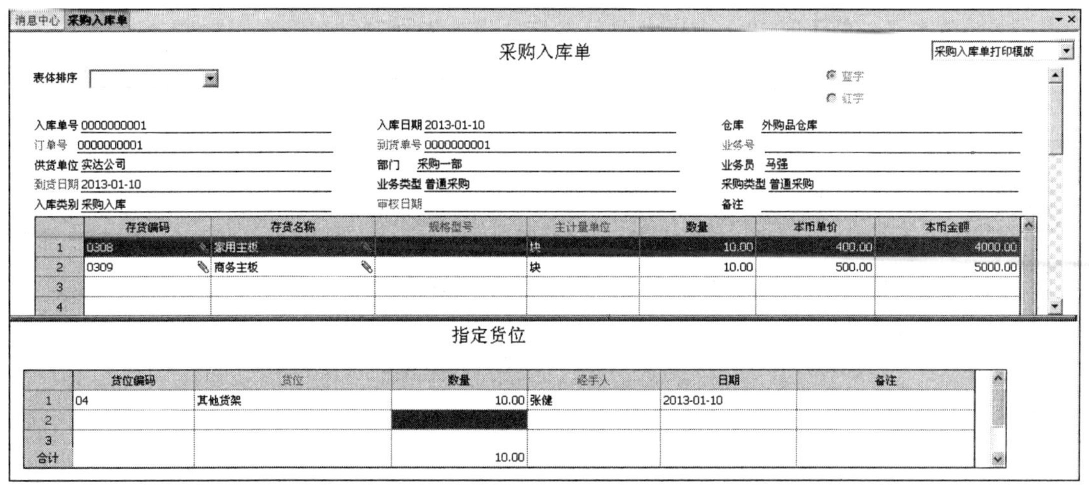

图 5-11　采购入库单货位操作

（7）单击【保存】按钮，完成第 1 行货位的操作。然后再继续第 2 行，重复刚才的操作。

（8）单击【审核】按钮。

提示：

- 采购入库单保存时，库存现存量自动做增数计算，查询库存管理报表现存量数据。
- 采购入库单审核后，进入专用采购发票和存货核算流程。

5．采购发票

采购发票是供应商开具的凭证，财务部门将根据采购发票进行应付账款处理。如有含税单价，需填制专用采购发票，没有税价则可以填制普通采购发票。

2013 年 1 月 10 日，供应商的货物入库后，采购部门将收到供应商开具的发票，据此填制专用采购发票凭证并结算。

操作步骤：

（1）单击“业务工作”标签，选择“供应链”→“采购管理”→“采购发票”→“采购专用发票”选项，打开“专用采购发票”窗口。

（2）单击【增加】按钮，选择【生单】下拉列表框中的“入库单”，弹出“过滤条件选择-采购入库单列表过滤”对话框，输入“供应商编码：实达公司”，单击【过滤】按钮，打开“拷贝并执行”窗口。

（3）单击【ALL】按钮，选择“发票拷贝入库单”。

（4）单击【确定】按钮，返回“专用采购发票”，“采购入库单”的资料会自动传递过来。

（5）单击【保存】按钮，采购专用发票填制完成。

（6）单击【结算】按钮，专用发票已结算。或者做自动结算业务，如图 5-12 所示。

消息中心　专用发票

已结算

专用发票

打印模版　8164 专用发票打印模版

表体排序

合并显示 □

业务类型 普通采购　　发票类型 专用发票　　发票号 0000000001
开票日期 2013-01-10　　供应商 实达公司　　代垫单位 实达公司
采购类型 普通采购　　税率 17.00　　部门名称 采购一部
业务员 马强　　币种 人民币　　汇率 1
发票日期　　付款条件　　备注

	存货编码	存货名称	规格型号	主计量	数量	原币单价	原币金额	原币税额	原币价税
1	0308	家用主板		块	10.00	400.00	4000.00	680.00	
2	0309	商务主板		块	10.00	500.00	5000.00	850.00	
3									
4									
5									
6									
7									
8									
9									
10									
11									
12									
13									
14									
合计					20.00		9000.00	1530.00	

结算日期 2013-01-10　　制单人 张健　　审核人

图 5-12　采购专用发票

提示：结算后的专用发票，系统传递给应付款管理。

5.3.3 存货核算实训

采购业务成本核算有多种情况，本章依据采购入库单核算成本。

1．存货核算记账

2013 年 1 月 10 日，成本部门对已审核采购入库单进行记账，准备核算采购入库成本。

操作步骤：

（1）单击“业务工作”标签，选择“供应链”→“存货核算”→“业务核算”→“正常单据记账”选项，弹出“过滤条件选择”对话框。

（2）选择“仓库：外购品仓库”条件，如图 5-13 所示。

（3）单击【过滤】按钮，打开“正常单据记账”列表，如图 5-14 所示。

（4）单击【ALL】按钮，“选择”栏显示“Y”。

（5）单击【记账】按钮，弹出“记账成功”提示，单击【确定】按钮，单据在列表中消失。

过滤条件选择

保存常用条件　加载过滤方案

常用条件

仓库	外购品仓库		
部门		到	
仓库所属部门		到	
单据类型			
存货编码		到	
存货代码		到	
存货名称		到	
规格型号		到	
单据号		到	
单据日期		到	
收发类别		到	
业务类型			
数量		到	
单价		到	
金额		到	
包含未开发...	是	包含未审核...	是
负结存时销...	否	出库单上所...	否

过滤(F)　取消(C)

图 5-13　正常单据记账条件

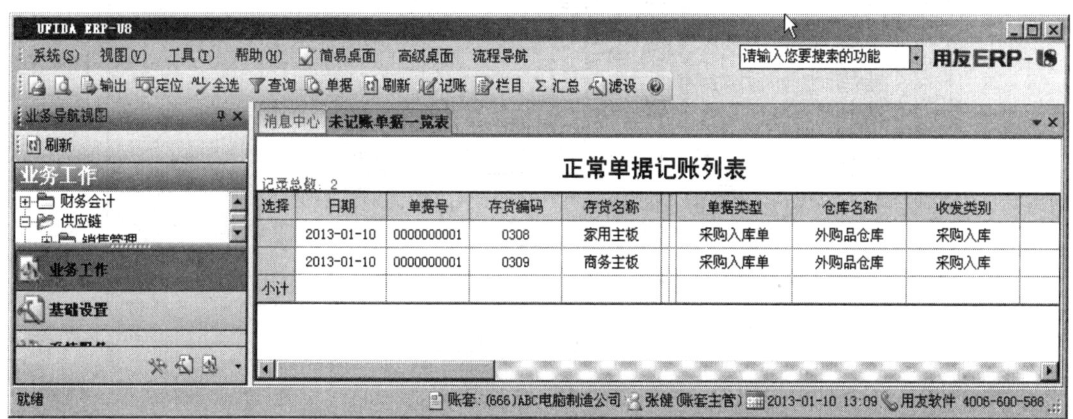

正常单据记账列表

记录总数：2

选择	日期	单据号	存货编码	存货名称	单据类型	仓库名称	收发类别
	2013-01-10	0000000001	0308	家用主板	采购入库单	外购品仓库	采购入库
	2013-01-10	0000000001	0309	商务主板	采购入库单	外购品仓库	采购入库
小计							

图 5-14　正常单据记账窗口

2．恢复记账

如果存货核算记账出现了错误，可以进行“恢复记账”处理。

操作步骤：

（1）单击“业务工作”标签，选择“供应链”→“存货核算”→“业务核算”→“恢复记账”选项，弹出“过滤条件选择”对话框。

（2）选择“仓库：外购品仓库，单据类型：采购入库”条件。

（3）单击【过滤】按钮，打开“恢复记账”窗口。

（4）单击【ALL】按钮，选择栏显示“Y”。

（5）单击【恢复】按钮，弹出“恢复记账成功”提示，单击【确定】按钮，单据在列表中消失。

3．生成凭证

2013 年 1 月 10 日，对已经记账的采购入库单进行记账处理，生成成本的记账凭证。

操作步骤：

（1）单击“业务工作”标签，选择“供应链”→“存货核算”→“财务核算”→“生成凭证”选项，打开“生成凭证”窗口。

（2）单击【选择】按钮，弹出“查询条件”对话框。

（3）选择“采购入库单（报销记账），003-外购品仓库”作为查询条件，如图 5-15 所示。

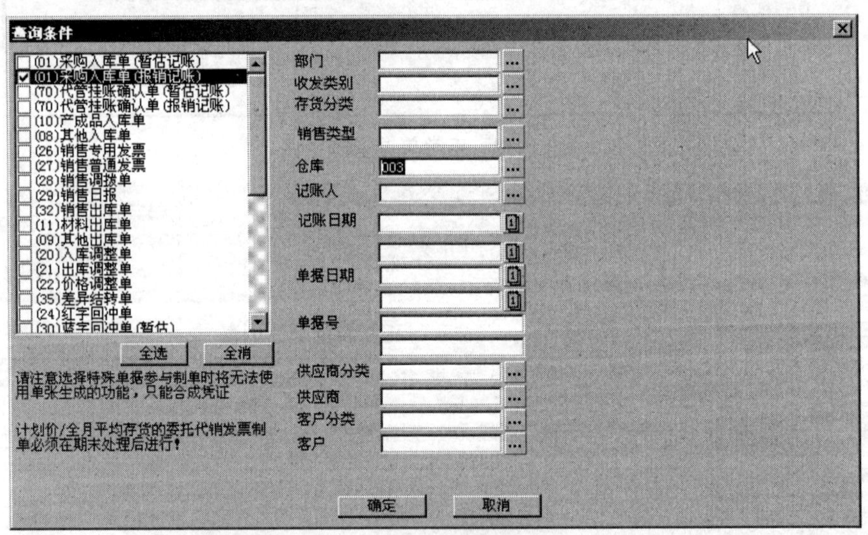

图 5-15　生成凭证

（4）单击【确定】按钮，打开“未生成凭证单据一览表”窗口。

（5）单击【ALL】按钮，“选择”栏显示“1”，单击【确定】按钮，打开“记账凭证”。

（6）输入“科目编码”，如图 5-16 所示。

（7）单击【生成】按钮，生成记账凭证。

（8）单击【保存】按钮，凭证左上角显示“已生成”，该凭证传递至总账系统，如图 5-17 所示。

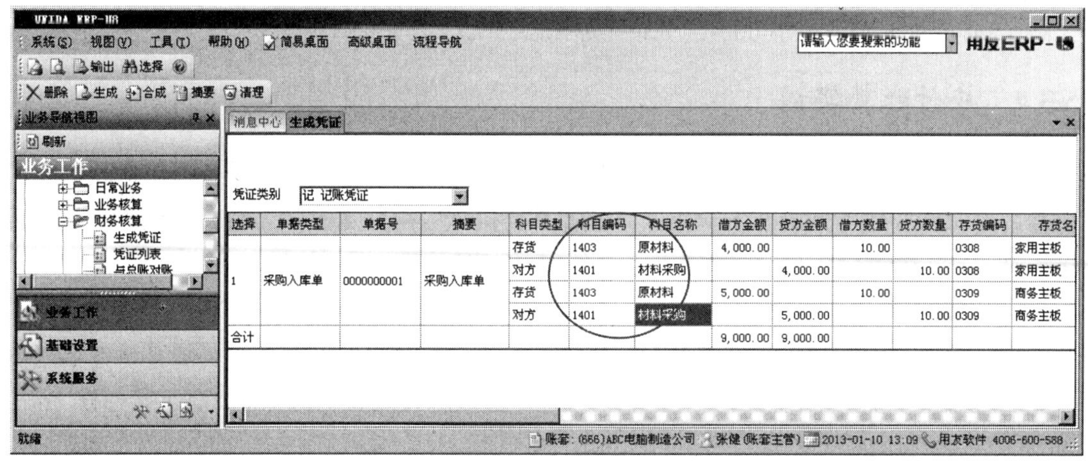

凭证类别　记 记账凭证

选择	单据类型	单据号	摘要	科目类型	科目编码	科目名称	借方金额	贷方金额	借方数量	贷方数量	存货编码	存货名
1	采购入库单	0000000001	采购入库单	存货	1403	原材料	4,000.00		10.00		0308	家用主板
				对方	1401	材料采购		4,000.00		10.00	0308	家用主板
				存货	1403	原材料	5,000.00		10.00		0309	商务主板
				对方	1401	材料采购		5,000.00		10.00	0309	商务主板
合计							9,000.00	9,000.00				

图 5-16　生成凭证

已生成

记 账 凭 证

记　字 0001　　制单日期：2013.01.10　　审核日期：　　附单据数：1

摘要	科目名称	借方金额	贷方金额
采购入库单	原材料	900000	
采购入库单	材料采购		900000
票号 日期	数量 单价 合计	900000	900000

备注　项 目　　部 门　　个 人

客 户　　业务员

记账　　审核　　出纳　　制单　张健

图 5-17　入库记账凭证

提示：该凭证自动传递到总账，可减少总账会计二次手工填制凭证的工作。

4．凭证查询

查看记_字 0001 凭证。

操作步骤：

（1）单击“业务工作”标签，选择“财务会计”→“总账”→“凭证”→“查询凭证”选项，弹出“凭证查询”对话框。

（2）选择“凭证类别：记账凭证”；自动默认月份：2013.01，单击【确定】按钮。

（3）可查询到“记字 0001”凭证，参考图 5-25。

5.3.4 应付账款实训

应付款管理系统主要是完成采购业务应付款项的处理，其次是提供各项应付款的相关信息，以明确应付账款的发生缘由，有效地掌握付款核销的情况，为企业提供资金计划提供信息。

1．应付单处理

应付单据是连接采购管理系统中已结算的采购发票信息。应付单据处理是将发票信息拽到应付账款系统中来，并对其进行制单处理，形成应付账款记账凭证，传递给总账系统。

（1）应付单据审核

2013 年 1 月 10 日，审核采购管理的专用采购发票，做好付款准备，即将采购管理系统中的专用采购发票拽到应付款管理系统中来。

操作步骤：

① 单击“业务工作”标签，选择“财务会计”→“应付款管理”→“应付单据处理”→“应付单据审核”选项，弹出“应付单过滤条件”对话框，如图 5-18 所示。

图 5-18　选择过滤条件

② 选择“供应商”过滤条件，单击【确定】按钮，打开“应付单据列表”窗口。

③ 单击【ALL】按钮，“选择”栏显示“Y”标志，单击【审核】按钮，系统提示“审

核报告”，单击【确定】按钮，如图 5-19 所示，单击【确定】按钮。

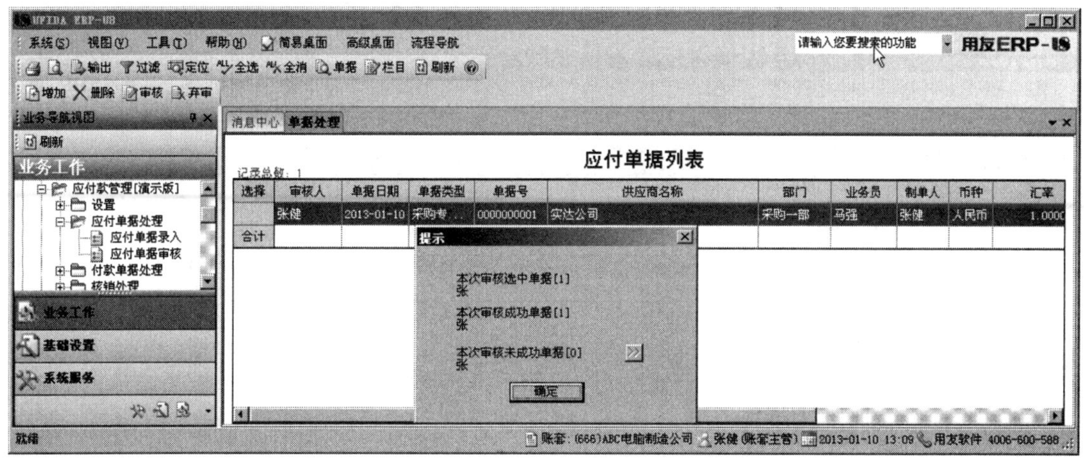

图 5-19 应付单据审核

（2）制单处理

2013 年 1 月 10 日，对专用采购发票进行制单处理，生成一张应付款记账凭证。

操作步骤：

① 单击“业务工作”标签，选择“财务会计”→“应付款管理”→“制单处理”选项，弹出“制单查询”对话框。选择“发票制单”和供应商编码，如图 5-20 所示。

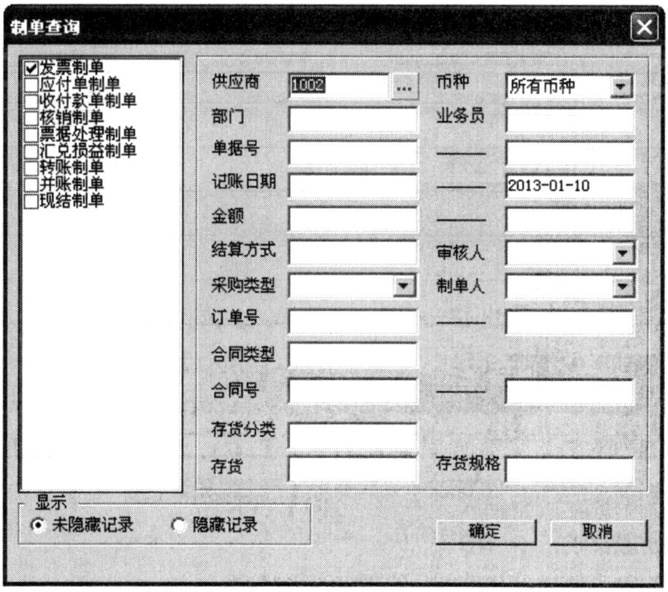

制单查询

☑发票制单
☐应付单制单
☐收付款单制单
☐核销制单
☐票据处理制单
☐汇兑损益制单
☐转账制单
☐并账制单
☐现结制单

供应商 1002　币种 所有币种
部门　业务员
单据号
记账日期　—— 2013-01-10
金额
结算方式　审核人
采购类型　制单人
订单号
合同类型
合同号
存货分类
存货　存货规格

显示：◉未隐藏记录 ○隐藏记录

确定 取消

图 5-20 制单查询

② 单击【确定】按钮后，打开“采购发票制单”窗口。单击【ALL】按钮，“选择”栏显示“1”，单击【制单】按钮，生成记账凭证，如图 5-21 所示。

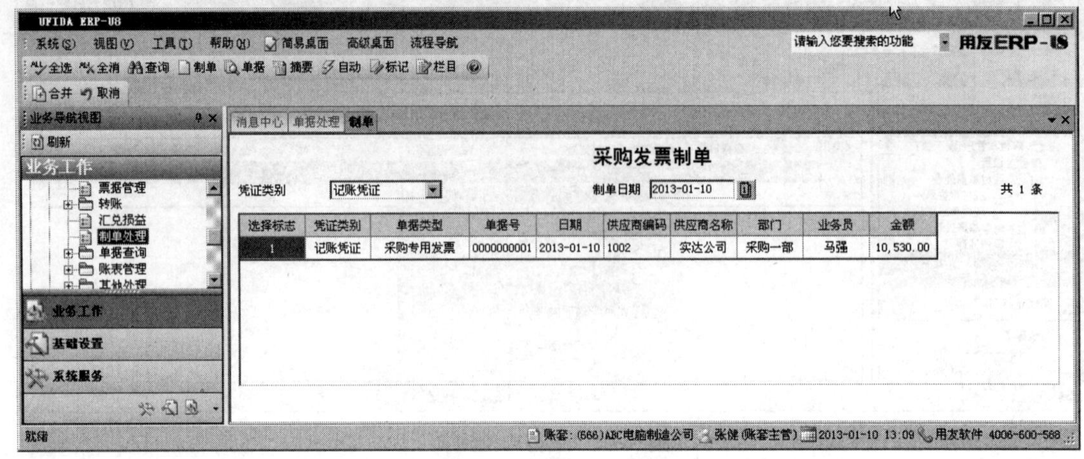

图 5-21 选择制单记账凭证

③ 输入借贷方科目后，单击【保存】按钮，该凭证传到总账系统，如图 5-22 所示。

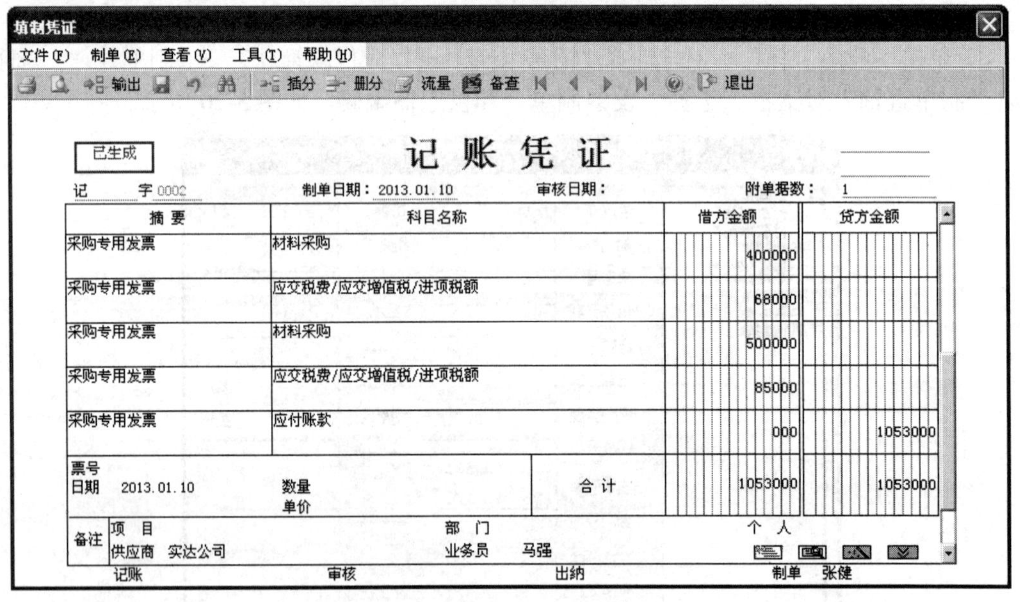

图 5-22 采购专用发票生成凭证

2．付款单据处理

付款单据是针对专用采购发票进行支付货款的处理。这时，在应付系统中针对供应商填制付款单，并对已经付过款的供应商进行应付款单据核销：如果支付的货款等于应付款，即进行完全核销；如果支付的货款小于应付款，则进行部分核销；如果支付的货款大于应付款，则余款作为预付处理。付款单记账凭证传递到总账系统。

（1）付款单处理

2013 年 1 月 10 日，ABC 电脑制造公司用转账支票支付货款给实达公司，并核销该供应商的应付款账。

操作步骤：

① 单击“业务工作”标签，选择“财务会计”→“应付款管理”→“付款单据处理”→“付款单据录入”选项，打开“付款单”窗口。

② 单击【增加】按钮，填制付款单，如图 5-23 所示。

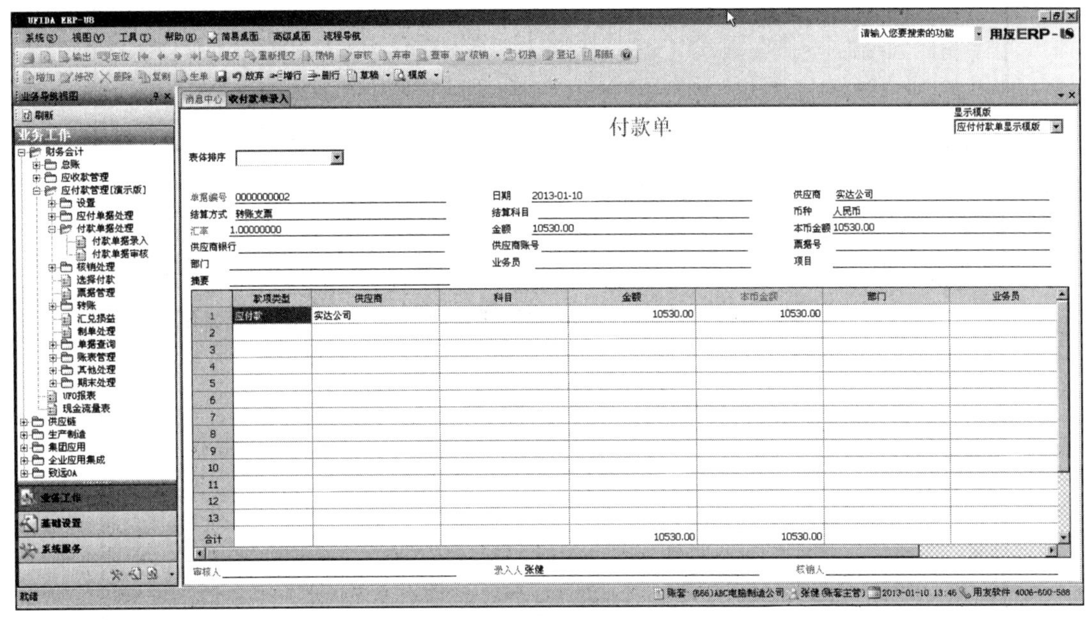

图 5-23　付款单

③ 单击【保存】按钮，然后单击【审核】按钮，弹出对话框，系统提示“是否立即制单？”，单击【是】按钮，显示该张付款单生成的凭证。

④ 输入借贷方科目，单击【保存】按钮，凭证传至总账系统，如图 5-24 所示。

（2）记账凭证查询

操作步骤：

① 单击“业务工作”标签，选择“总账”→“凭证”→“查询凭证”选项，弹出“查询凭证”对话框。

② 选择凭证类别为“记账凭证”；月份：2013.01，单击【确定】按钮。

查询到三张凭证，如图 5-25 所示。

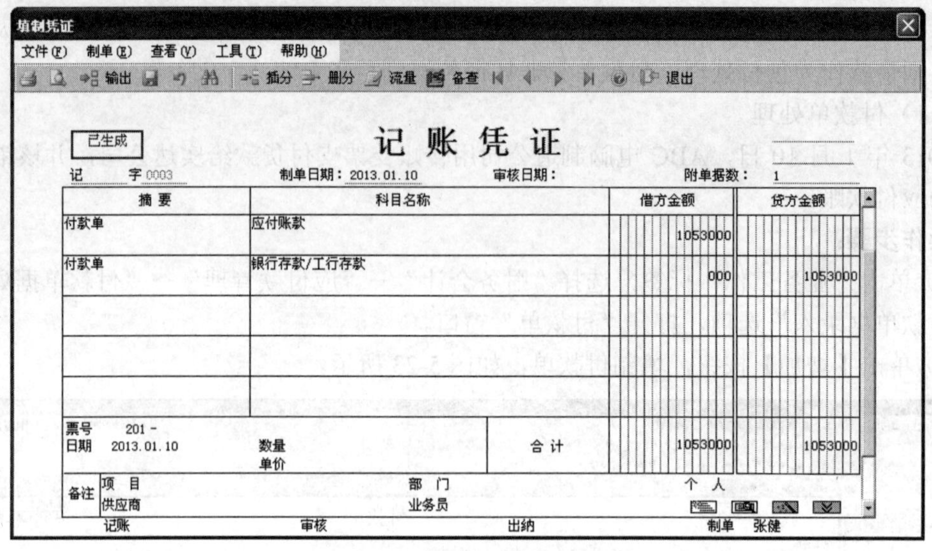

图 5-24 付款单生成的凭证

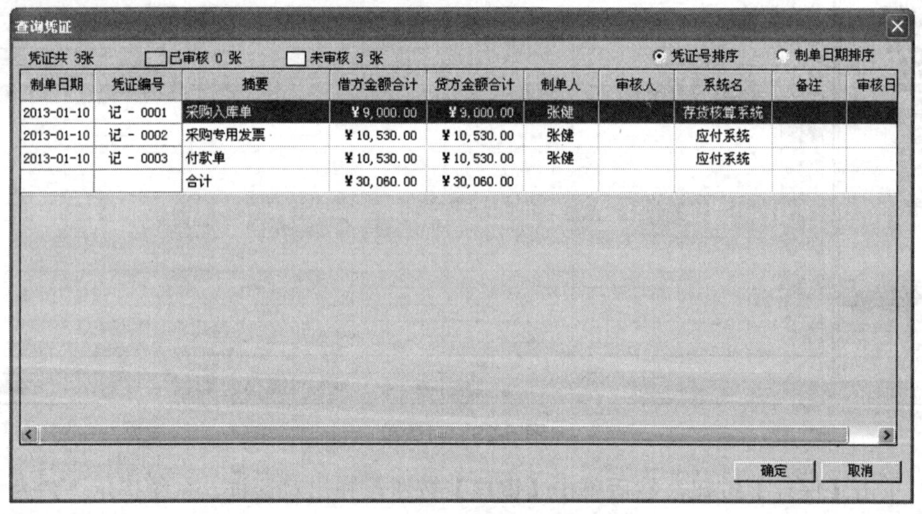

图 5-25 查询凭证

③ 双击“采购入库单”，弹出该单的记账凭证。

（3）核销处理

核销处理是针对采购发票与付款单据的核销，以便于财务查询某个供应商的应付账款和已经付过的账款情况。

2013 年 1 月 10 日，对供应商“实达公司”的应付款单与采购专用发票进行核销处理。

操作步骤：

① 单击“业务工作”标签，选择“财务会计”→“应付款管理”→“核销处理”→“手

工核销”选项，弹出“核销条件”对话框。

② 选择“供应商：实达公司”，单击【确定】按钮，打开“单据核销”窗口，如图 5-26 所示。窗口上方显示“付款单”数据，窗口下方显示“采购专用发票”数据。

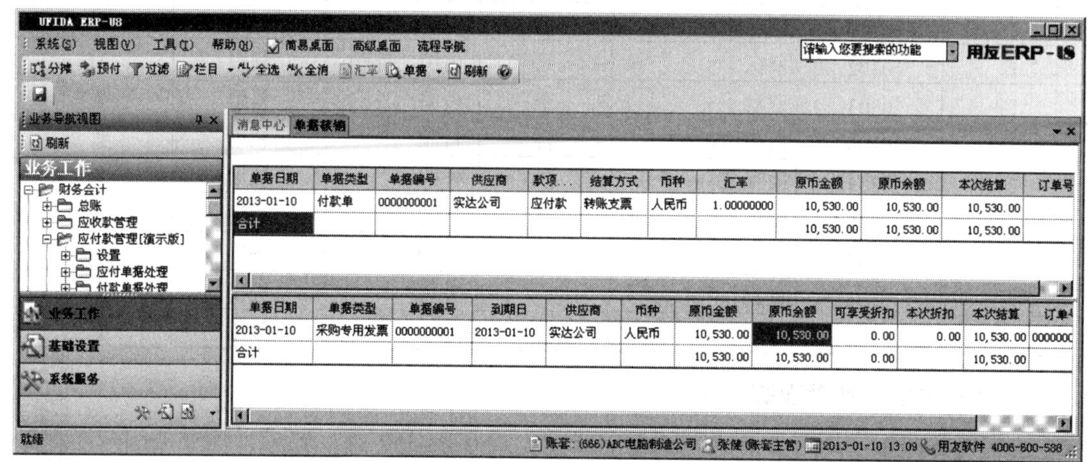

图 5-26 付款单与发票核销

③ 核销将付款单的“本次结算”栏中的金额数，填写在采购专用发票的“本次结算”栏中。

④ 单击【保存】按钮，完成核销。

思考题

1. 采购管理的主要任务是什么？
2. 采购管理系统由哪几个子系统组成？它覆盖了哪几个部门？
3. 简述普通采购业务应用模式，你认为该模式可以修改吗，如何修改？
4. 简述普通采购业务的业务流程、操作顺序，以及它涉及了哪些岗位？
5. 分析在本章实训中，采购入库记账是在什么操作时进行的？
6. 描述如果采购管理采取“先付款，后收货”，其应用模式应该如何修改？

练习题

1. 物料库存查询练习

查询库存现存量并填入表 5-2 中。

表 5-2　查询“商务电脑”BOM 的库存

阶　码	物料编码	物料名称	单　位	存货属性	生产耗用	现有库存量
0	0102	商务电脑	台	内销，自制	领用	?
1	0301	显示器	台	内销，外购	领用	?
1	0302	鼠标	只	内销，外购	领用	?
1	0303	键盘	个	内销，外购	领用	?
1	0203	商务主机	台	自制	领用	?
2	0304	内存条	条	外购	领用	?
2	0305	硬盘	个	外购	领用	?
2	0308	商务主板	块	外购	领用	?
2	0201	机箱	台	委外	领用	?
3	0401	金属板（1*2M）	片	外购	领用	?

2．模拟企业采购管理练习

工作任务：生产计划员请购：硬盘 100 个，内存条 350 条，要求采购业务扣减库存量后执行采购业务。按照表 5-1 做多用户的采购管理系统练习。

（1）要求

① 岗位策划。参考表 5-1 进行多角色分工，用户授权，以团队分工协作的方式。按照图 5-2，做生产订单的操作，并学会分析产品生产的信息。感受企业真实的产品生产的过程，体会团结、协同、高效运作的快乐。

② 环境准备。设置系统日历 2013 年 1 月 2 日；指定信息主管的主机为服务器；引入 D:\生产制造管理账套-2；按照表 5-1 资料增加用户、角色、授权。

（2）岗位分工作业

① 生产计划部门生产计划员：请购硬盘 100 个。

② 采购二部门采购业务员：

填制/审核采购订单，硬盘 60 个，原币单价 800 元；内存条 50 条，原币单价 200 元，供应商：科威公司。填制到货单，填制/结算收到专用采购发票的信息。

③ 仓储部材料仓管员：参照“到货单”填制/审核采购入库单。

④ 财务部的材料会计：成本核算。

⑤ 财务部的应付会计：付单款处理，制单处理。

⑥ 财务部的出纳：出纳填制/审核付款单，核销处理。

（3）作业信息分析

① 截图采购入库后的存货现存量。

② 截图库存管理的出入库流水账。

③ 截图采购管理的采购综合统计表。

第6章

生产管理

6.1 背景知识

6.1.1 生产管理简介

生产管理是 ABC 电脑制造公司产品制造管理系统中的子系统，参考图 1-4，生产管理是制造型企业产、供、销三大核心业务之一。

生产管理是制造型企业中的重要增值环节。它的主要任务是执行主生产计划、物料需求计划、能力需求计划。因此，生产管理的目标是按时、按量地完成企业的主生产计划，确保车间作业的顺利执行，保证生产出用户满意的产品来，确保产品销售工作的顺利开展，同时还要求控制产品的生产成本。

6.1.2 生产管理应用模式

图 6-1 是一个典型的、离散型的生产技术类型。它是从图 1-4ABC 电脑制造公司生产制造管理应用模式中分解出来的。它是企业常用的集产品数据管理、生产计划、生产管理、车间作业、库存管理与成本核算为一体的生产管理解决方案。

1. 生产管理应用模式的特点

（1）应用模式相对固化了产品加工中的活动与业务流程。它覆盖企业车间之间的产品生产的信息。从信息系统处理的角度，生产管理应用模式能够采集、存储、传递产品在加工过程中所有的制造活动信息。

（2）产品生产信息的传递消除了部门之间的障碍，人为的障碍，地点与时空的障碍。

（3）生产管理应用模式基于企业内部网络（Intranet）的 ERP 平台的、交互式的作业方式。

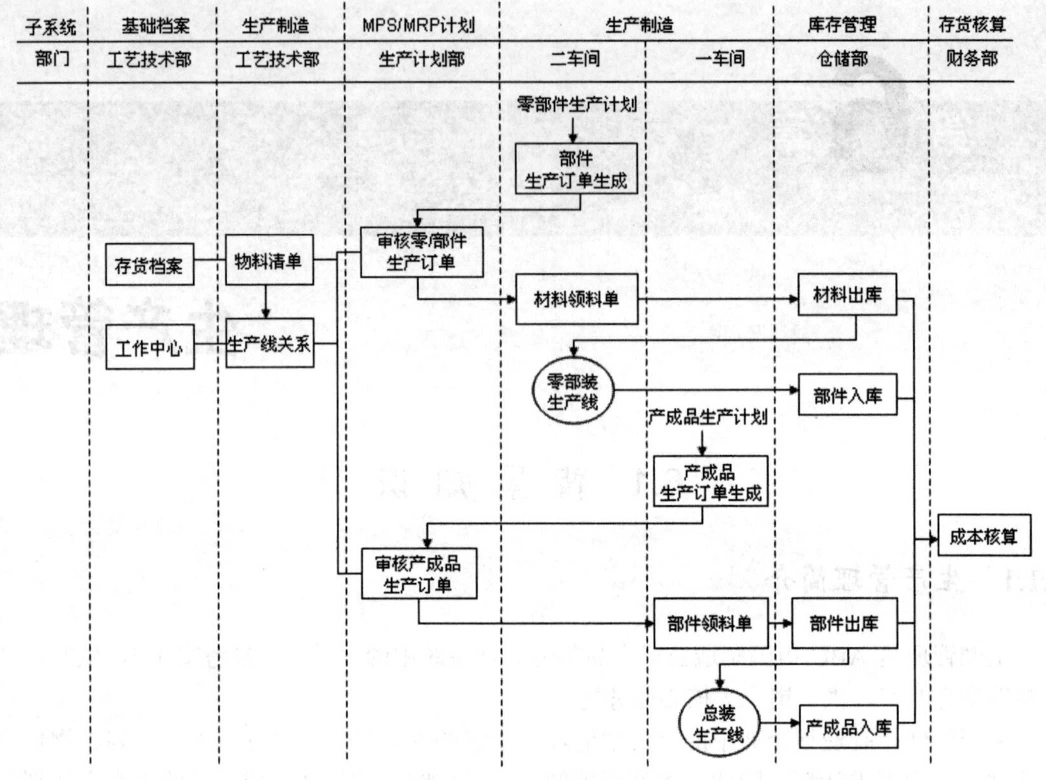

图 6-1　生产管理应用模式

2．生产管理应用模式的应用

（1）应用模式规范：企业里的每一个产品的作业流程都是从生产计划开始的，由生产订单生成，生产材料的领料，产品的加工，产品的完工入库，最终截止在产品的生产成本核算，即六类单据处理的过程。

（2）而对应于每一类单据的控制都有生产订单审核、材料领料出库审核、产品加工完成后入库审核和产品生产成本核算四种控制。

（3）生产管理系统实时地采集、存储、传递每一个产品制造过程中的所有活动信息。它们包括物流信息和价值流信息，并将这些信息及时地、准确地提供给业务流程“下游”的部门，用来推动生产作业流程的运作。

因此，ERP 平台车间作业的实现，要从两个方面去理解。一是系统前台，各部门都在“企业应用平台”上，按业务流程进行“人机交互式”的生产作业活动；二是系统后台，有一双看不见的“手”采集、存储、传递及处理产品生产活动的信息。正是这双看不见的“手”在帮助企业提高车间作业的效率。

6.1.3 生产管理业务流程

生产管理的业务流程与企业采用的生产方式有着密切的关系。例如按设备分类组织生产的方式有两种：一种是任务型的生产订单管理；另一种是重复生产计划类型的生产订单管理。

1．任务型的生产订单

一般应用于机械精加工的产品，它采用多工作中心、多工序的生产方式。它的工艺要求比较严格，而且产品生产的工艺路线也不固定。它属于“大制造、小装配”：小批量生产，多工序加工，不均衡生产方式，材料的信息量不大。

2．重复生产计划类型的生产订单

重复生产计划的生产订单（简称重复计划），一般采用生产线的组织方式。其产品的工艺路线比较固定，而且多种产品同时可以在一条线上生产。它属于“大生产、小制造”：大批量地、重复地生产，生产计划较为均衡。重复计划常用于部件组装和成品总装生产，例如空调生产线、冰箱生产线、电脑生产线等。

在现代制造企业中，重复计划的应用越来越普遍。原因是它的加工技术简单，工艺固定，大批量的生产且要求生产周期短，它具有物流量大、信息量大的特点。为此，ERP 系统重复计划的功能得到了普及与应用。重复计划的业务流程如图 6-2 所示。

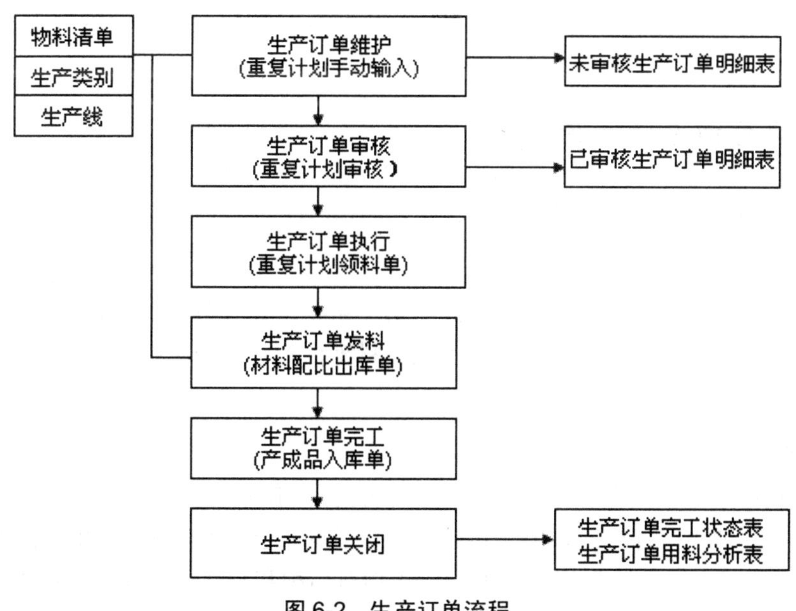

图 6-2 生产订单流程

6.1.4 生产管理系统的构成

在传统的生产管理中，任务型的产品制造是通过生产计划单、派工单、材料限额领料单、材料出库单、生产完工单、产成品入库单等进行生产管理的。

其实在企业的生产运作中，但凭这些单据进行管理是会大打折扣的。例如这些单据上的数据与工作中心、物料清单和工艺路线没有建立联系，人们不理解为什么要这样做，怎样做才是正确的。又如，不可能每一个单据上都与生产订单建立关系。一旦工序长了，产品的信息在传递中就会变形，这样产品的生产结果是很难想象的。为了避免异常事件发生，企业的解决方案便是多投入一点人力，通过跟踪每一个工作环节，杜绝问题的发生。再例如传统的生产作业过程，每一个作业环节都是在复制前一道作业的信息，如果某一信息发生变形，则产品的最终生产结果将会与预先计划的也完全不同。

因此，要保证产品良好的生产状态，首先必须具有充分的数据和及时、准确的信息，这是基本条件；其次必须能做到生产计划实时控制。用现代生产管理的话来说，生产计划必须能“在线”控制，而且是“在线”控制每一道作业产品的加工品种、数量与质量等状态。

这样就要求生产管理系统包括基础数据管理、产品资料管理、MPS/MRP 计划、生产管理、库存管理、存货核算六个子系统。它能覆盖工艺技术部门、生产计划部门、车间、仓储部门、成本管理的日常业务。如果按部门、按专业分工，它覆盖产品的工艺设计流程、生产流程、库存管理流程、存货核算流程四个流程。每一个流程都设有多个岗位，参考表 6-1。

6.1.5 生产管理系统工作原理

产品生产的工作原理，以及 ERP 系统的数据处理技术如下。

1．工艺技术部门

工艺技术部门要用到基础档案和生产制造子系统，参考图 6-1。当企业决定生产新产品时，工艺技术部门必须将新产品的生产工艺资料维护到基础档案中，例如，维护存货档案、BOM、新产品与生产线的关系等。

2．车间管理

一般在企业中都设置有多个车间。各车间均根据 MPS/MRP 提供的生产计划信息，编制生产订单。在处理生产订单时，系统自动地与产品的工艺路线、BOM 和工作中心的数据连接。这样，仓库就可以按照生产订单上指定的物料品种和数量，发放到指定的工作中心（或生产线）上进行加工产品。当生产订单加工完成后，填制产品入库单，将成品暂时存放在仓库里。

3．生产计划部门

生产订单处理。产品的生产订单可以通过企业的生产计划部门控制，也可以下放到车间控制，也就是说，审核生产订单的权利集中管理，由企业的生产管理目标确定。当生产订单与生产线建立关系时，可以计算产品的生产能力；当生产订单与 BOM 建立关系时，可以控制产品的加工数量、物料领用数量、产品的入库数量等。

4．仓储部门

在生产管理中，仓库的物料管理分为原材料领料、部件领料、部件（或半成品）入库、产成品入库四种业务活动。

（1）当部件生产订单审核时，原材料仓库按照部件生产订单进行原材料的出库，原材料仓库自动记账；原材料出库的信息将自动传递至存货核算系统。

（2）当产成品生产订单审核时，半成品仓库按照产成品生产订单进行部件的出库，半成品仓库自动记账，部件出库的信息将自动传递至存货核算系统。

5．成本管理部门

由于产品的生产是在各车间，或各个加工中心，或生产线中进行的，所以生产管理系统与存货核算系统可以无缝连接，成本管理部门可以直接对产品的生产过程进行信息分析。

6.2　实训指导

6.2.1　实训内容

- 产品生产资料维护实训。
- 生产订单（重复计划）实训。
- 材料领料单实训。
- 产成品入库实训。

6.2.2　实训要求

1．技能要求

（1）学会产品生产管理的技能。

（2）学会在 ERP 系统环境下，产品生产订单管理的技能。

（3）学会材料领用的管理技能。

（4）学会产成品入库的管理技能。

（5）理解产品制造物流的信息。

2．环境要求

在单用户环境下，按表 6-1 资料、图 6-2 生产订单（重复计划）的业务流程，一个人模拟多岗位进行操作。

表 6-1　生产管理模拟企业分工

用　户	角　色	部　门	岗　位	操作内容
admin		信息部门	信息主管	引入 D:\生产制造管理账套-2
1002	生管人员	一车间	班组长	填制产品生产订单
1003	物料计划员		物料员	领用材料，打印产品的领料单
1004	生管人员	二车间	班组长	填制部件生产订单
1005	物料计划员		物料员	领用材料，打印部件的领料单
1001	产品计划员	生产计划部	产品计划员	审核部件和产成品的生产订单
6001	仓库主管	仓储部门	材料仓管员	填制/审核材料出库单
6002	仓库主管		半成品仓管员	填制/审核部件入库单，填制/审核部件出库单
6003	仓库主管		产成品仓管员	填制/审核产成品入库单

6.2.3　实训准备

1．账套引入

系统日历 2013-01-02，以 admin 的身份登录“系统管理”平台，将 D:\生产制造管理账套-2 引入至系统。

2．登录“企业应用平台”

以操作员：“1000，张健”账套主管的身份；输入密码：无；选择账套：[666]ABC 电脑制造公司，登录“企业应用平台”，进行生产管理的实训。

3．生产管理准备

（1）生产订单类别维护

维护表 6-2 生产订单类别的资料。

操作步骤：

① 单击“业务工作”标签，选择“生产制造”→“生产订单”→“基本资料维护”→“生产订单类别资料维护”选项，打开“生产订单类别资料维护”窗口。

② 单击【增加】按钮，输入表 6-2 资料，如图 6-3 所示。

③ 单击【保存】按钮。

表 6-2 生产订单类别

序　号	类 别 号	类 别 说 明
1	ZC	正常生产
2	WX	维修生产
3	CX	拆卸生产

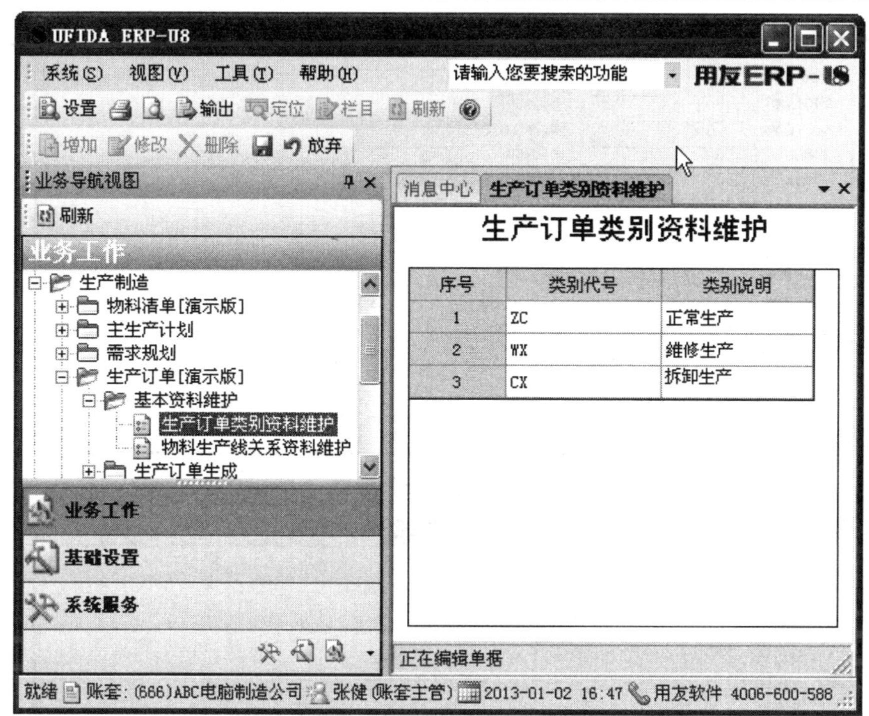

图 6-3 生产订单类别维护

提示：

- 类别的名称说明必须输入。
- 生产订单类别代号必须输入，一旦类别代号被其他任何资料引用，则不可以删除。
- 如果需要删除，则先要删除它的引用资料。
- SQL Server 服务器服务（R）选择（Distributed Transaction Coordinator）。

（2）产品存货档案维护

将在生产线上生产的产品定义为“重复计划”类型的生产方式。例如“0101，家用电脑”“0202，家用主机”，参考本书第3章的存货信息的基本属性设置，如图6-4所示，选择MPS/MRP选项卡，选中“重复计划”复选框，如图6-5所示。

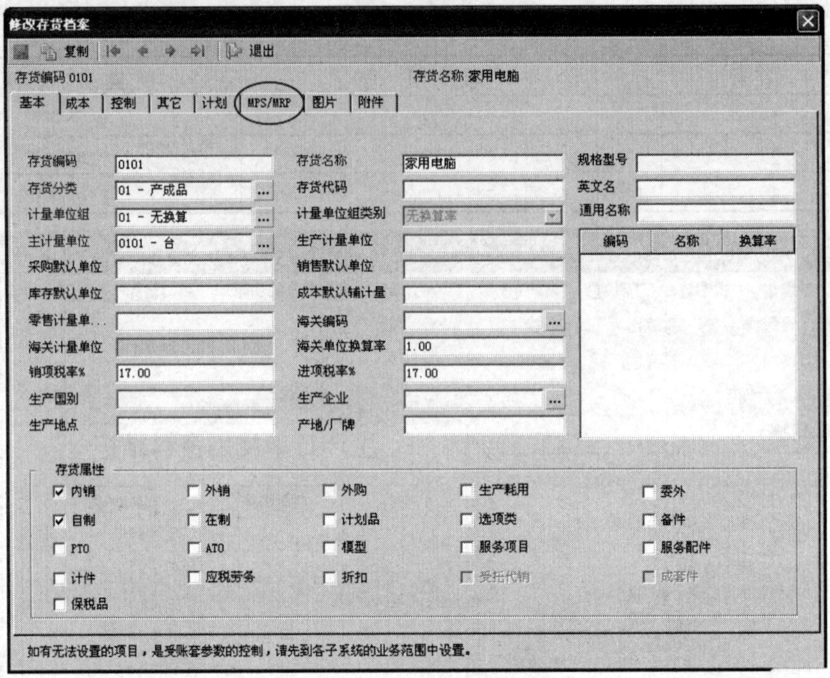

图 6-4　修改存货档案

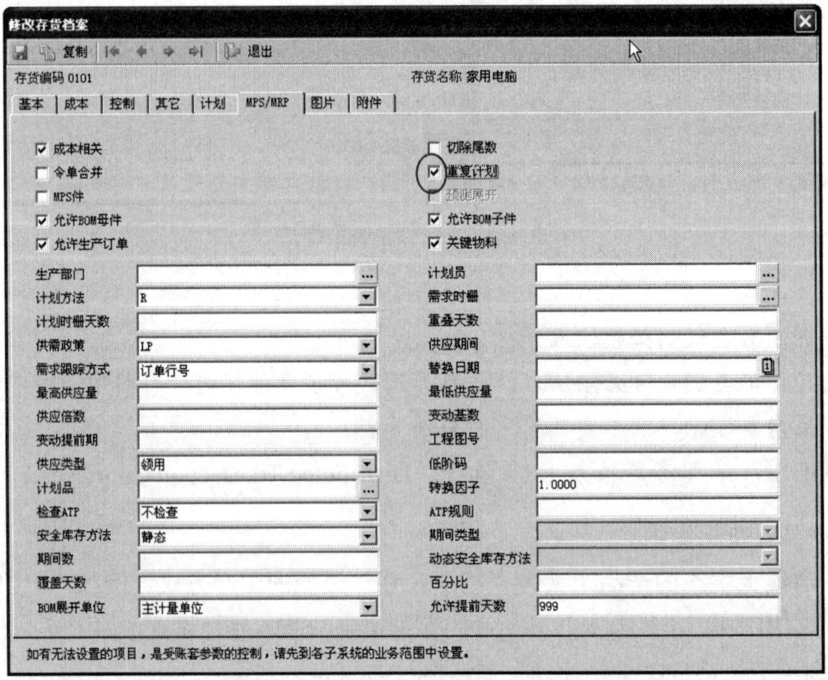

图 6-5　选择重复计划

（3）产品与生产线连接

重复计划通常是针对生产线设计的，它的工艺设计较简单，可以采用默认产品的物料清单作为工艺路线。这样在生产准备时，只须输入产品的物料清单（BOM），生产订单执行时，系统自动关联 BOM 生成材料领用的信息，从而实现材料成本的控制。

但是产品在生产前，必须要维护产品的物料生产线关系的信息：生产线、优先级、日产量，即输入表 6-3 资料。

表 6-3 物料生产关系资料

物料编码	物料名称	生产线	生产线说明	优先级	日产量
0101	家用电脑	001	电脑总装生产线	1	100
0202	家用主机	002	电脑部装生产线	1	100

操作步骤：

① 单击“业务工作”标签，选择“生产制造”→“生产订单”→“基本资料维护”→“物料生产线关系资料维护”选项，打开“物料生产线关系资料维护”窗口。

② 单击【增加】按钮，表头输入“物料编码：0101”，系统自动带出“家用电脑”物料名称。

③ 表体输入：表 6-3 资料，生产线：001；生产线说明：电脑总装生产线；优先级：1；日产量：100，如图 6-6 所示。

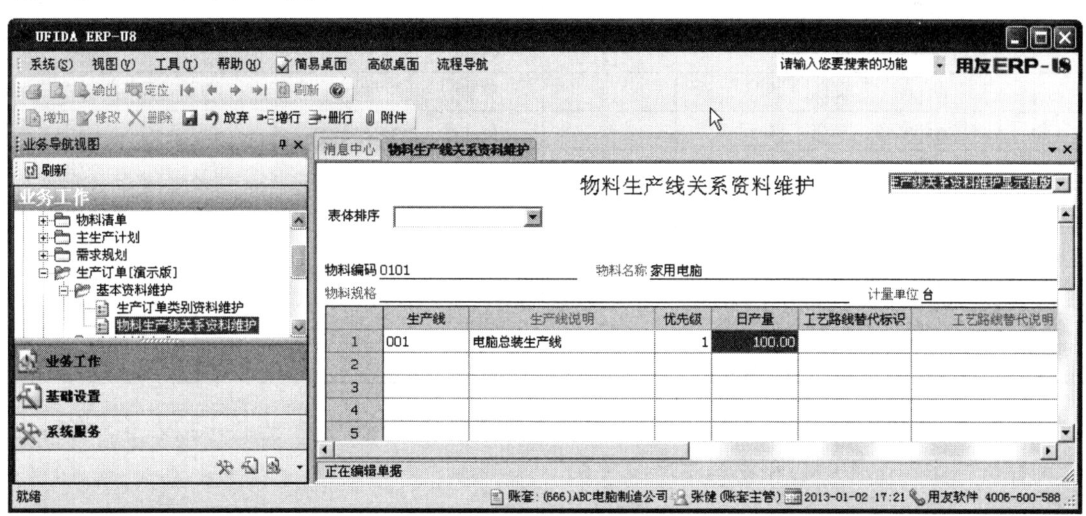

图 6-6 物料生产线关系维护

④ 单击【保存】按钮。

按照此方法，继续完成维护“0202，家用主机”生产线：002 的物料生产线关系的资料。

6.3 生产管理系统实训

一般系统支持生产订单的输入方式有两种：重复计划手动输入与重复计划自动生成。本章实训为重复计划手动输入方式。重复生产订单自动生成参考本书第 8 章。

6.3.1 典型案例描述

1. 情境描述

（1）系统日历：2013 年 1 月 2 日，生产计划部门向二车间下达 000000001 号生产订单：生产 10 台家用主机。

（2）系统日历：2013 年 1 月 3 日，生产计划部门向一车间下达 000000002 号生产订单：生产 17 台家用电脑。

2. 基本素质

（1）熟悉“家用电脑”的产品结构，查询其 BOM 资料，参考表 6-4。

表 6-4 “家用电脑”的 BOM 资料

阶码	物料编码	物料名称	单位	自制	生产消耗	重复计划	供应类型
0	0101	家用电脑	台	自制	否	是	
1	0301	显示器	台	外购	是	否	领用
1	0302	鼠标	只	外购	是	否	领用
1	0303	键盘	个	外购	是	否	领用
1	0202	家用主机	台	自制	是	是	领用
2	0304	内存条	条	外购	是	否	领用
2	0305	硬盘	个	外购	是	否	领用
2	0308	家用主板	块	外购	是	否	领用
2	0201	机箱	台	委外	是	否	领用
3	0401	金属板（1*2M）	片	外购	是	否	领用

（2）建立“家用电脑”和“家用主机”生产资料与工作中心的连接。按表 6-5 资料，查询存货档案、工作中心和物料生产线关系。

表 6-5 产品生产的基本资料

物料编码	物料名称	单位	存货属性	部门	工作中心代号	工作中心名称
0101	家用电脑	台	自制	一车间	001	电脑总装生产线
0202	家用主机	台	自制	二车间	002	电脑部装生产线

（3）维护表 6-6 资料。

表 6-6　重复生产计划资料

订单号	物料编码/名称	订单类别	生产线	生产数量	首/末件开工日 首/末件完工日	预入仓库	生产部门
000000001	0202 家用主机	ZC	002	10	2013.1.2	半成品仓库	二车间
000000002	0101 家用电脑	ZC	001	17	2013.1.3	产成品仓库	一车间

（4）了解产品材料的领用情况，如表 6-7 和表 6-8 所示，参考图 6-9，单击【子件】按钮。

表 6-7　“家用主机”的材料领用情况

订 单 号	物 料 编 码	物 料 名 称	单 位	用 量	领 用 仓 库
0000000001	0304	内存条	条	1	外购品仓库
	0305	硬盘	个	1	外购品仓库
	0308	家用主板	块	1	外购品仓库
	0201	机箱	台	1	半成品仓库

表 6-8　“家用电脑”的材料领用情况

订 单 号	物 料 编 码	物 料 名 称	单 位	用 量	领 用 仓 库
0000000002	0301	显示器	台	1	外购品仓库
	0302	鼠标	只	1	外购品仓库
	0303	键盘	个	1	外购品仓库
	0202	家用主机	台	1	半成品仓库

3．知识链接

（1）结合采购管理、物流管理、财务管理多专业的知识，理解现代管理的应用技术。

（2）结合企业信息管理知识，理解采购业务流重组的应用技术。

6.3.2　部件生产实训

部件生产加工，一般要到原材料仓库领料，在车间加工成为部件，暂存放在半成品仓库里，待产成品加工时领用。

1．部件生产订单

（1）填制生产订单

2013 年 1 月 2 日，二车间的班组长，依据表 6-6 资料，手动输入“家用主机，生产数量：10 台”重复计划的生产订单。

操作步骤：

① 单击“业务工作”标签，选择“生产制造”→“生产订单”→“生产计单生成”→“重复计划手动输入”选项，打开“重复计划手动输入”窗口。

② 单击【增加】按钮，输入“物料编码：0202”，“订单类别：ZC”，“生产线：002”，“生产数量：10”，“首件开工日：2013-01-02”，“首件完工日：2013-01-02”，“末件开工日：2013-01-02”，“末件完工日：2013-01-02”，“预入仓库：002”，即半成品仓库，生产部门系统自动带出“二车间”，BOM 自动带出“主 BOM”，工艺路线默认“主 BOM”。生产订单状态为：锁定。

③ 单击【保存】按钮，如图 6-7 所示。

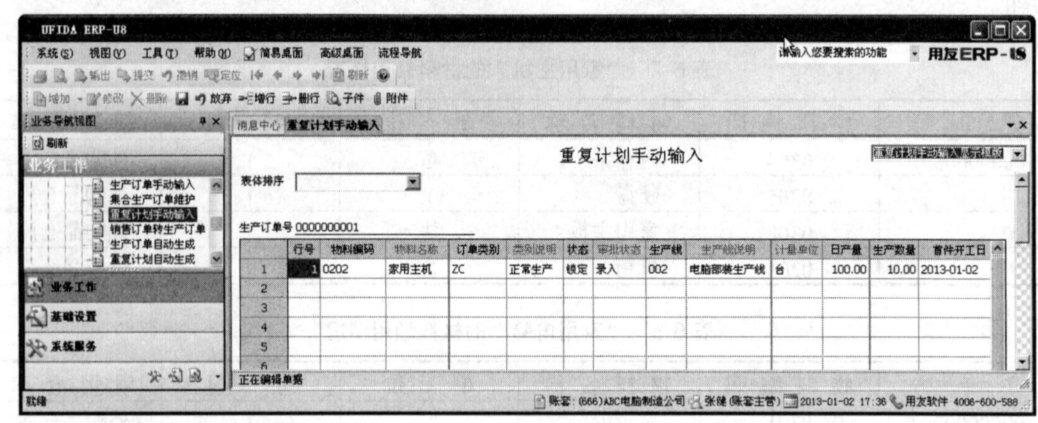

图 6-7　部件生产订单维护

（2）部件生产订单查询

操作步骤：

① 单击“业务工作”标签，选择“生产制造”→“生产订单”→“报表”→“未审核订单明细表”选项，弹出“过滤条件选择-未审核生产订单明细表”对话框。

② 选择“物料编码：0202 到 0202”，单击【过滤】按钮，弹出“未审核生产订单明细表”窗口，如图 6-8 所示。

（3）部件生产订单的状态

生产订单有四种状态：锁定/未审核、已审核、关闭、删除。企业各部门可根据生产订单的状态，跟踪它们的执行情况。

① 生产订单的四种状态：

- 锁定/未审核——正在输入过程中的生产订单，对它可以修改。
- 已审核——确定的生产订单是可以执行的，对它可以弃审。
- 关闭——生产订单执行完毕或确定不能执行，可以关闭或还原。

● 删除——删除的生产订单是不能查询的。

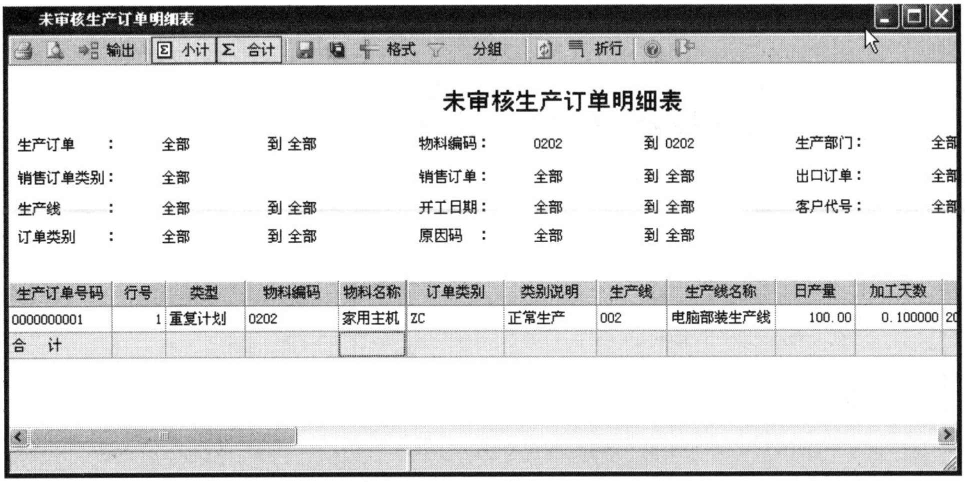

未审核生产订单明细表

输出 小计 合计 格式 分组 折行

未审核生产订单明细表

生产订单　：	全部	到 全部	物料编码：	0202	到 0202	生产部门：	全部
销售订单类别：	全部		销售订单：	全部	到 全部	出口订单：	全部
生产线　：	全部	到 全部	开工日期：	全部	到 全部	客户代号：	全部
订单类别　：	全部	到 全部	原因码　：	全部	到 全部		

生产订单号码	行号	类型	物料编码	物料名称	订单类别	类别说明	生产线	生产线名称	日产量	加工天数	
0000000001	1	重复计划	0202	家用主机	ZC	正常生产	002	电脑部装生产线	100.00	0.100000	20
合　计											

图 6-8　部件生产订单查询

② 生产订单修改、删除处理：

● 已审核单据不能修改、删除，如要修改、删除，需要先弃审。

● 已关闭单据不能修改、删除，如要修改、删除，需要先还原。

2．部件生产订单处理

部件生产订单处理有修改、审核与弃审、关闭和还原。

（1）部件生产订单修改

生产订单生成后，无论是自动生成或手动生成都属于未审核的订单。此时的生产订单还可以通过“生产订单手动输入”及“重复计划手动输入”进行修改，系统还提供对母件资料、子件资料进行新增、修改、删除、查询、子件维护、打印等功能。

操作步骤：

① 单击“业务工作”标签，选择“生产制造”→“生产订单”→“生产计单生成”→“重复计划手动输入”选项，打开“重复计划手动输入”窗口。

② 单击【修改】按钮，选择行号，可以直接修改生产订单上的数量、预装仓库等资料。

③ 单击【保存】按钮，完成生产订单的输入。

④ 单击【子件】按钮，弹出“重复计划手工输入-子件资料”对话框，可以查询或修改子件的“基本用量”，如图 6-9 所示。

（2）部件生产订单审核

只有审核后的生产订单，各车间才可以执行。即产品生产进入领料、加工、完工报告各作业环节。审核“000000001”生产订单。

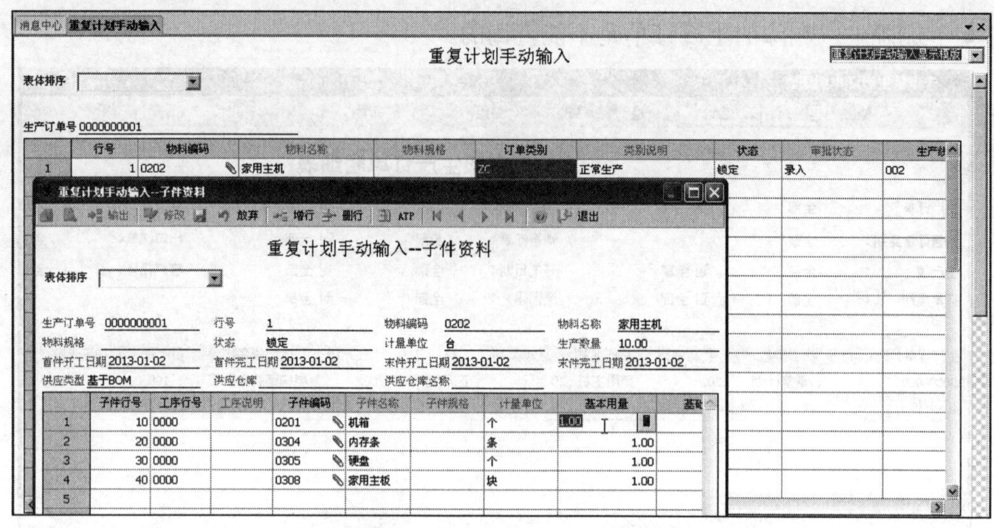

图 6-9 部件生产订单修改

操作步骤：

① 单击“业务工作”标签，选择“生产制造”→“生产订单”→“生产订单处理”→“生产订单整批处理”选项，弹出“过滤条件选择”对话框。

② 选择“生产订单类型”下拉列表中的重复计划；生产订单：锁定；审批状态：录入；待审：否。

③ 单击【过滤】按钮，打开“生产订单整批处理”窗口，如图 6-10 所示。

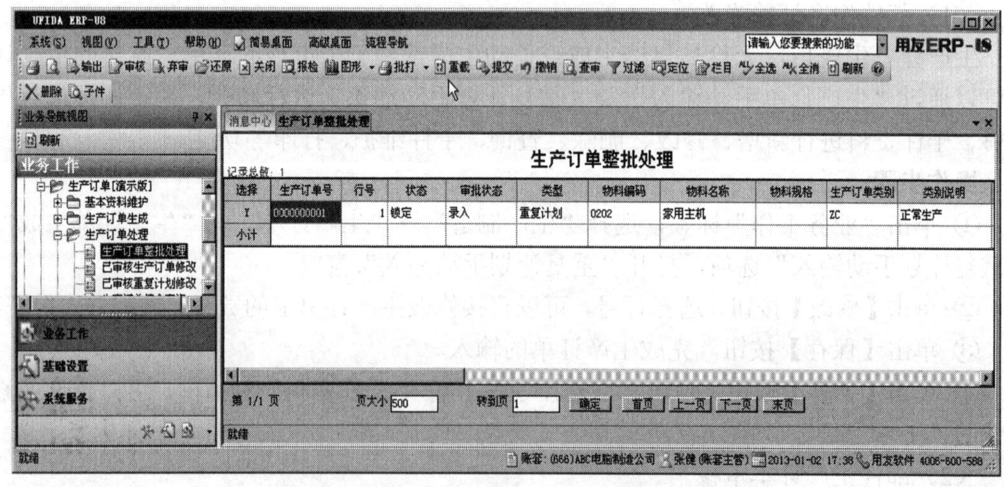

图 6-10 部件生产订单审核

④ 单击【ALL】按钮，选择“生产订单”，单击【确定】按钮，生产订单审核成功。处理后的生产订单状态被修改为“已审核”，可对已审核订单进行查看。

提示：

- 对已经审核的生产订单，在一定的条件下还可以进行弃审，弃审生产订单的约束条件为：已审核未关闭状态；未转车间管理系统；未执行领/退料作业；未输入产品入库单；未报检。
- 表头生产订单状态选择为“审核”并输入其他查询条件后，系统将带出条件范围内的审核状态的生产订单，对表体资料进行选择后，单击【弃审】按钮即可对所选定的生产订单进行弃审处理，弃审后的生产订单其状态被修改为审核前状态。

3．部件生产订单执行

部件生产订单的执行过程分为投料、加工、产出三个过程。投料是生产线依据“生产订单领料单”到材料仓库去领料，材料仓库发料，即二车间部装生产线与材料仓库的交接，双方保留“材料出库单”作为原始凭证；加工是指生产线依据部件的生产工艺要求，生产出合格的部件；产出是指生产线将完工合格的部件送到仓库暂时保存，即二车间部装生产线与半成品仓库的交接，双方都保留“入库单”作为原始凭证。

（1）生产订单领料单

生产领料单是车间领料的依据。一旦生产订单审核后，系统会自动生成领料单。二车间部装生产线可以依据“生产订单领料单”，到外购品仓库去领料。

操作步骤：

① 单击“业务工作”标签，选择“生产制造”→“生产订单”→“报表”→“生产订单领料单”选项，弹出“选择”对话框，选择“重复计划”后， 单击【确定】按钮。

② 弹出“过滤条件选择-生产订单领料单-重复计划”对话框，选择“生产订单：0000000001 到 0000000001”，单击【过滤】按钮，打开“生产订单领料单-重复计划”窗口，如图 6-11 所示。

提示：如果车间管理需要凭证，可以单击【打印机】按钮，复制生产订单领料单。

（2）材料出库

库存管理参照生产订单的领料单，做“配比”功能材料出库单，即产品生产配套材料发放管理，俗称“限额材料领料单”。“配比”材料领料单，是引用的生产订单“子件”用料表中的数据。

即二车间电脑部装生产线，生产 10 台家用主机，“000000001”生产订单的材料出库单。

操作步骤：

① 单击“业务工作”标签，选择“供应链”→“库存管理”→“出库业务”→“材料出库单”选项，打开“材料出库单”窗口。

生产订单领料单--重复计划

生产订单领料单--重复计划

生产订单	：0000000001	到 0000000001	生产订单行号：	全部	到 全部	开工日期：	全部	到 全部
供应类型	：全部		供应仓库	：全部	到 全部	生产部门：	全部	到 全部
销售订单类别：	全部		销售订单	：全部	到 全部	出口订单：	全部	到 全部
订单类别	：全部	到 全部	原因码	：全部	到 全部	客户代号：	全部	到 全部
物料编码	：全部	到 全部	工序行号	：全部	到 全部			

生产订单号码	行号	生产线	生产线名称	物料编码	计量单位	日产量	生产订单数量	首件开工日	末件开工日	物料名称	应领物料编码	应领物料名称
0000000001	1	002	电脑部装生产线	0202	台	100.00	10.00	2013-01-02	2013-01-02	家用主机	0201	机箱
0000000001	1	002	电脑部装生产线	0202	台	100.00	10.00	2013-01-02	2013-01-02	家用主机	0304	内存条
0000000001	1	002	电脑部装生产线	0202	台	100.00	10.00	2013-01-02	2013-01-02	家用主机	0305	硬盘
0000000001	1	002	电脑部装生产线	0202	台	100.00	10.00	2013-01-02	2013-01-02	家用主机	0308	家用主板
合 计												

【用友软件】

图 6-11　部件生产的材料领料单

② 单击【配比】按钮，弹出“配比出库单”窗口，选择“订单号”，弹出“生单来源”对话框，选择“生产订单”，单击【确认】按钮，弹出“过滤条件选择-父项过滤条件”对话框，再选择“生产订单号：0000000001 到 0000000001”。

③ 单击【过滤】按钮，弹出“生产父项选择”窗口，单击【ALL】按钮，关联“生产父项选择和生产所属子项”，检查无错误后，单击【确定】按钮，返回“配比出库单”窗口。

④ 参考表 6-7，输入对应材料出库的仓库编码“002，半成品仓库”、“003，外购品仓库”，如图 6-12 所示。

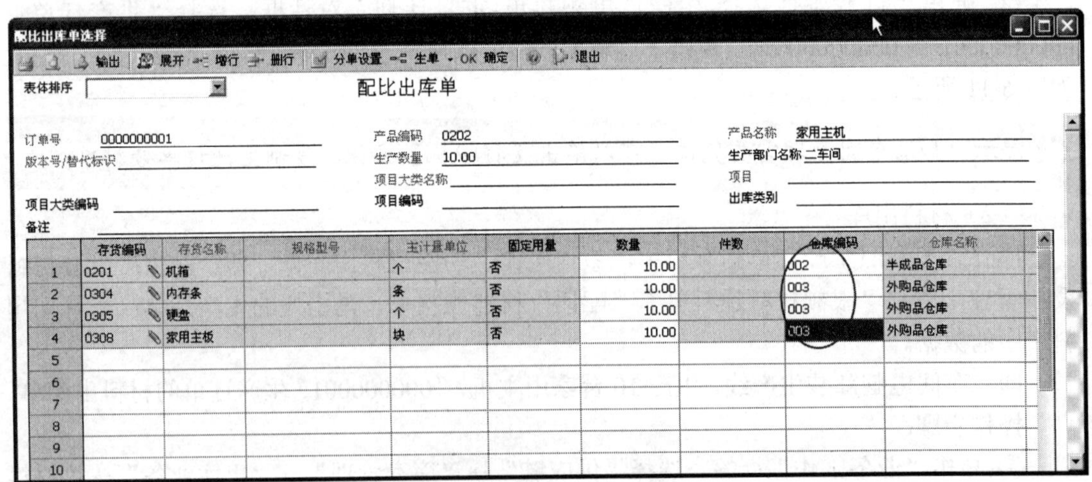
配比出库单选择

配比出库单

订单号	0000000001	产品编码	0202	产品名称	家用主机
版本号/替代标识		生产数量	10.00	生产部门名称	二车间
		项目大类名称		项目	
项目大类编码		项目编码		出库类别	
备注					

	存货编码	存货名称	规格型号	主计量单位	固定用量	数量	件数	仓库编码	仓库名称
1	0201	机箱		个	否	10.00		002	半成品仓库
2	0304	内存条		条	否	10.00		003	外购品仓库
3	0305	硬盘		个	否	10.00		003	外购品仓库
4	0308	家用主板		块	否	10.00		003	外购品仓库
5									
6									
7									
8									
9									
10									

图 6-12　部件生产材料出库单

⑤ 单击【确定】按钮，系统提示“配比出库单已成功生成 2 张材料出库单！”，单击【确

定】按钮，返回到“材料出库单”窗口。

⑥ 外购品仓库货位出库操作。选择表体行中的物料，单击【货位】按钮，输入货位编码、出库数量，如图 6-13 所示，单击【保存】按钮；再选择下一行的物料，继续相同的操作，直到完成。

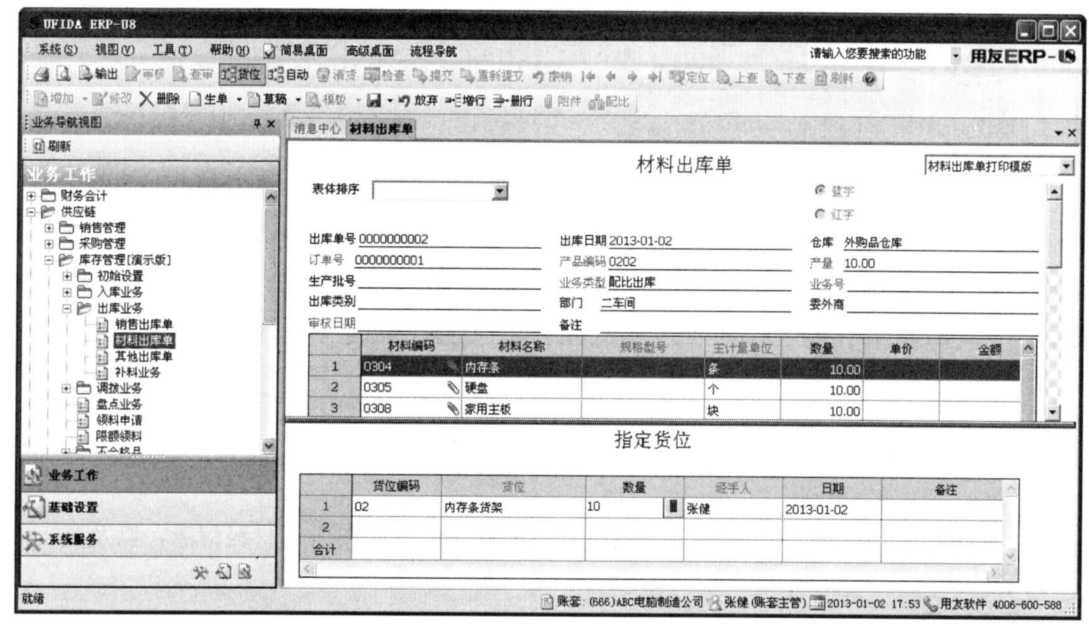

图 6-13　部件生产材料货位出库

⑦ 单击【货位】按钮，退出货位操作。

⑧ 单击【审核】按钮，审核“0000000002”材料出库单。

⑨ 单击 按钮，审核“0000000001”材料出库单。

（3）产品入库

“0000000001”生产订单加工完成后，将完工的“家用主机”入库到半成品仓库。

操作步骤：

① 单击“业务工作”标签，选择“供应链”→“库存管理”→“入库业务”→“产成品入库单”选项，打开“产成品入库单”窗口。

② 选择【生单】文本框的“生产订单（蓝字）”，弹出“过滤条件选择-生产订单列表”，选择“生产订单号：000000001 到 000000001”，单击【过滤】按钮，弹出“生产订单表头”，单击【ALL】按钮，显示“生产订单表体”信息，单击【确定】按钮，返回“产成品入库单”窗口。

③ 单击【保存】按钮，然后单击【审核】按钮，如图 6-14 所示。

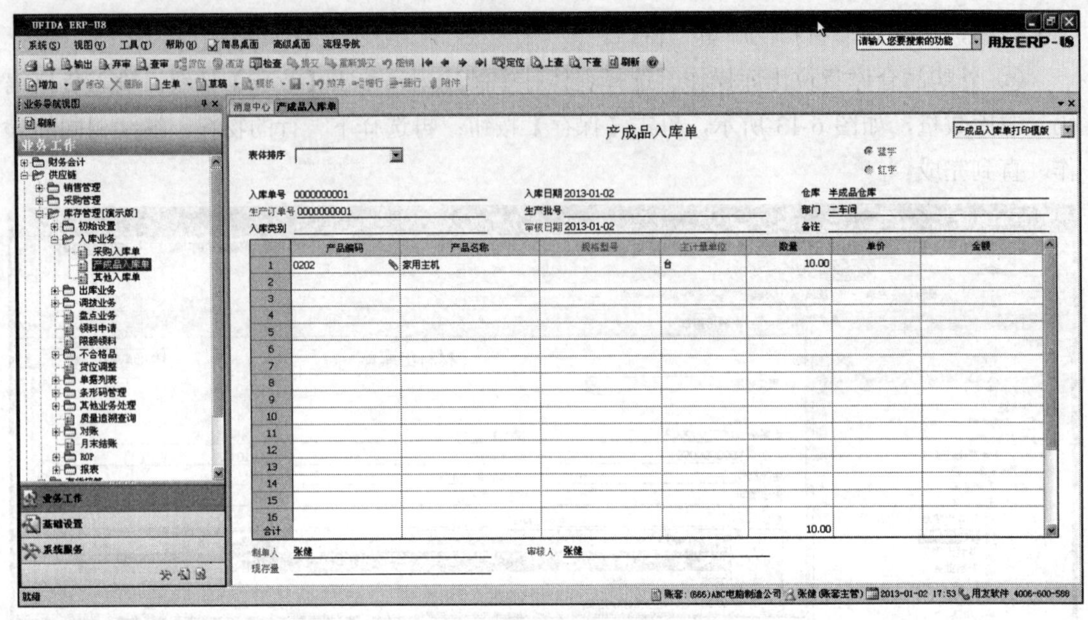

图 6-14　半成品入库

（4）部件完工查询

“0000000001”生产订单加工完成后，马上就可以查询到所用材料信息，以及完工的产品信息。

操作步骤：

① 单击“业务工作”标签，选择“供应链”→“库存管理”→“报表”→“库存账”→“出入库流水账”选项，打开“过滤条件选择-出入库流水账”对话框。

② 选择“单据日期：2013-01-01 到 2013-01-02”过滤条件，打开“出入库流水账”窗口。

③ 单击【过滤】按钮，如图 6-15 所示。

出入库流水账

日期	单据类型	单据号	仓库	部门	制单人	审核日期	存货编码	存货名称	主计量单位	入库数量	出库数量
2013-01-02	材料出库单	0000000001	半成品仓库	二车间	张健	2013-01-02	0201	机箱	个		10.00
2013-01-02	材料出库单	0000000002	外购品仓库	二车间	张健	2013-01-02	0304	内存条	条		10.00
2013-01-02	材料出库单	0000000002	外购品仓库	二车间	张健	2013-01-02	0305	硬盘	个		10.00
2013-01-02	材料出库单	0000000002	外购品仓库	二车间	张健	2013-01-02	0308	家用主板	块		10.00
2013-01-02	产成品入库单	0000000001	半成品仓库	二车间	张健	2013-01-02	0202	家用主机	台	10.00	
合　计										10.00	40.00

图 6-15　部件生产订单完工查询

（5）部件完工库存查询

“0000000001”生产订单完工的产品入库后，马上就可以查询到改变的库存量。

例如，先查询生产前的库存情况：参考表 3-29 库存管理期初列表，填入表 6-9“生产前库存量”栏中；再查询部件生产后的库存变化情况：“库存管理”→“报表”→“库存账”→“现存量查询”填入表 6-9 中，“家用主机”生产前后的库存量对比如表 6-9 所示。

表 6-9 “家用主机”生产前后的库存量对比

物料编码	物料名称	单位	物料仓库	生产前库存量	生产后库存量	库存记账
0202	家用主机	台	半成品仓库	7	17	增加
0201	机箱	台	半成品仓库	50	40	减少
0304	内存条	条	外购品仓库	300	290	减少
0305	硬盘	个	外购品仓库	50	40	减少
0308	家用主板	块	外购品仓库	10	0	减少

6.3.3 产成品生产实训

产成品的生产作业流程与部件是相同的，不同的是领料、投料和入库地点不一样。

1. 产成品生产订单

产成品生产加工时，是从半成品仓库或外购品仓库领料，在总装车间加工成为成品，暂存放在产成品仓库里，等待销售出库。

（1）填制产成品生产订单

2013 年 1 月 3 日，一车间的计划员依据表 6-6 资料，手动输入“家用电脑，生产数量：17 台”的生产订单。

操作步骤：

① 单击“业务工作”标签，选择“生产制造”→“生产订单”→“生产计单生成”→“重复计划手动输入”选项，打开“重复计划手动输入”窗口。

② 单击【增加】按钮，输入“物料编码：0101”，“订单类别：ZC”，“生产线：001”，“生产数量：17”，“首件开工日：2013-01-03”，“首件完工日：2013-01-03”，“末件开工日：2013-01-03”，“末件完工日：2013-01-03”，“预入仓库：001，产成品仓库”，生产部门自动传递“部门：一车间，BOM：主 BOM”资料，工艺路线默认“主 BOM”，生产订单状态为：锁定。

③ 单击【保存】按钮，如图 6-16 所示。

（2）产成品生产订单查询

操作步骤：

① 单击“业务工作”标签，选择“生产制造”→“生产订单”→“报表”→“未审核

订单明细表”选项，弹出“过滤条件选择-未审核生产订单明细表”对话框。

② 选择“物料编码：0101 到 0101”，单击【过滤】按钮，弹出“未审核生产订单明细表”窗口，如图 6-17 所示。

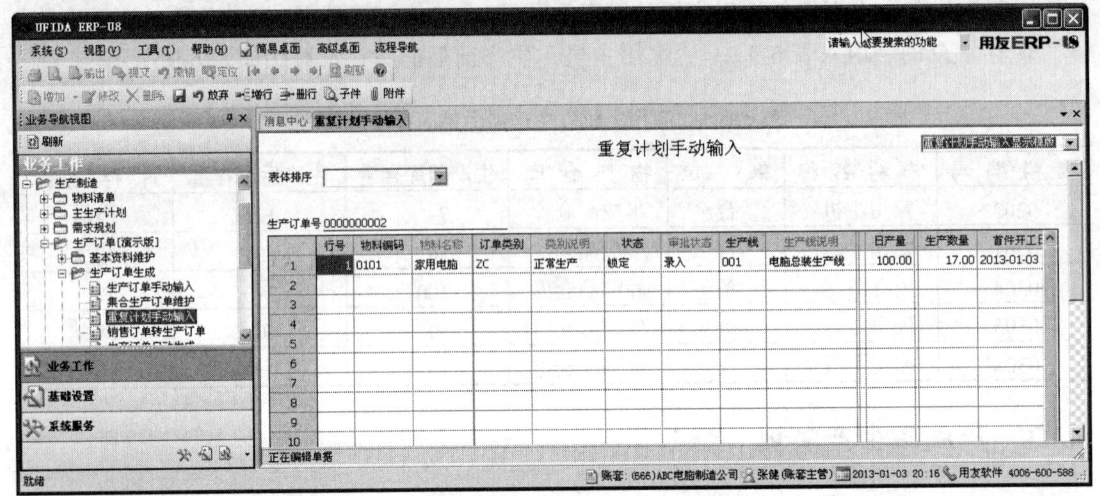

图 6-16 产成品生产订单维护

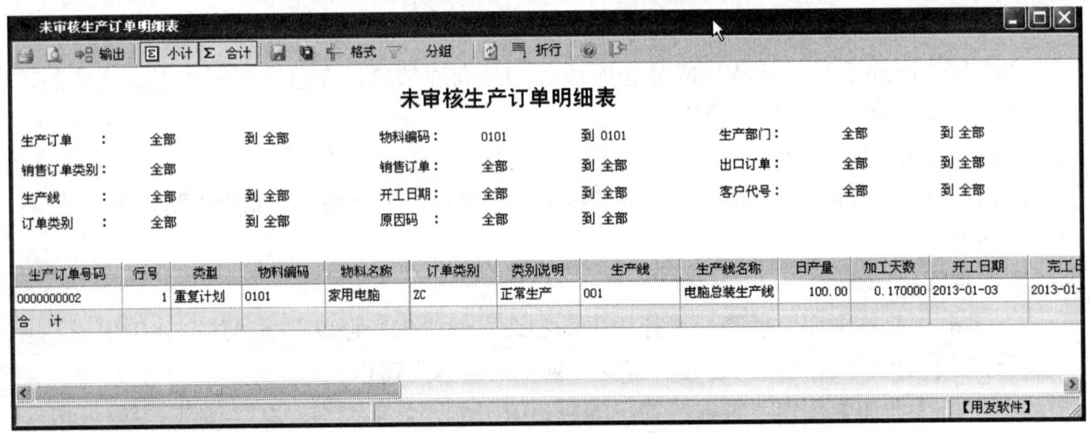

图 6-17 产成品生产订单查询

（3）产成品生产订单的状态

生产订单有四种状态：锁定/未审核、已审核、关闭、删除。企业各部门可根据生产订单的状态，跟踪它们的执行情况。

① 生产订单的四种状态：

- 锁定/未审核——正在输入过程中的生产订单，对它可以修改。
- 已审核——确定的生产订单是可以执行的，对它可以弃审。

- 关闭——生产订单执行完毕或确定不能执行，可以关闭或还原。
- 删除——删除的生产订单是不能查询的。

② 生产订单修改、删除处理：

- 已审核单据不能修改、删除，如要修改、删除，需要先弃审。
- 已关闭单据不能修改、删除，如要修改、删除，需要先还原。

2．产成品生产订单处理

产成品生产订单处理有修改、审核与弃审、关闭和还原。

（1）产成品生产订单修改

假设产成品生产订单查询后，发现生产订单数量问题，可以及时进行修改生产订单。

操作步骤：

① 单击“业务工作”标签，选择“生产制造”→“生产订单”→“生产计单生成”→“重复计划手动输入”选项，打开“重复计划手动输入”窗口。

② 单击【修改】按钮。修改生产订单上的生产数量，例如图 6-18 修改生产数量为 17 台。如果要修改子件，单击【子件】按钮，弹出“重复计划手工输入-子件资料”对话框，便可以修改子件的资料，参考图 6-9。

③ 单击【保存】按钮，完成生产订单修改。

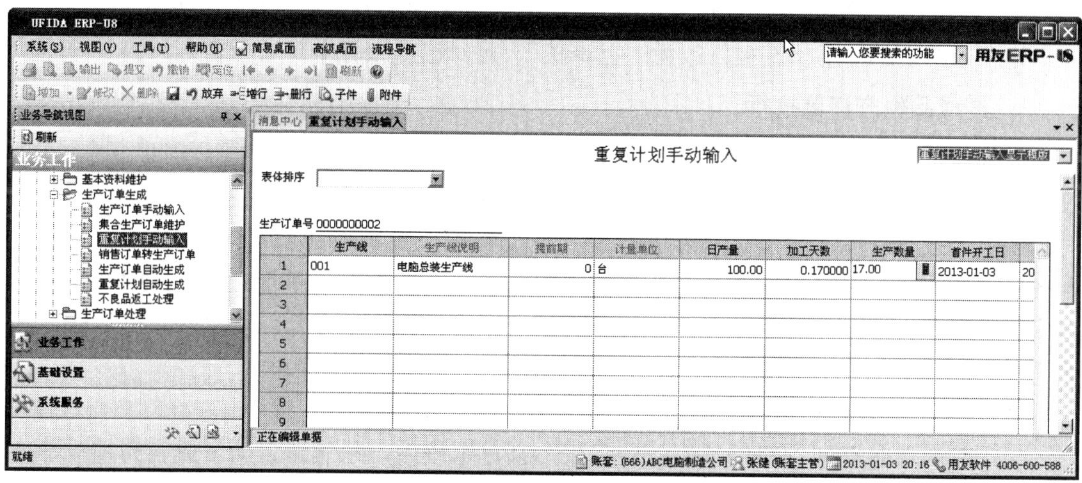

图 6-18　修改产成品生产订单

（2）产成品生产订单审核

只有审核后的生产订单，才正式下达给车间，进入领料、加工、完工报告等作业环节。审核“000000002”生产订单。

操作步骤：

① 单击“业务工作”标签，选择“生产制造”→“生产订单”→“生产订单处理”→

“生产订单整批处理”选项，弹出“过滤条件选择”对话框。

② 选择“生产订单类型”文本框的重复计划；生产订单：锁定；审批状态：录入；待审：否。

③ 单击【过滤】按钮，打开“生产订单整批处理”窗口，如图 6-19 所示。

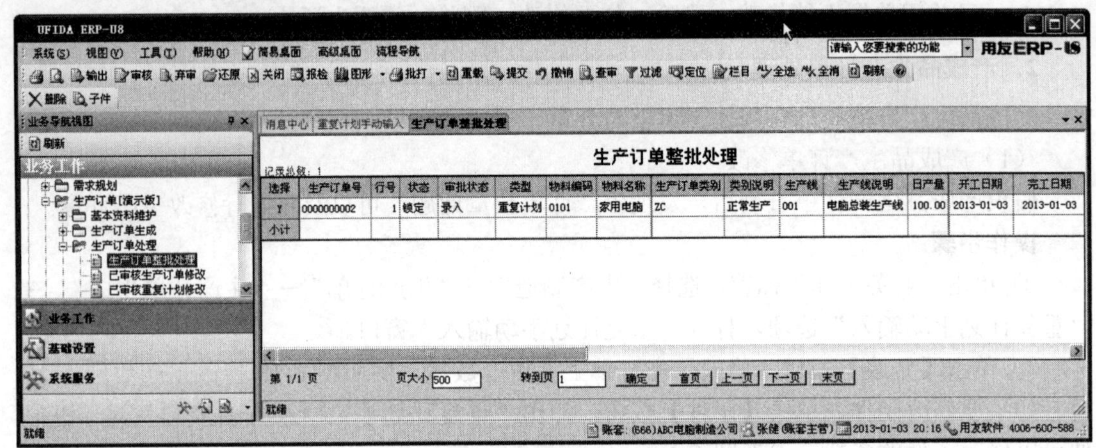

图 6-19 产成品生产订单审核

④ 单击【ALL】按钮，选择“生产订单”，单击【确定】按钮，生产订单审核成功。

处理后的生产订单状态被修改为“已审核”，可对已审核订单进行查看。

3．产成品生产订单执行

与部件生产订单相同，产成品生产订单的执行过程也分为投料、加工、产出三个过程。投料是指生产线依据“生产订单领料单”到半成品仓库去领料，半成品仓库发料，即一车间总装生产线与仓库的交接，双方依据“材料出库单”作为原始凭证。加工是指生产线依据产成品的生产工艺要求，生产出合格的产成品。产出是指生产线将完工合格的产品送到仓库暂时保存，即一车间总装生产线与产成品仓库的交接，双方都保留“入库单”作为原始凭证。

（1）生产订单领料单

生产领料单是车间领料的依据。一旦生产订单审核后，系统会自动生成它的领料单。一车间总装生产线将依据“生产订单领料单”，到半成品仓库去领料。

操作步骤：

① 单击“业务工作”标签，选择“生产制造”→“生产订单”→“报表”→“生产订单领料单”选项，弹出“选择”对话框，选择“重复计划”后，单击【确定】按钮。

② 弹出“过滤条件选择-生产订单领料单-重复计划”对话框，选择“生产订单：0000000002 到 0000000002”，单击【过滤】按钮，打开“生产订单领料单-重复计划”窗口，

如图 6-20 所示。

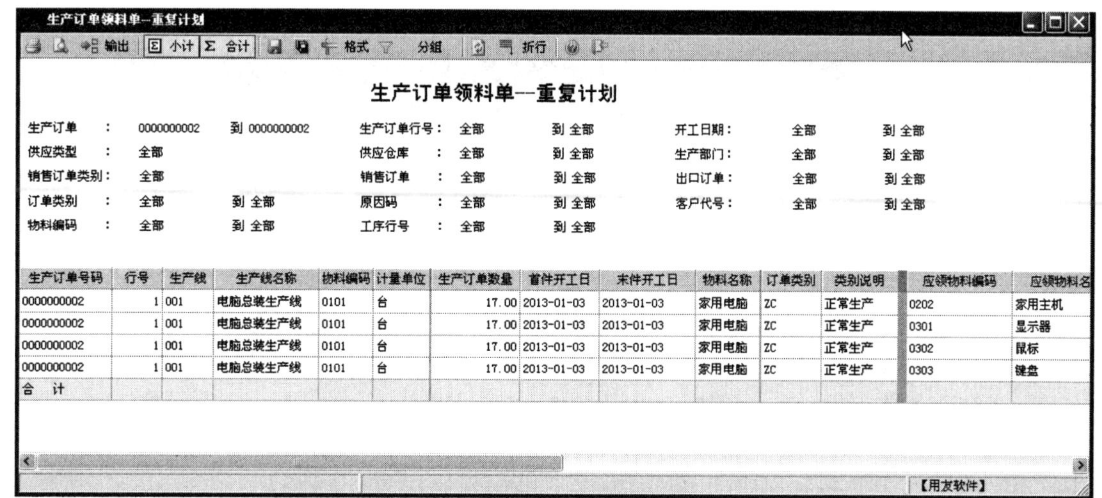
生产订单领料单--重复计划

生产订单号码	行号	生产线	生产线名称	物料编码	计量单位	生产订单数量	首件开工日	末件开工日	物料名称	订单类别	类别说明	应领物料编码	应领物料名
0000000002	1	001	电脑总装生产线	0101	台	17.00	2013-01-03	2013-01-03	家用电脑	ZC	正常生产	0202	家用主机
0000000002	1	001	电脑总装生产线	0101	台	17.00	2013-01-03	2013-01-03	家用电脑	ZC	正常生产	0301	显示器
0000000002	1	001	电脑总装生产线	0101	台	17.00	2013-01-03	2013-01-03	家用电脑	ZC	正常生产	0302	鼠标
0000000002	1	001	电脑总装生产线	0101	台	17.00	2013-01-03	2013-01-03	家用电脑	ZC	正常生产	0303	键盘
合 计													

图 6-20 产成品生产订单领料单

提示：如果车间管理需要凭证，单击【打印机】按钮，硬拷贝生产订单领料单。

（2）材料出库

库存管理参照生产订单的领料单，做“配比”功能材料出库单，即产品生产配套材料发放管理，俗称“限额材料领料单”。“配比”材料领料单是引用的生产订单“子件”用料表中的数据。

即一车间电脑总装生产线，生产 10 台家用电脑，“000000002”生产订单的材料出库单。

操作步骤：

① 单击“业务工作”标签，选择“供应链”→“库存管理”→“出库业务”→“材料出库单”选项，打开“材料出库单”窗口。

② 单击【配比】按钮，弹出“配比出库单” 窗口，选择“订单号”，弹出“生单来源”，选择“生产订单”，单击【确认】按钮，弹出“过滤条件选择-父项过滤条件”对话框，再选择“生产订单号：0000000002 到 0000000002”。

③ 单击【过滤】按钮，弹出“生产父项选择”窗口，单击【ALL】按钮，显示“生产所属子项”，检查无错误后，单击【确定】按钮，返回“配比出库单”窗口。

④ 参考表 6-8，输入对应材料出库的仓库编码“002，半成品仓库”“003，外购品仓库”，如图 6-21 所示。

⑤ 单击【确定】按钮，系统提示“配比出库单已成功生成 2 张材料出库单！”，单击【确定】按钮，返回到“材料出库单”窗口。

⑥ 外购品仓库货位出库操作。选择表体行中的物料，单击【货位】按钮，输入货位编

码、出库数量，如图 6-22 所示，单击【保存】按钮；再选择下一行的物料，继续相同的操作，直到完成。

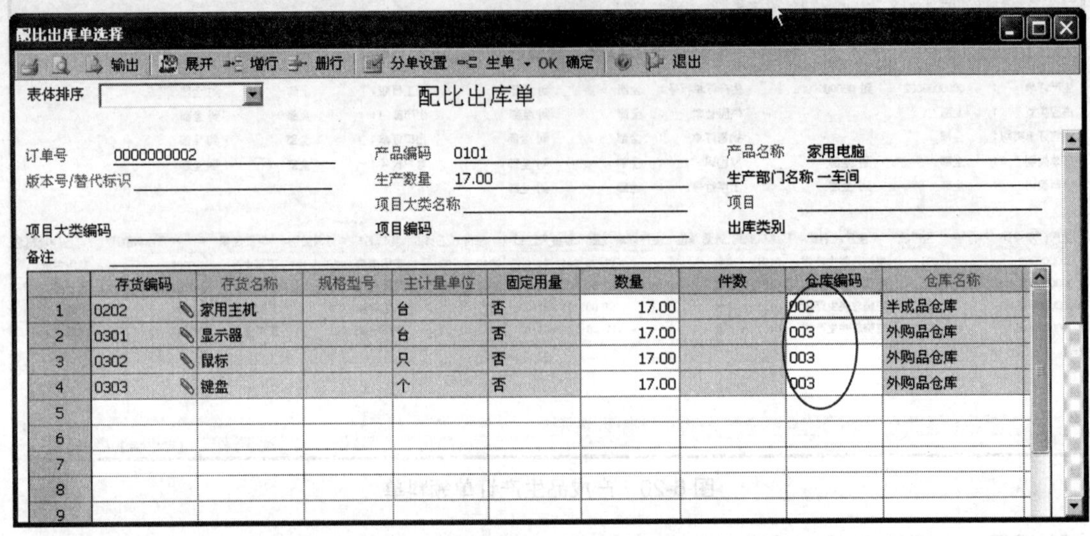

图 6-21 产成品生产订单出库单

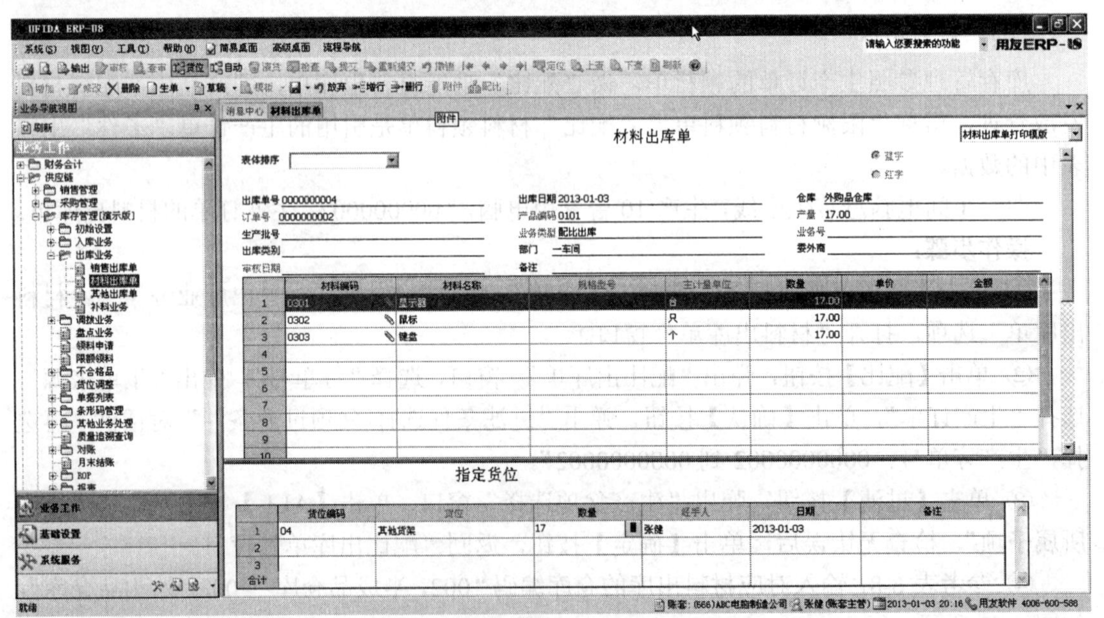

图 6-22 产成品生产订单货位出库

⑦ 单击【货位】按钮，退出货位操作。

⑧ 单击【审核】按钮，审核“0000000004”材料出库单。

⑨ 单击按钮，审核“0000000003”材料出库单。

（3）产品入库

“0000000002”生产订单加工完成后，将生产完成了“家用电脑”入库到产成品仓库。

操作步骤：

① 单击“业务工作”标签，选择“供应链”→“库存管理”→“入库业务”→“产成品入库单”选项，打开“产成品入库单”窗口。

② 选择【生单】文本框的“生产订单（蓝字）”，弹出“过滤条件选择-生产订单列表”，选择“生产订单号：000000002 到 000000002”，单击【过滤】按钮，弹出“生产订单表头”，单击【ALL】按钮，显示“生产订单表体”信息，单击【确定】按钮，返回“产成品入库单”窗口。

③ 单击【保存】按钮，然后单击【审核】按钮，如图 6-23 所示。

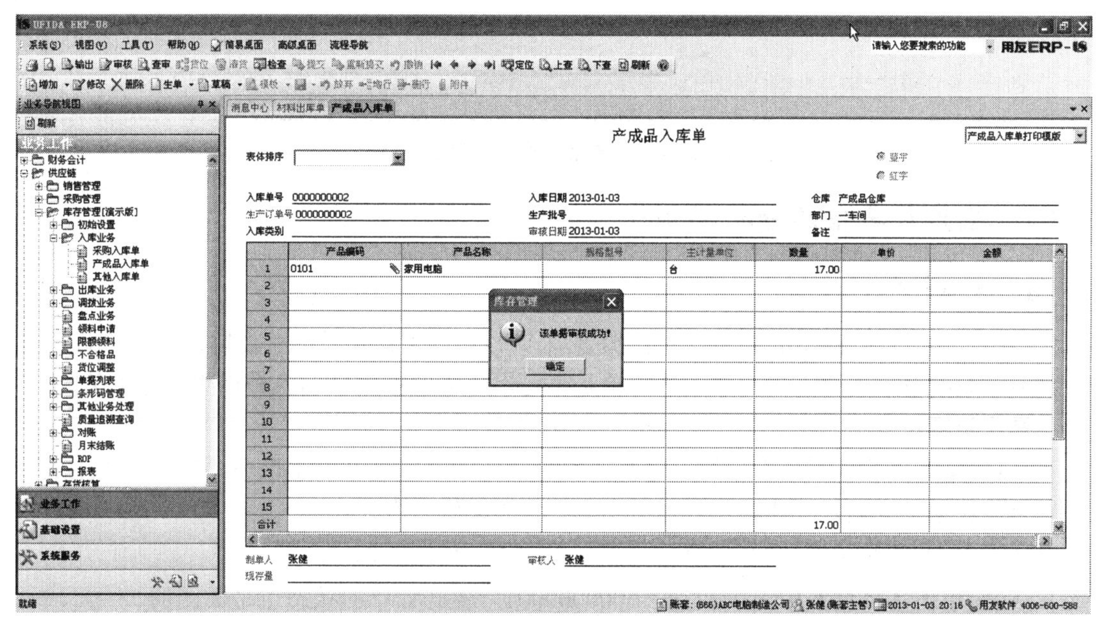

图 6-23　产成品入库

（4）产成品完工查询

“0000000002”生产订单加工完成后，马上就可以查询到所用的材料信息，以及完工的产品的信息。

操作步骤：

① 单击“业务工作”标签，选择“供应链”→“库存管理”→“报表”→“库存账”→“出入库流水账”选项，打开“过滤条件选择-出入库流水账”对话框。

② 选择“单据日期：2013-01-03 到 2013-01-03”过滤条件，打开“出入库流水账”窗口，如图 6-24 所示。

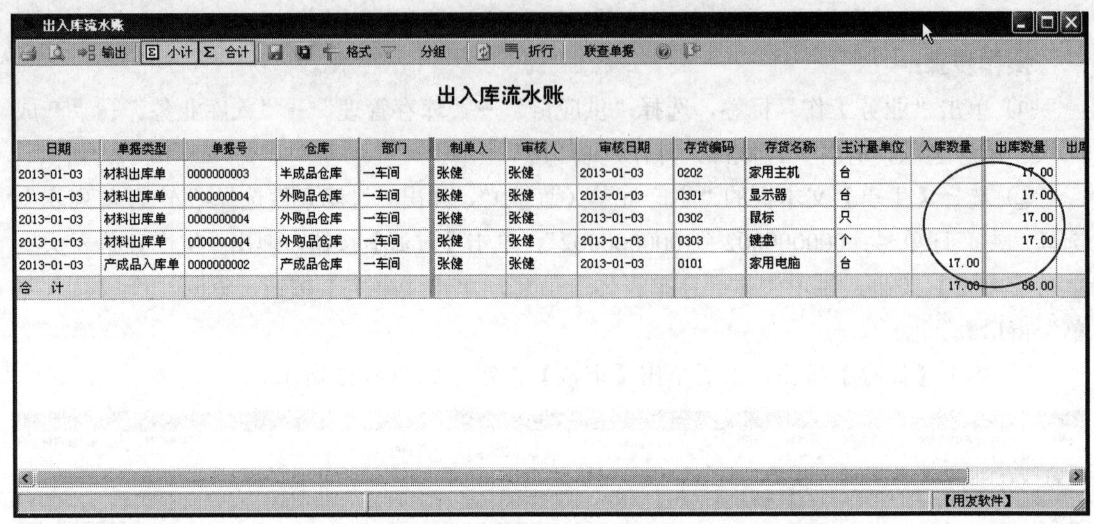

出入库流水账

日期	单据类型	单据号	仓库	部门	制单人	审核人	审核日期	存货编码	存货名称	主计量单位	入库数量	出库数量
2013-01-03	材料出库单	0000000003	半成品仓库	一车间	张健	张健	2013-01-03	0202	家用主机	台		17.00
2013-01-03	材料出库单	0000000004	外购品仓库	一车间	张健	张健	2013-01-03	0301	显示器	台		17.00
2013-01-03	材料出库单	0000000004	外购品仓库	一车间	张健	张健	2013-01-03	0302	鼠标	只		17.00
2013-01-03	材料出库单	0000000004	外购品仓库	一车间	张健	张健	2013-01-03	0303	键盘	个		17.00
2013-01-03	产成品入库单	0000000002	产成品仓库	一车间	张健	张健	2013-01-03	0101	家用电脑	台	17.00	
合 计											17.00	68.00

图 6-24　产成品生产订单完工查询

6.3.4　生产订单信息分析实训

1．查询生产订单关闭

前面叙述过生产订单有四种状态：锁定/未审核、已审核、关闭、删除。当生产订单执行完成后系统自动关闭，关闭的生产订单是不可以再去领料生产的。查询生产订单关闭。

操作步骤：

（1）单击“业务工作”标签，选择“生产制造”→“生产订单”→“生产计单生成”→“重复计划手动输入”选项，打开“重复计划手动输入”窗口。

（2）“0000000002”生产订单的状态是关闭的，如图 6-25 所示。

（3）单击【翻页】按钮，找到“0000000001”生产订单的状态也是关闭的。

（4）单击【退出】按钮。

2．生产订单完工状态查询

在生产订单执行过程中，管理者们常常需要查询生产订单的执行情况。

操作步骤：

（1）单击“业务工作”标签，选择“生产制造”→“生产订单”→“报表”→“生产订单完工状况表”选项，弹出“生产订单完工状况表”对话框。

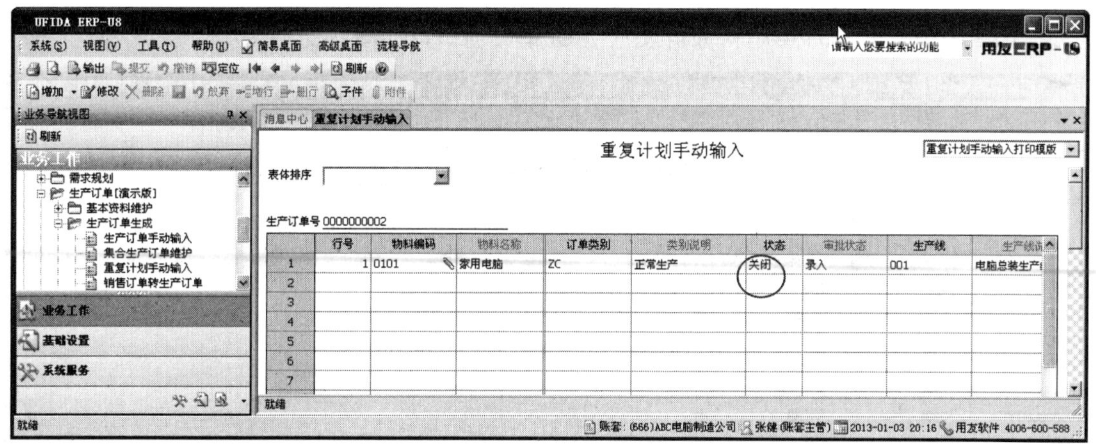

图 6-25　生产订单关闭

（2）选择“生产订单号：000000001 到 000000002，单击【过滤】按钮，打开“生产订单完工状况表”窗口，显示生产订单的全部执行信息，如图 6-26 所示。

生产订单完工状况表

生产订单　：　0000000001　到 0000000002

生产订单行号：全部　到 全部　物料编码：全部　到 全部　生产部门　：　全部　到 全部

销售订单类别：全部　销售订单：全部　到 全部　出口订单　：　全部　到 全部

生产线　：　全部　到 全部　完工日期：全部　到 全部　生产订单状态：全部

订单类别　：　全部　到 全部　原因码　：　全部　到 全部　客户代号　：　全部　到 全部

生产订单号码	行号	类型	物料编码	物料名称	订单类别	类别说明	生产线	生产线名称	开工日期	完工日期	计量单位	生产订单数量	MRP净算量	入库数量
0000000001	1	重复计划	0202	家用主机	ZC	正常生产	002	电脑部装生产线	2013-01-02	2013-01-02	台	10.00	10.00	10.00
0000000002	1	重复计划	0101	家用电脑	ZC	正常生产	001	电脑总装生产线	2013-01-03	2013-01-03	台	17.00	17.00	17.00
合　计												27.00	27.00	27.00

图 6-26　生产订单完工状况表

3．生产订单用料分析

当产品的生产订单完工以后，管理者们常常要分析一下，车间生产的标准用量与实际用量的情况。

操作步骤：

（1）单击“业务工作”标签，选择“生产制造”→“生产订单”→“报表”→“生产订单用料分析表”选项，选择“生产订单”，弹出“生产订单用料分析表-生产订单”对话框，选择“生产订单：000000001 至 00000002”过滤条件。

（2）打开“生产订单用料分析表-生产订单”窗口，如图 6-27 所示。

生产订单用料分析表--生产订单

生产订单： 0000000001 到 0000000002 单价选择: 计划价格 只显示差异 ： 否

生产订单号码	子件物料编码	子件物料名称	子件计量单位	产出品	标准用量	标准成本	实际用量	实际成本	成本差异
0000000001	0201	机箱	个	否	10.00		10.00		
0000000001	0304	内存条	条	否	10.00		10.00		
0000000001	0305	硬盘	个	否	10.00		10.00		
0000000001	0308	家用主板	块	否	10.00		10.00		
0000000002	0202	家用主机	台	否	17.00		17.00		
0000000002	0301	显示器	台	否	17.00		17.00		
0000000002	0302	鼠标	只	否	17.00		17.00		
0000000002	0303	键盘	个	否	17.00		17.00		
合 计					108.00		108.00		

图 6-27 生产订单用料分析

（3）单击【退出】按钮。

思考题

1．在生产制造模块中可以编制哪两种生产订单？
2．生产管理应用模式中涉及哪些子系统？
3．生产管理业务流程涉及哪些部门？
4．物料清单（BOM）可以用来进行生产订单的材料领料，还可以用来做什么？
5．生产订单的方式有哪几种？
6．简述重复计划订单作业流程。
7．简述材料出库的操作步骤。
8．简述产成品入库操作步骤。
9．部件生产入库与产成品生产入库是使用相同的功能吗？为什么？
10．材料出库与部件出库是使用相同的功能吗？为什么？
11．请依据表 6-4，编制“家用电脑”生产前后的库存量对比情况。
12．请描述生产订单的作业流程。

练习题

1．生产订单与采购订单连动练习

（1）计算题

假设："商务主机"生产订单25台，计算需求量和生产材料领用量，如表6-10所示。

表6-10 计算需求量和生产订单量

行号	物料编码	物料名称	现有库存量	单位	生产订单量	需求量	生产订单量
1	0203	商务主机	4	台	25	?	?
2							

按表6-10的生产订单量计算领料量和缺料量，如表6-11所示。

表6-11 计算生产订单的领料量和缺料量

行号	物料编码	物料名称	现有库存量	单位	领用量	库存缺料量
1	0304	内存条	300	条	?	
2	0305	硬盘	50	个	?	
3	0308	商务主板	0	块	?	?
4	0201	机箱	50	台	?	
5						

（2）对"缺料量"进行采购作业

（3）对"需求量"进行生产订单作业

2．模拟企业生产管理练习

工作任务：生产计划部门要求：一车间生产14台商务电脑；二车间生产10台"商务主机"。按照"表6-1生产管理模拟企业岗位分工"做多用户的生产管理系统的练习。

（1）要求

① 岗位策划。参考表6-1进行多角色分工，用户授权，以团队分工协作的方式。按照图6-2，做生产订单的操作，并学会分析产品生产的信息。感受企业真实的产品生产的过程，体会团结、协同、高效运作的快乐。

② 环境准备。设置系统日历2013年1月2日；指定信息主管的主机为服务器；引入D:\生产制造管理账套-2；按照表6-1资料增加用户、角色、授权。

（2）岗位分工作业

① 二车间班组长：重复计划手动输入商务主机生产 10 台。

② 一车间班组长：重复计划手动输入商务电脑生产 14 台。

③ 生产计划部门的生产计划员：审核一车间和二车间的生产订单。

④ 二车间物料员：打印本车间的生产订单领料单，到仓库领料。

⑤ 一车间物料员：打印本车间的生产订单领料单，到仓库领料。

⑥ 仓储部外购品仓管员：材料出库。

⑦ 仓储部半成品仓管员：产成品入库，材料出库。

⑧ 仓储部产成品仓管员：产成品入库。

（3）作业信息分析

① 截图生产订单关闭后的存货现存量。

② 截图库存管理的出入库流水账。

第7章 销售管理

7.1 背景知识

7.1.1 销售管理简介

销售管理是 ABC 电脑制造公司生产制造管理系统中的子系统，参考图 1-4，销售管理是制造型企业产、供、销三大业务之一。

销售管理的目的是为客户或最终用户提供满意的商品和最佳的服务，完成企业的资金转化并获取利润，从而实现企业的经济价值和社会价值。

销售管理的任务之一是执行销售计划，而销售计划是通过普通销售业务来实现的。销售管理要求跟踪客户订单，跟踪销售业务活动，推行"销售业务过程管理"，提升企业管理的水平。正是 ERP 系统企业业务平台，提供了销售业务过程管理可能，它不仅规范了销售业务操作的过程，也透明了销售的增值环节。

7.1.2 销售管理应用模式

图 7-1 是一个普通销售业务的过程管理方案，本章称之为：普通销售业务应用模式。它是由图 1-4ABC 电脑制造公司总体应用模式中分解出来的。它是一个集销售管理、库存管理、存货核算、应收款管理为一体的业务解决方案。

1. 普通销售业务应用模式的特点

（1）应用模式相对固化了普通销售业务中的活动与流程。它覆盖企业与客户之间所有的销售业务的信息。从信息系统处理的角度说，普通销售业务应用模式能够采集、存储、传递销售过程中的所有活动信息。

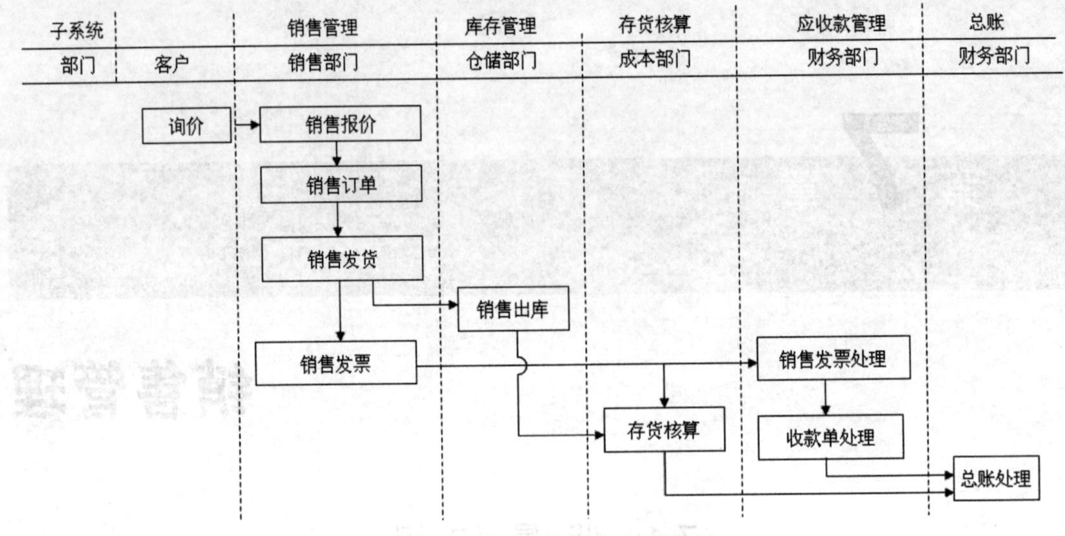

图 7-1 普通销售业务应用模式

（2）销售业务信息的传递消除了部门之间的障碍、人为的障碍、地点与时空的障碍。

（3）普通销售业务应用模式是基于企业内部网络（Intranet）的 ERP 平台的、交互式的作业方式。

2．普通销售业务应用模式的应用

（1）应用模式规定企业里的每一笔销售业务都由客户询价开始，按照销售业务作业的顺序：进行销售报价填制、销售订单执行、销售发货、销售出库、填制销售发票，到填制收款单结束，即六类单据处理的过程。

（2）而对应于每一类单据的控制都有审核销售报价、审核销售订单、审核销售发货、审核销售出库、复核销售发票、审核收款六种控制。

（3）销售管理系统实时地采集、存储、传递，每一笔销售业务过程中的所有活动信息。它们包括物流、价值流和资金流信息，并将这些信息及时地、准确地提供给不同的业务部门，用来支持普通销售业务流程的运作。

因此，ERP 平台销售业务的实现，要从两个方面去理解。一是系统前台，各部门都在“企业应用平台”上，按业务流程进行“人机交互式”的业务活动；二是系统后台，有一双看不见的“手”采集、存储、传递及处理业务活动的信息。正是这双看不见的“手”帮助企业提高销售作业的效率。

7.1.3 普通销售业务流程

图 7-2 是普通销售应用模式的业务流程。从信息管理系统的技术角度，可以将普通销售业务流程分为三类信息：物流信息、价值流信息与资金流信息。它们描述了普通销售业务

物料流动的过程、价值流动的过程和资金流动的过程。

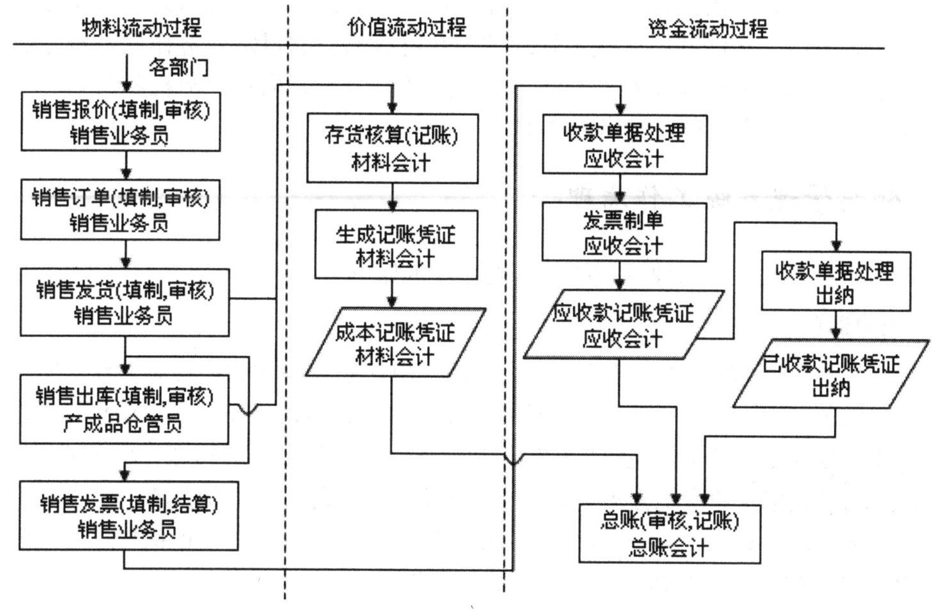

图 7-2 普通销售业务流程

下面是对图 7-2 中三类过程信息的深度分析。

（1）物料流动信息。观察图 7-2，不难看出销售业务是通过一系列的单据进行作业的。物流信息是销售业务的主体，它包括销售报价、销售订单、销售发货、销售发票四类作业。而前道作业向后道作业扭转时，是通过审核或复核控制的。例如销售订单审核后，才能进行销售发货。

（2）价值流动信息。当销售出库时，企业的物料库存减少，库存成本立刻发生变化，库存成本核算将产生价值流动信息。物料的价值信息是销售成本的关键数据，销售成本核算的凭证自动传递到财务部门对应的总账科目之下。

（3）资金流动信息。当销售出库时，将进行应收款处理，这时企业的资金流动信息将支持网上收账款处理，其应收款处理凭证将自动传递到财务部门对应的总账科目之下。

在规定的会计期间，所有的销售业务与财务信息无缝连接，及时准确地反映财务应收款的信息和产品的销售利润信息。

7.1.4 销售管理系统构成

以往人们熟悉的销售管理系统是通过销售报价、销售订单、仓库出库、销售发票等综合运用的管理系统，即单纯的销售物流管理的系统。但是站在企业产品经营决策的层面，销售管理系统一定要与成本管理系统、财务管理系统进行无缝连接才能构成一个完整的业务过程。

本章销售管理系统包括销售管理、库存管理、存货核算、应付款管理与总账五个子系统，覆盖销售部门、仓储部门、成本管理部门和财务部门的日常业务作业。按专业分工，它们覆盖了销售管理流程、库存管理流程、存货核算流程、应付款流程和付款五个流程。每一个流程都设有多个岗位，参考表 7-1。

7.1.5 销售管理系统工作原理

普通销售业务的工作原理及系统数据处理技术如下。

1．销售部门

（1）销售订单管理。销售订单，即客户的订单，它作为主生产计划系统（MPS 计划）的重要需求来源之一。销售订单可以参照销售报价单，也可以手工输入。销售订单在销售管理中的作用可以控制发货单，也可以控制销售出库，或销售发票的管理。总之销售订单的审核，一方面将会引起企业资源需求计划；另一方面还会引起物流、价值流、资金流的变化。

（2）销售发货管理。客户发货时要求填写发货单，发货单要依据销售订单生成，可以根据销售订单来控制发货的客户、品种、数量、价钱等。

（3）销售发票信息管理。销售发票可依据发货单生单，也可以新增单。填制销售发票并复核后，自动地传至存货核算及应收款管理系统。

2．仓储部门

仓储部门的库存管理。销售出库参照发货单生成，仓库自动记账，销售出库信息传递至存货核算系统。

3．财务部门

（1）成本记账处理。在存货核算系统中登记存货明细账，并制单生成凭证传至总账。存货核算系统提供销售成本信息。

（2）财务记账处理。在应收款管理系统中，记录销售发票凭证，并自动地传至总账。

（3）总账处理。审核记账凭证并记账，最终将所有的资金数据归集在总账事先设置的科目之下。

7.2 实训指导

7.2.1 实训内容

- 销售订单实训。

- 成本核算实训。
- 应收款实训。
- 总账处理实训。

7.2.2 实训要求

1．技能要求

在 ERP 系统平台上学习普通销售业务管理。

（1）学会普通销售业务的基本技能。

（2）学会销售业务的物流管理技能。

（3）学会销售业务的成本核算技能。

（4）学会销售业务应收款处理技能。

2．环境要求

在单用户环境下，按表 7-1 资料、图 7-2 普通销售业务的流程，一个人模拟多岗位进行操作。

表 7-1 销售管理模拟企业分工

用户	角色	部门	岗位	操作内容
admin		信息部门	信息主管	引入或输出 D:\生产制造管理账套-2
4001	销售业务员	销售部门	销售业务员	填制/审核销售报价单，填制/审核销售订单
				填制/复核专用销售发票
6003	仓库主管	仓储部门	产成品仓管员	填制/审核发货单，填制/审核销售出库单
5001	材料会计	财务部门	材料会计	存货核算记账，生成记账凭证
5002	应收会计		应收会计	应收账款记账，制单处理
5003	出纳		出纳	填制/审核收款单，记账凭证，手工核销

7.2.3 实训准备

1．账套引入

系统日历 2013-01-02，以 admin 的身份登录“系统管理”平台，将 D:\生产制造管理账套-2 引入至系统。

2．登录“企业应用平台”

以操作员：“1000，张健”账套主管的身份；输入密码：1；选择账套：[666]ABC 电脑制造公司；登录“企业应用平台”，进行普通销售业务的实训。

7.3 普通销售业务实训

按照图 7-2 普通销售业务流程，从客户询价“销售报价”开始，参照生成“销售订单”，并修改产品的数量后；参照销售订单生成“发货单”，参照“发货单”生成“销售出库单”，核算销售成本，编制销售发票，进行应收款处理，最终将每一笔销售业务由销售订单生成的凭证都能自动地归集到总账设定的科目之下。

7.3.1 典型案例描述

1. 情境描述

（1）系统日历：2013 年 1 月 2 日，志远公司需要购买商务电脑，向 ABC 电脑制造公司询价；销售一部填制/审核“销售报价单”。双方磋商达成买卖 10 台商务电脑的业务，要求每台单价为 6 000 元，并要求 2013 年 1 月 11 日提货。

（2）系统日历：2013 年 1 月 3 日，销售一部依据“销售报价单”，填制/审核“销售订单”。

（3）系统日历：2013 年 1 月 11 日，销售一部按规定日期，依据“销售订单”发货，填制“发货单”，销售部门开具销售发票，并复核；仓储部门依据“发货单”生成“销售出库单”并审核；成本会计做销售成本凭证。财务会计处理应收账款。

2. 基本技能

（1）熟悉销售业务应用模式。

（2）熟悉销售业务流程。

（3）会维护基础数据。

（4）学习销售管理表 7-1 中的部门、岗位和日常业务操作技能。

3. 知识链接

（1）结合销售管理、物流管理、财务管理多专业的知识，理解现代管理的应用技术。

（2）结合企业信息管理知识，理解销售业务流程重组的应用技术。

7.3.2 销售订单实训

1. 销售报价

销售报价是企业向客户提供商品、规格、价格、结算方式等的信息窗口。当双方达成协议后，销售报价单可以转为销售合同或销售订单。

（1）填制/审核销售报价单

2013 年 1 月 2 日，客户志远公司需要购买商务电脑，向销售一部咨询价格。销售一部销售业务员李勋，报价为 6 000 元/台，填制并审核销售报价单。

操作步骤：

① 单击“业务工作”标签，选择“供应链”→“销售管理”→“销售报价”→“销售报价单”选项，打开“销售报价单”窗口。

② 单击【增加】按钮，填制报价单，只能手工增加。

③ 表头输入：“选择业务类型：普通销售”（默认为普通销售）；选择客户为“志远公司”，然后选择部门及业务员。

④ 表体输入：选择存货为“商务电脑”，自动带出存货档案中定义的相关信息，输入“数量：1，报价：6000，无税价：6000”，如图 7-3 所示。

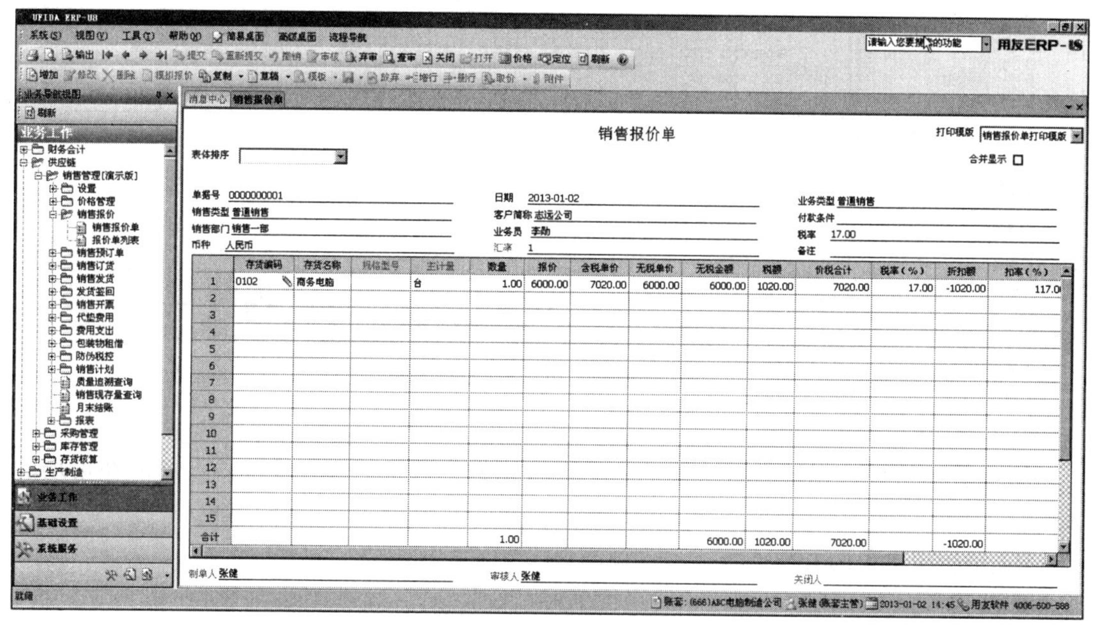

图 7-3 销售报价单

⑤ 单击【保存】按钮，保存报价单。

⑥ 单击【审核】按钮，确定报价单。

提示：

- 销售报价单是可选单据，企业可以根据业务的实际需要进行选用。
- 无税单价的控制，是在销售管理“销售选项”中设置“报价不含税”。
- 在企业应用时，该处审核人通常是由管理人员完成的，审核后的单据将进入下一环节的业务处理。

（2）销售报价单信息查询

操作步骤：

① 单击“业务工作”标签，选择“供应链”→“销售管理”→“销售报价”→“报价单列表”选项，弹出“过滤条件选择-报价单过滤条件”对话框。

② 选择“客户编码：0001 至 0004”“单据号：0000000001”，单击【过滤】按钮，打开“销售报价单列表”，如图 7-4 所示。

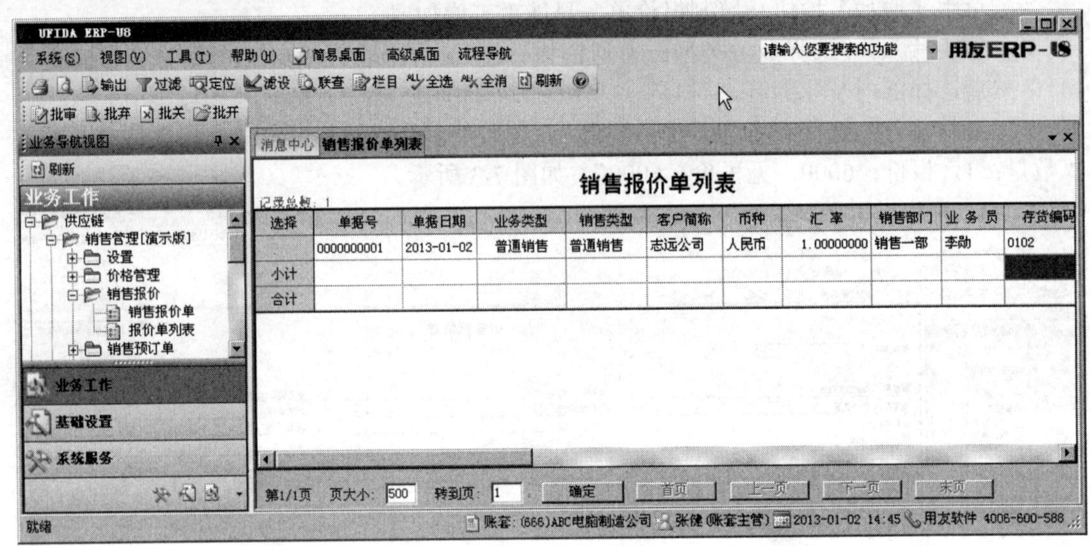

图 7-4　报价单列表

（3）销售报价单的状态

企业管理可以根据销售报价单的状态，跟踪销售报价的执行情况，及产品在市场的反映。

① 销售报价单的五种状态：

- 输入——正在输入过程中的报价单。
- 未审核——已保存的报价单。
- 已审核——确定的报价单。
- 已执行——已被其他单据或系统调用的报价单。
- 关闭——单据执行完毕或确定不能执行，都可以关闭。

② 报价单修改、删除处理：

- 已审核单据不能修改、删除，如要修改、删除，需要先弃审。
- 已关闭单据不能修改、删除，如要修改、删除，需要先打开。

③ 利用批量处理功能，用户可以对单据进行批量处理，包括批审、批弃、批关、批开。报价单输入完毕后，可通过“销售报价”→“报价单列表”查询。

2．销售订单

销售报价单由购销双方磋商，客户确定要货后，转为销售订单。企业依据销售订单组织货源，并对订单销售的执行过程进行管理和跟踪。

（1）填制/审核销售订单

2013 年 1 月 3 日，志远公司接受报价后，决定订购 10 台商务电脑。双方协定于 1 月 11 日发货。参照销售报价单生成销售订单后，进行保存、审核及订单查询。

操作步骤：

① 单击“业务工作”标签，选择“供应链”→“销售管理”→“销售订货”→“销售订单”选项，打开“销售订单”窗口。

② 单击【增加】按钮，在【生单】下拉列表框中选择“报价”，弹出“过滤条件选择-订单参照报价单”对话框。选择“报价单日期：2013-01-02”，单击【过滤】按钮，打开“参照生单”窗口。

③ 单击【ALL】按钮，“选择”栏显示“Y”，如图 7-5 所示。

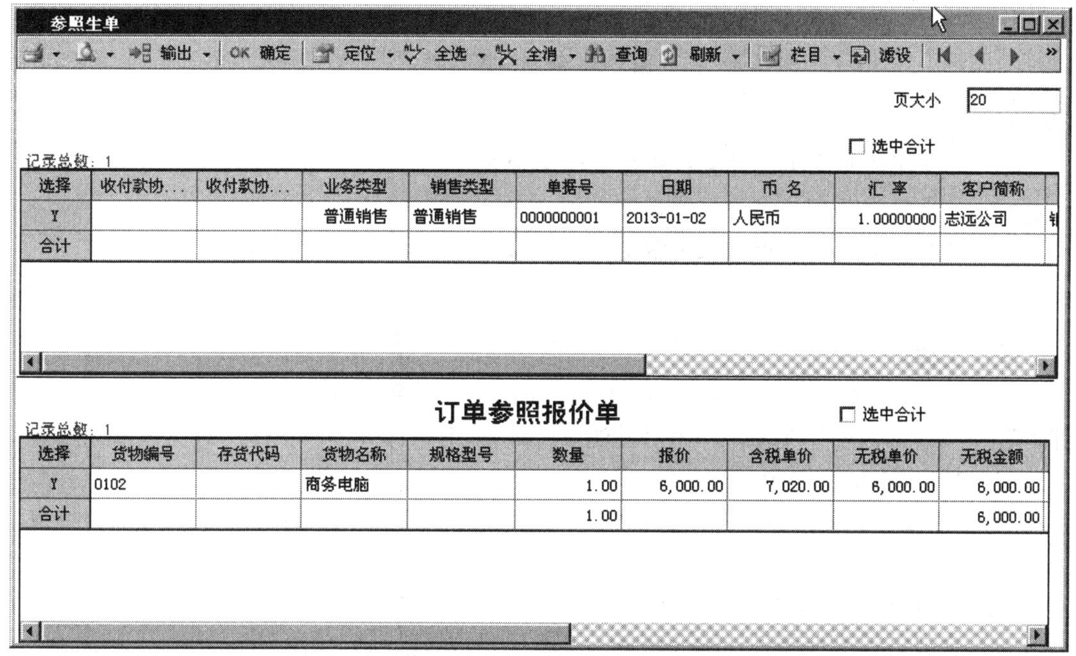

图 7-5　选择报价单

④ 单击【确定】按钮，返回销售订单，系统自动传递报价单数据。

⑤ 自动传递资料：“部门销售一部，业务员：李勋，客户简称：志远公司”。

⑥ 表体修改“数量：10 台”，拉动滚动条，输入“预发货日期：2013-01-11”。

⑦ 单击【保存】按钮，然后单击【审核】按钮，如图 7-6 所示。

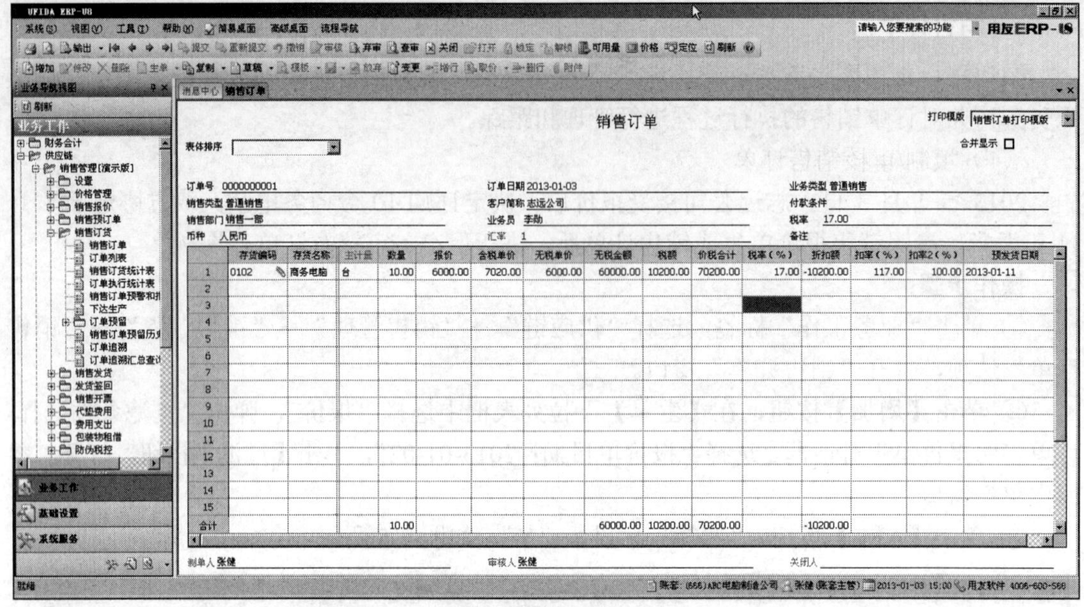

图 7-6　编制销售订单

提示：

- 参照报价单生单，可直接根据报价单带入。
- 预计发货日期应大于订货日期。
- 在企业应用时，审核人通常是由管理人员完成的，以便于控制业务流程。

（2）销售订单信息查询

操作步骤：

① 单击“业务工作”标签，选择“供应链”→“销售管理”→“销售订货”→“销售订单”→“订单列表”选项，弹出“过滤条件选择-销售订单过滤条件”对话框，选择“订单日期：2013-01-01 到 2013-01-03”。

② 单击【过滤】按钮，弹出“销售订单列表”窗口，显示 0000000001 号销售订单，如图 7-7 所示。

（3）销售订单的状态

销售管理可以根据销售订单的状态，跟踪销售订单的执行情况。

① 销售订单的五种状态：

- 输入——正在输入过程中的销售订单。
- 未审核——已保存的销售订单。
- 已审核——确定的销售订单。
- 已执行——已被其他单据或系统调用的销售订单。

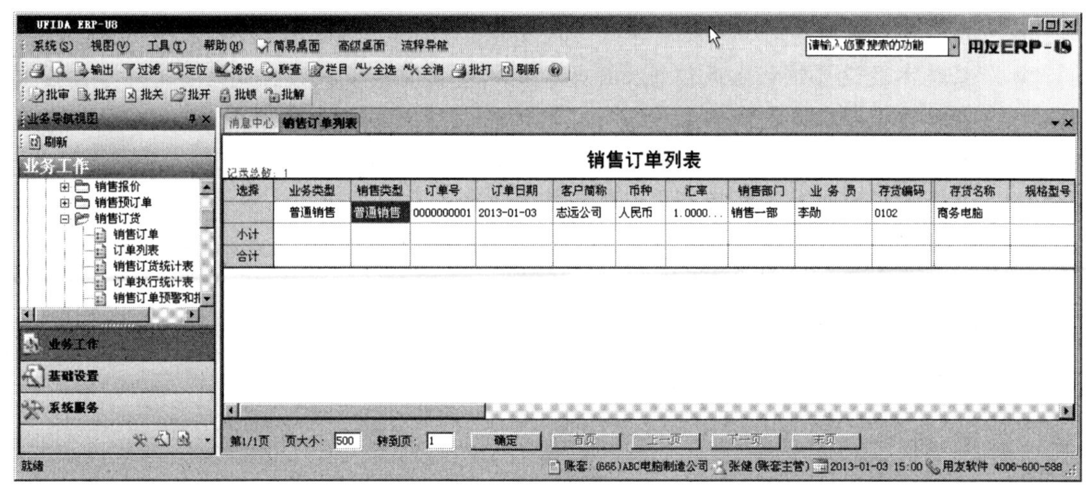

图 7-7　销售订单列表

- 关闭——单据执行完毕或确定不能执行，都可以关闭。

② 销售订单修改、删除处理：

- 已审核单据不能修改、删除，如要修改、删除，需要先弃审。
- 已关闭单据不能修改、删除，如要修改、删除，需要先打开。

③ 批量处理功能：可以对单据进行批量处理，包括批审、批弃、批关、批开。

3. 销售发货

发货单是企业开具给客户发货的凭据，也可以作为仓库发货和开发票的凭证。本章实训按照图 7-2 普通销售业务流程要求，当发货单审核后，再依据发货单生成销售发票。

（1）销售发货单

2013 年 1 月 11 日，ABC 电脑制造公司向志远公司发货。参照销售订单生成发货单。

操作步骤：

① 单击“业务工作”标签，选择“供应链”→“销售管理”→“销售发货”→“发货单”选项，打开“发货单”窗口。

② 单击【增加】按钮，弹出“过滤条件-参照订单”对话框。选择“订单日期：2013-01-03 到 2013-01-11”条件，单击【过滤】按钮，打开“参照生单”。

③ 单击【ALL】按钮，“选择”栏显示“Y”，单击【确定】按钮，返回“发货单”窗口，“销售订单”的资料自动传递过来。

④ 输入“仓库名称：产品仓库”。

⑤ 单击【保存】按钮，然后单击【审核】按钮，如图 7-8 所示。

提示：

- 如果在销售选项中“是否有超订量发货控制”，则可以超过销售订单数量进行发货。

- 在参照订单发货时，一张订单可多次发货，多张订单也可一次发货。
- 系统参数设置销售生成销售出库单，则销售发货单审核时生成销售出库单；否则在库存管理根据发货单生成销售出库单。
- 发货单也可以参照销售订单填制或手工填制。
- 在企业应用时，该处的审核人通常是由管理人员完成的，以便于控制业务流程。

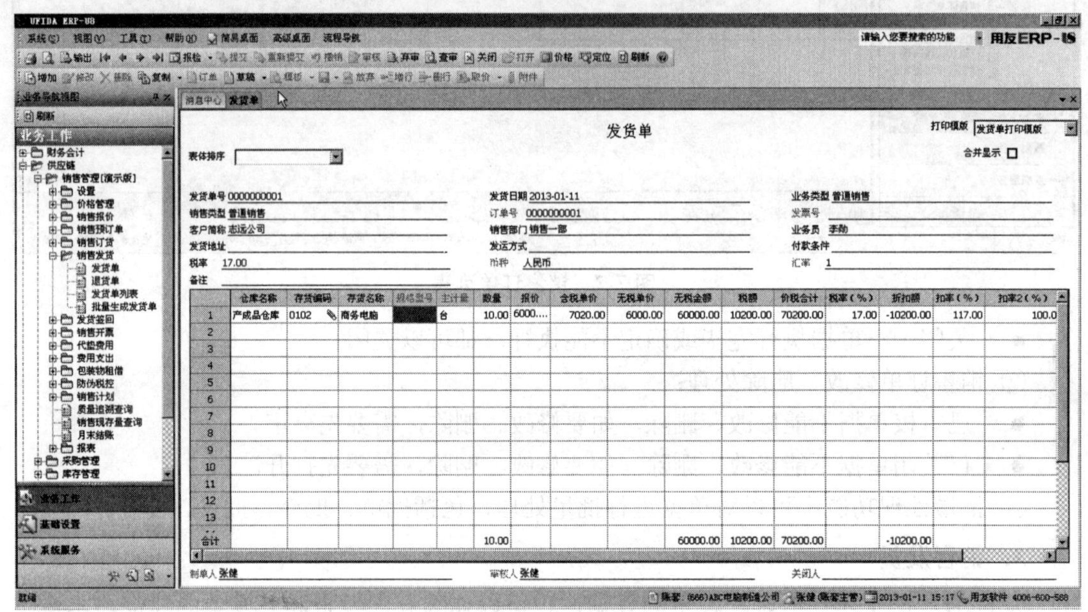

图 7-8 销售发货单

（2）销售发货单信息查询

操作步骤：

① 单击“业务工作”标签，选择“供应链”→“销售管理”→“销售发货”→“发货列表”选项，弹出“过滤条件选择-销售发货单过滤条件”对话框。

② 选择“发货日期：2013-01-01 到 2013-01-11”，单击【过滤】按钮，打开“发货单列表”，如图 7-9 所示。

③ 双击行记录，便打开此记录的“销售发货单”；关闭“销售发货单”，返回“发货单列表”。

（3）销售发货单的状态

企业可以根据销售发货单的状态，跟踪销售发货的执行情况。

① 销售发货单的五种状态：

- 输入——正在输入过程中的发货单。
- 未审核——已保存的发货单。

- 已审核——确定的发货单，可以参照生成销售发票。
- 已执行——已被其他单据或系统调用的发货单。
- 关闭——单据执行完毕或确定不能执行，都可以关闭。

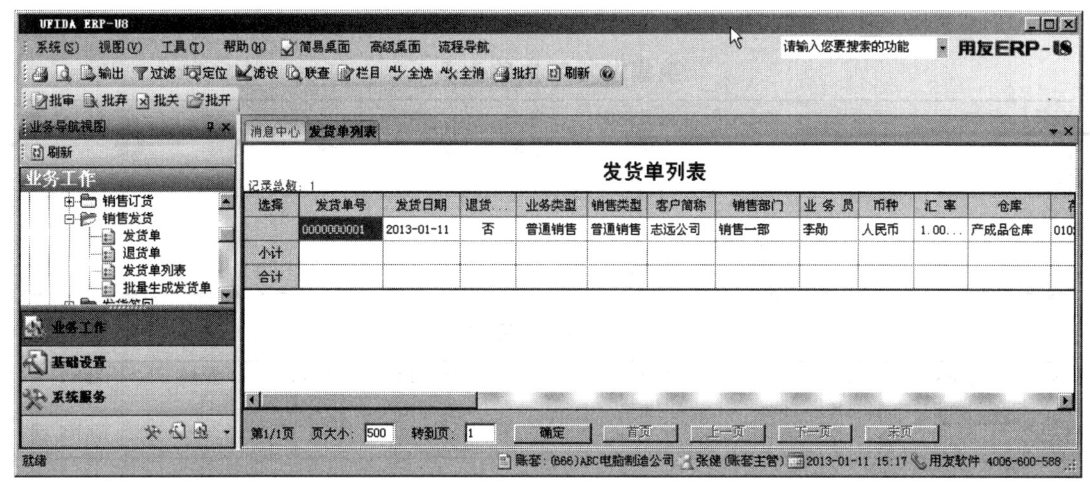

图 7-9 发货单列表

② 销售发货单修改、删除处理：

- 已审核单据不能修改、删除，如要修改、删除，需要先弃审。
- 已关闭单据不能修改、删除，如要修改、删除，需要先打开。

③ 批量处理功能，用户可以对单据进行批量处理，包括批审、批弃、批关、批开。

4. 销售出库

销售出库单是产品出库的重要凭据，出库单的产品与数量将传递至存货核算系统，它是存货成本核算和销售发票的重要依据。

（1）填制/审核销售出库单

2013 年 1 月 11 日，在库存管理系统，由仓库管理员参照发货单生成销售出库单。

操作步骤：

① 单击“业务”标签，选择“供应链”→“库存管理”→“出库业务”→“销售出库单”选项，打开“销售出库单”窗口。

② 选择【生单】下拉列表中的“销售生单”选项，弹出“过滤条件选择-销售发货单列表”对话框，选择“发货单号：0000000001 到 0000000001”，单击【过滤】按钮，打开“销售生单”窗口。

③ 单击【ALL】按钮，“选择”栏显示“Y”，如图 7-10 所示。

④ 单击【确定】按钮，返回“销售出库单”，“销售发货单”的资料自动传递过来。

⑤ 单击【保存】按钮，然后单击【审核】按钮，系统弹出提示：“该单据审核成功！”，

单击【确定】按钮，如图 7-11 所示。

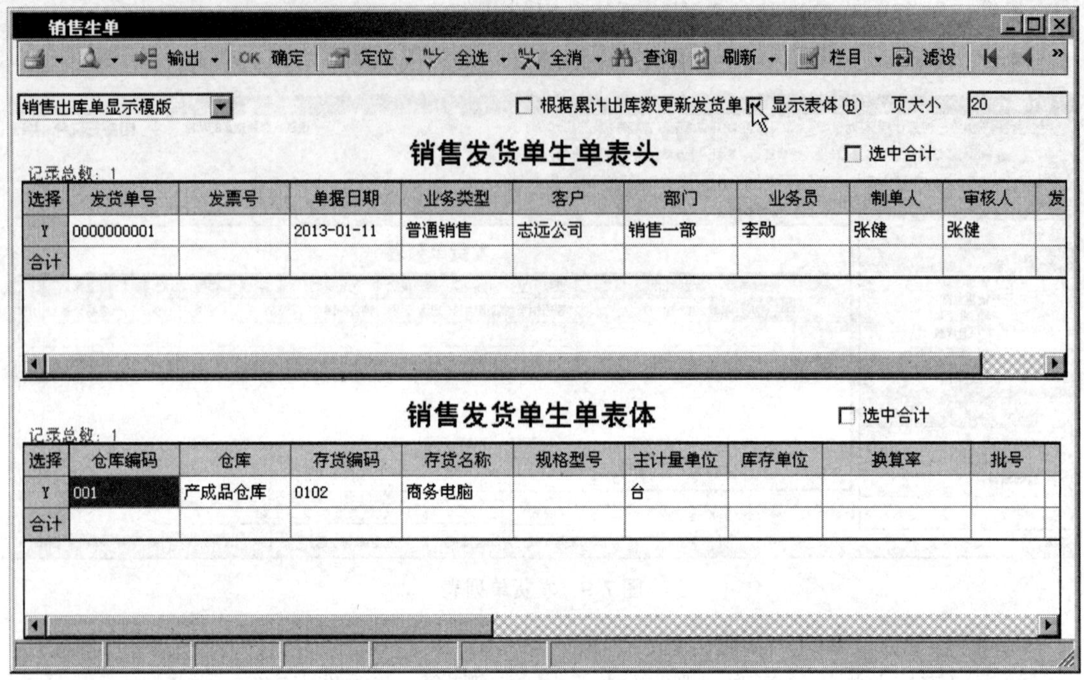

图 7-10　选择发货单

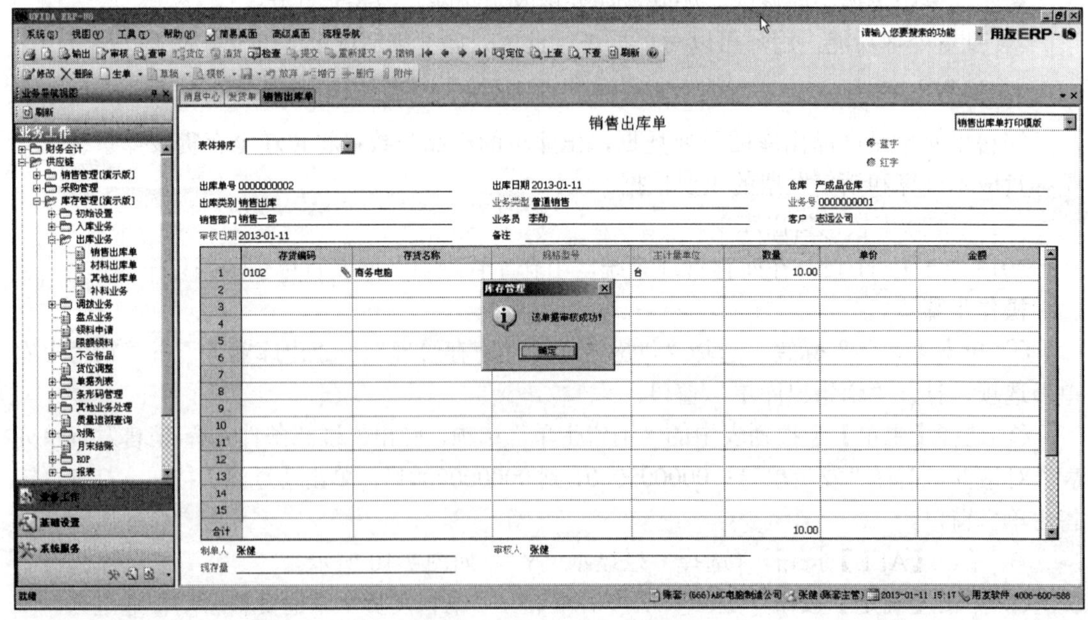

图 7-11　销售出库单审核

提示：

- 销售出库单的生成方式取决于销售管理系统相关参照的设置。如果选中“是否销售生成出库单”，则销售出库单在销售管理系统中由发货单审核时自动生成。
- 在企业应用时，该处的审核人通常是由成本会计完成的，确认产品已经出库后，进入成本核算处理。

（2）销售出库单信息查询

操作步骤：

① 单击“业务工作”标签，选择“供应链”→“库存管理”→“报表”→“现存量查询”选项，弹出“过滤条件选择-现存量查询”对话框，选择“仓库：001-产品仓库”和“显示零结存库存：是”，如图 7-12 所示。

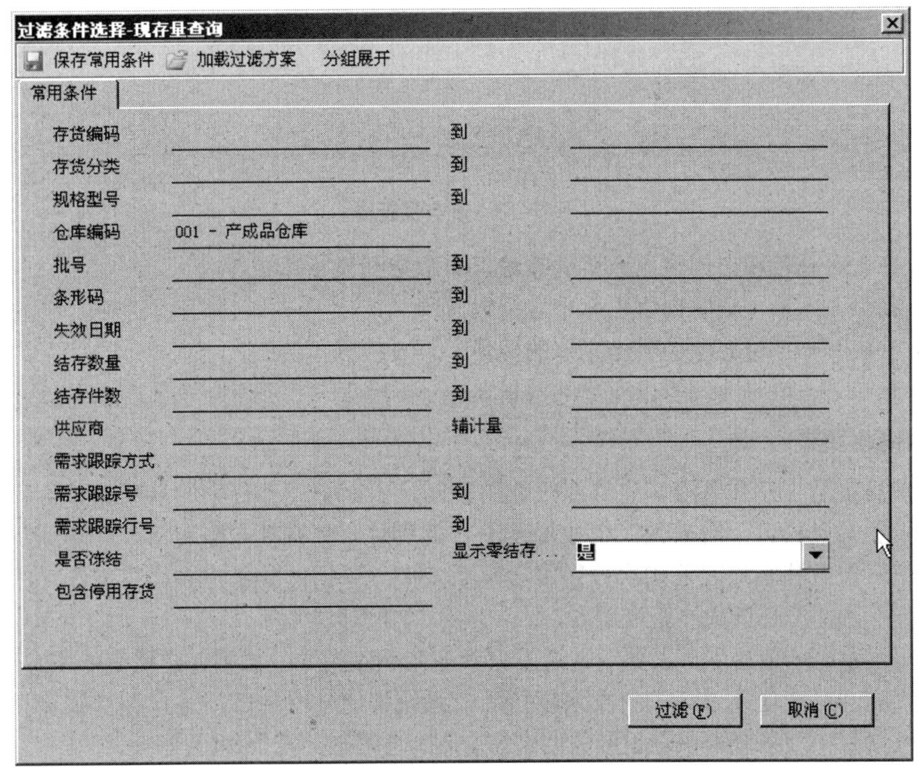

图 7-12　现存量查询条件

② 单击【过滤】按钮，弹出“现存量查询”窗口。参考表 3-29 库存管理期初列表中，“商务电脑”期初库存为 40 台，销售出库后变成 30 台，如图 7-13 所示。

（3）销售出库单的状态

销售出库单的状态有四种，企业可以根据这些状态，跟踪产品的出库情况。

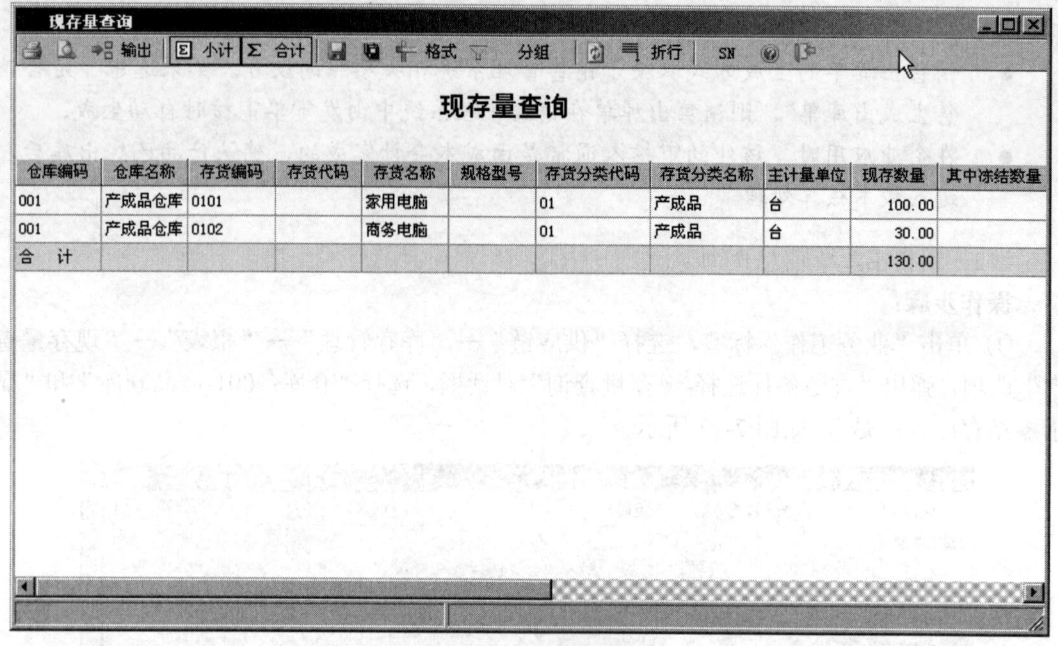

仓库编码	仓库名称	存货编码	存货代码	存货名称	规格型号	存货分类代码	存货分类名称	主计量单位	现存数量	其中冻结数量
001	产成品仓库	0101		家用电脑		01	产成品	台	100.00	
001	产成品仓库	0102		商务电脑		01	产成品	台	30.00	
合　计									130.00	

图 7-13　现存量查询

① 修改——若超出销售出库单的数量，可以更新发货单数量。

② 删除——未审核的销售出库单，可以删除。

③ 审核——不可修改销售出库单的数量。

④ 弃审——可修改销售出库单的数量。

5. 销售发票

销售发票是企业开具给客户的应收款的证明，上面记载着货物的名称、单价、数量、总价、税额等资料。一般来说，企业每发出一批货时，都开具一张发票，并随同货物一起交给客户。但有些客户因采购次数频繁，发票太多，单据的数量也多，很麻烦，因此要求每月结算一次，汇总开成一张发票。

销售发票有增值税专用发票、普通发票及所附明细清单。如果客户档案中未输入税号，该客户只能开具普通发票。销售发票复核后，系统将通知财务部门进行存货核算和应收账款，在应收款管理系统审核登记应收明细账，制单生成应收款的相关凭证。

（1）填制/复核销售专用发票

2013 年 1 月 11 日，ABC 电脑制造公司依据“发货单”，开具销售专用发票。

操作步骤：

① 单击“业务工作”标签，选择“供应链”→“销售管理”→“销售开票”→“销售专用发票”选项，打开“销售专用发票”窗口。

② 单击【增加】按钮，弹出“过滤条件选择-参照订单”的对话框，单击【取消】按钮（或关闭该对话框），返回“销售专用发票”窗口。

③ 在【生单】下拉列表框中选择“参照发货单”，弹出“过滤条件选择-发票参照发货单”对话框。

④ 选择“客户：志远公司”，弹出“参照生单”，单击【ALL】按钮，“选择”栏显示“Y”，单击【确定】按钮，返回销售专用发票窗口，系统自动传递发货单的相关信息。

⑤ 单击【保存】按钮，然后单击【复核】按钮，如图 7-14 所示。

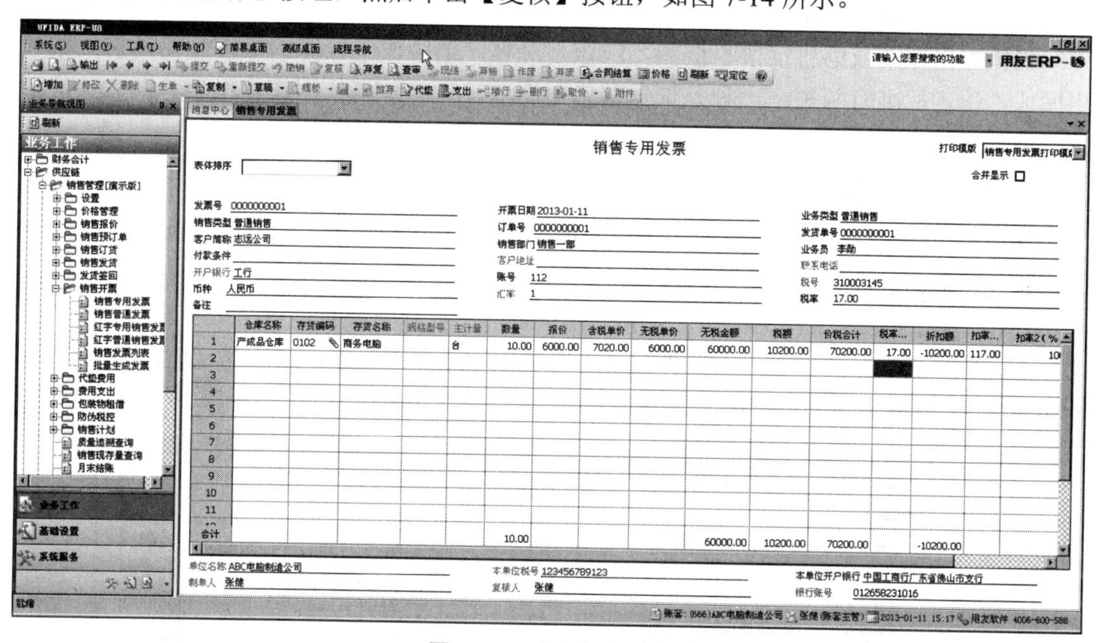

图 7-14　销售专用发票

提示：

- 如果要修改的话，可以对其中部分内容进行修改后再复核。
- 在企业应用时，该处的复核通常是由管理人员完成的，系统认为这是一次“事件”的抉择：控制是否要进入下一步的收款处理。

（2）销售发票的状态

企业可以根据销售发票的状态，跟踪销售发票的执行情况。

销售发票有修改、复核、弃复、删除四种状态：

- 修改——修改销售发票中的。
- 复核——复核的发票，可在应收款管理进行审核、制单。已复核的单据不能修改、删除，如要修改、删除，需要先弃复。

- 弃复——弃复的发票，回到修改状态。
- 删除——删除该发票。

7.3.3 存货核算实训

存货核算系统成本计价方式有多种，一般有先进先出、后进先出、移动平均、个别计价四种计价方式，进行出库成本核算记账。对于全月平均、计划价/售价法计价的存货在期末处理时做出库成本核算。

当销售出库单或销售发票复核后，应该是对客户销售成本核算的最理想的时机。销售出库成本确定标准有两种：一种是依据销售出库单，另一种是依据销售发票，两者只能选择一种。

1．存货核算记账

2013 年 1 月 11 日，对客户志远公司的销售发票，进行存货成本记账处理。

操作步骤：

（1）单击“业务工作”标签，选择“供应链”→“存货核算”→“业务核算”→“正常单据记账”选项，弹出“过滤条件选择”对话框，选择“仓库：产成品仓库，单据类型：专用发票”，单击【确定】按钮，如图 7-15 所示。

图 7-15　正常单据记账条件

（2）进入“正常单据记账”窗口，单击【ALL】按钮，或单击“选择”栏，显示“Y”，如图 7-16 所示。

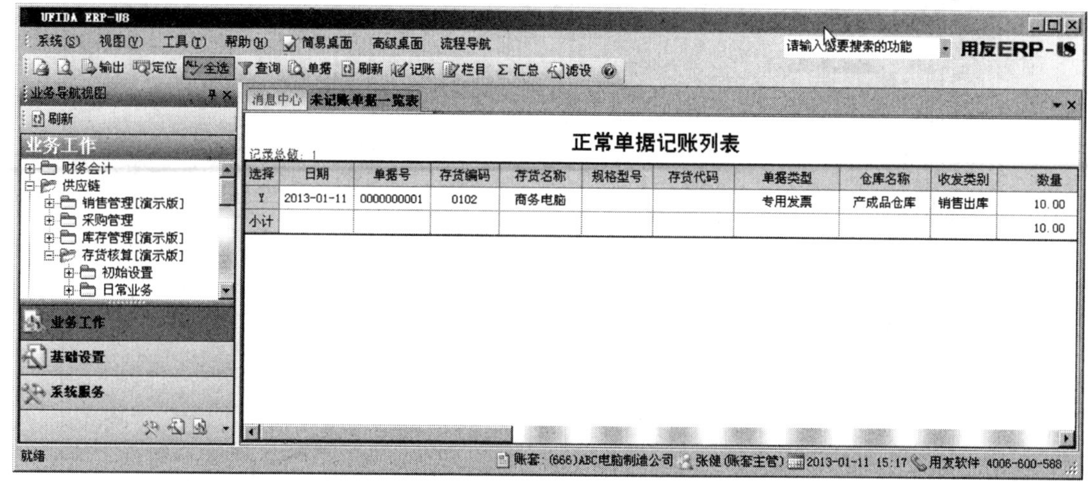

图 7-16 正常单据记账

（3）单击【记账】按钮，单据在列表中消失。可利用“恢复记账”功能回到未记账状态。

提示：

- 采用全月平均计价方法，因此，需要进行期末处理才能进行出库成本的核算。而存货系统进行期末处理的前提是采购管理系统、销售管理系统、库存管理系统已结账。
- 在销售管理参数设置可选择用销售发票或销售出库单记账，系统默认为销售出库单。

2. 生成记账凭证

2013 年 1 月 11 日，对销售给客户志远公司业务的销售发票生成销售成本记账凭证。

操作步骤：

（1）单击“业务工作”标签，选择“供应链”→“存货核算”→“财务核算”→“生成凭证”选项，打开“生成凭证”窗口。

（2）单击【选择】按钮，打开“查询条件”对话框，选择“销售专用发票，仓库：001-产成品仓库”，如图 7-17 所示。

（3）单击【确定】按钮，弹出“未生成凭证单据一览表”，选择单据，单击【确定】按钮，进入“生成凭证”，如图 7-18 所示。

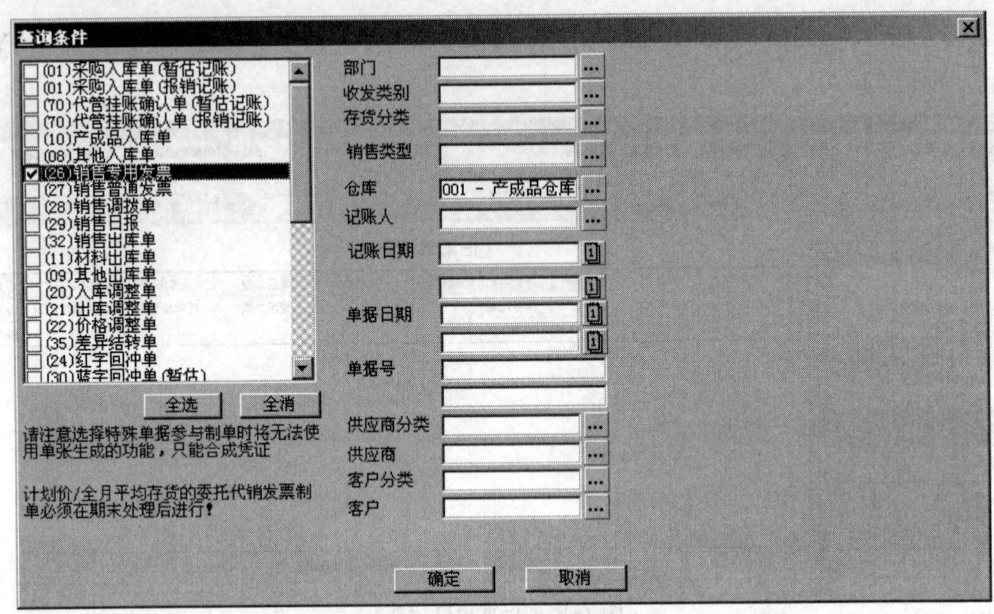

图 7-17　销售专用发票记账

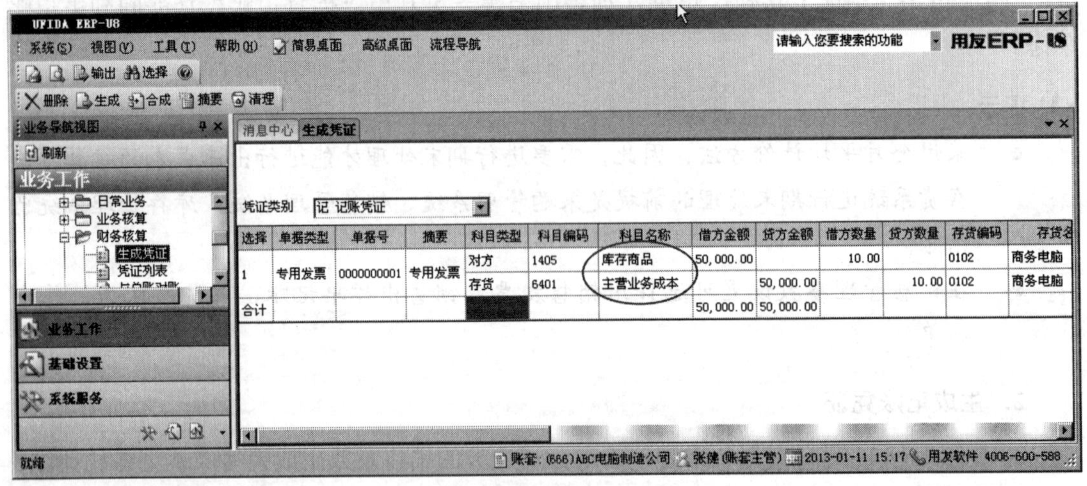

图 7-18　生成记账凭证

（4）输入科目编码。

（5）单击【生成】按钮，生成记账凭证。

（6）检查无误后，单击【保存】按钮，凭证左上角显示“已生成”，该凭证传递至总账系统，如图 7-19 所示。

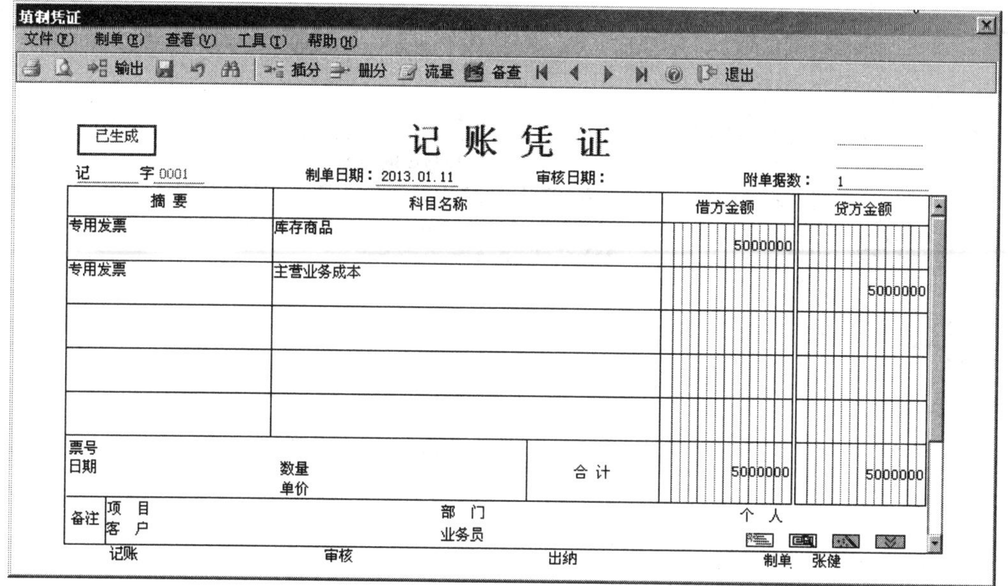

图7-19　专用发票生成凭证

7.3.4　应收账款实训

应收款管理主要是针对销售业务转入应收款的处理。应收款管理明确了应收账款的款项来源，以及收款核销情况。应收款管理包括应收单据、收款单据及核销三个部分。

1．应收单据处理

实训的应收单据处理，是处理销售管理系统传来的已复核的销售发票。对它进行制单，并对应收款发票做记账凭证，该记账凭证将自动传递给总账系统。

（1）应收单据处理

2013年1月11日，审核客户志远公司，即从销售管理系统传来的销售专用发票。审核后进行制单，生成应收款的记账凭证。

操作步骤：

① 单击“业务工作”标签，选择“财务会计”→“应收款管理”→“应收单据处理”→“应收单据审核”选项，弹出“单据过滤条件”对话框。

② 选择“客户：0001”过滤条件，单击【确定】按钮，进入“应收单据列表”，如图7-20所示。

③ 单击【ALL】按钮，“选择”栏显示“1”，单击【审核】按钮，系统提示：“本次审核选中单据[1]张，本次审核成功单据[1]张，本次审核未成功单据[0]张”，单击【确定】按钮。

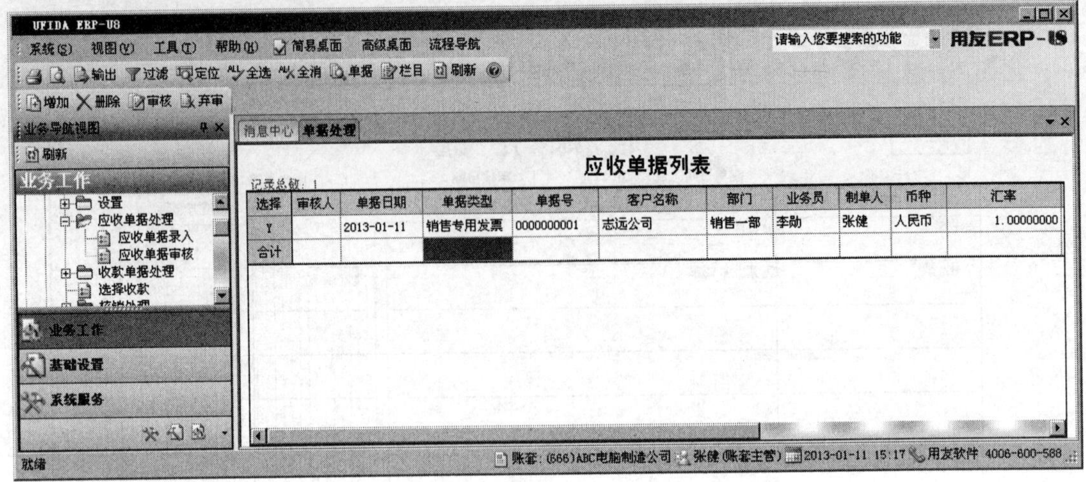

图 7-20 应收单据审核

（2）制单处理

操作步骤：

① 单击“业务工作”标签，选择“财务会计”→“应收款管理”→“制单处理”选项，弹出“制单查询”对话框。

② 选择“客户：志远公司”，单击【确定】按钮，打开“销售发票制单”记账凭证窗口。

③ 单击【ALL】按钮，“选择”栏显示“1”，单击【制单】按钮，弹出“记账凭证”。

④ 输入科目名称，单击【保存】按钮，显示“已生成”，如图 7-21 所示。

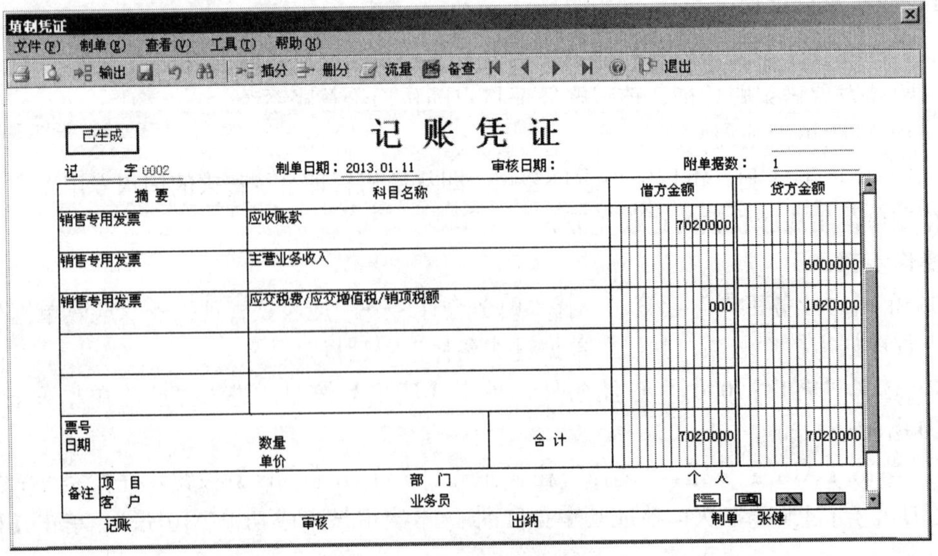

图 7-21 生成应收款凭证

2．收款单据

收款单据是指企业在收到客户的货款后，将在应收款管理系统输入客户的收款单，作为收款的依据。收款有时会分批进行，例如在销售合同中规定分几批付款的情况，因此系统设置了核销的功能，每当收过一次款后，将已经收款的数目与应该收款的数目进行核销，计算出还需要收款的数目。当收到的货款等于应收款时，表示本次销售业务结束；如果收到的货款小于应收款，则进行分步核销；如果收到的货款大于应收款，则余款作为预收处理。核销便于财务管理直观地了解客户的收款情况。

（1）收款单处理

2013 年 1 月 11 日，收到志远公司的货款后，进行收款处理。

操作步骤：

① 单击“业务工作”标签，选择“财务会计”→“应收款管理”→“收款单据处理”→“收款单据录入”选项，打开“收付款单录入”窗口。

② 单击【增加】按钮，先输入表头数据，如图 7-22 所示，待完成后，再单击表体，数据自动传递过来。

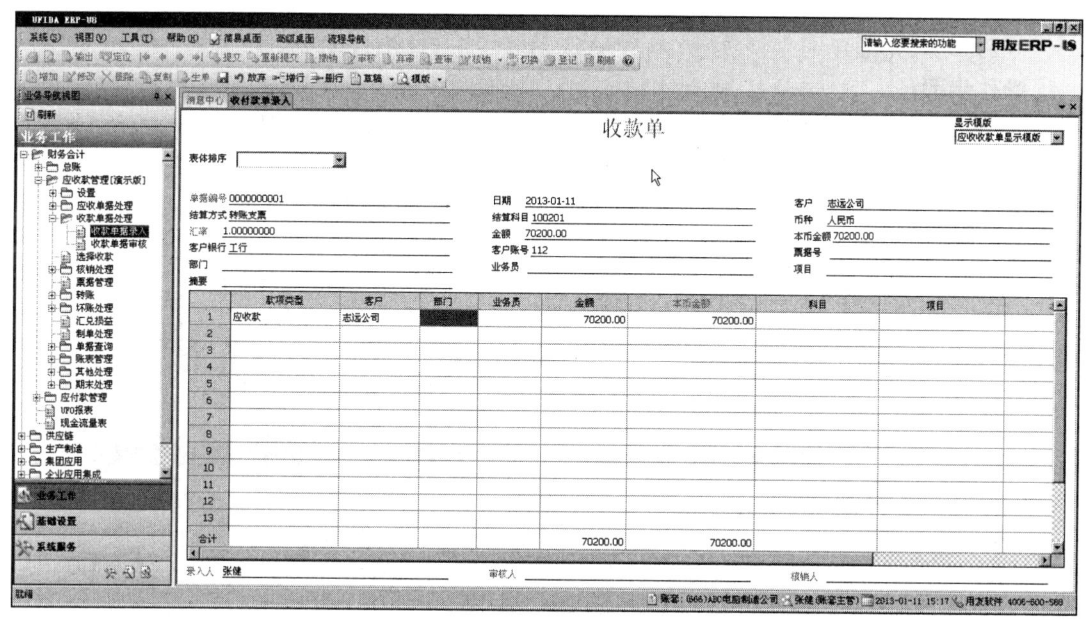

图 7-22　收款单

③ 单击【保存】按钮，收款单由系统保存起来。

④ 单击【审核】按钮，弹出系统提示：“是否立即制单？”，单击【是】按钮，对收款单生成记账凭证，单击【保存】按钮，则显示“已生成”，如图 7-23 所示。

填制凭证

文件(F) 制单(E) 查看(V) 工具(T) 帮助(H)

输出 插分 删分 流量 备查 退出

已生成

记账凭证

记 字 0003 制单日期：2013.01.11 审核日期： 附单据数：1

摘要	科目名称	借方金额	贷方金额
收款单	银行存款/工行存款	7020000	
收款单	应收账款	000	7020000
票号 日期 2013.01.11 数量 单价	合计	7020000	7020000

备注 项目 部门 个人

客户 志远公司 业务员

记账 审核 出纳 制单 张健

图 7-23 收款单生成记账凭证

（2）记账凭证查询

操作步骤：

① 单击“业务工作”标签，选择“财务会计”→“总账”→“凭证”→“查询凭证”选项，弹出“查询凭证”对话框。

② 选择“凭证类别：记账凭证；月份：2013.01”，单击【确定】按钮。查询到三张凭证，如图 7-24 所示。如果双击“专用发票”，可弹出它的记账凭证。

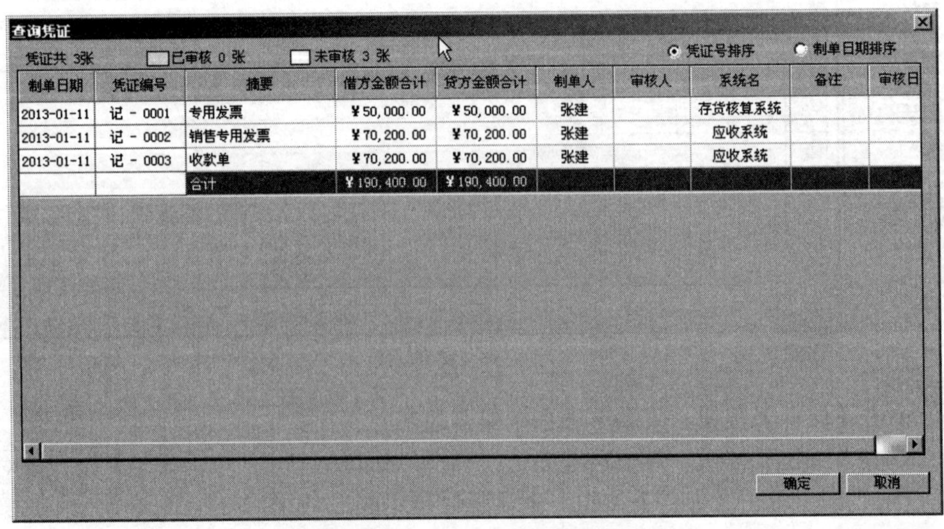

查询凭证

凭证共 3张 已审核 0 张 未审核 3 张 凭证号排序 制单日期排序

制单日期	凭证编号	摘要	借方金额合计	贷方金额合计	制单人	审核人	系统名	备注	审核日
2013-01-11	记 - 0001	专用发票	¥50,000.00	¥50,000.00	张建		存货核算系统		
2013-01-11	记 - 0002	销售专用发票	¥70,200.00	¥70,200.00	张建		应收系统		
2013-01-11	记 - 0003	收款单	¥70,200.00	¥70,200.00	张建		应收系统		
		合计	¥190,400.00	¥190,400.00					

确定 取消

图 7-24 销售记账凭证查询

（3）核销处理

核销处理是针对销售发票与收款单据的核销，以便于财务部门立刻掌握到，某一客户的应收账款和已经收到的账款情况。

2013年1月11日，核销客户“志远公司”的销售发票与收款单。

操作步骤：

① 单击“业务工作”标签，选择“财务会计”→“应收款管理”→“核销处理”→“手工核销”选项，弹出“核销条件”对话框。

② 输入“客户：志远公司”，单击【确定】按钮，进入“单据核销”窗口。窗口上方显示收款单据的信息，下方显示销售专用发票的信息。

③ 在窗口下方“销售专用发票”的“本次结算”的金额处，输入窗口上方“收款单”的“本次结算金额”。要求“本次结算金额”与“本次结算”的数据相同，如图7-25所示。

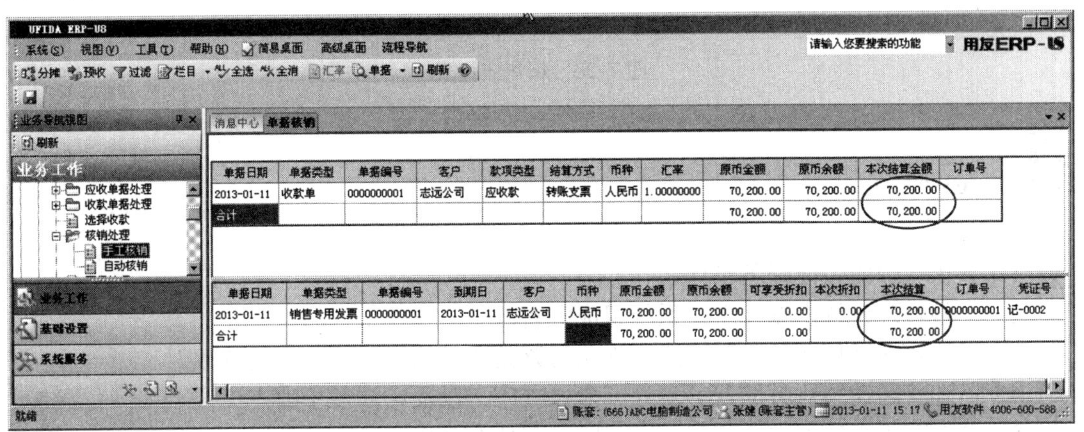

图7-25 单据核销

④ 单击【保存】按钮，完成核销处理。

7.3.5 销售利润分析

在销售业务的处理过程中，查询销售统计表可以清楚地掌握每一种产成品销售的利润情况。

操作步骤：

（1）单击“业务工作”标签，选择“供应链”→“销售管理”→“报表”→“统计表”→“销售统计表”选项，弹出“过滤条件选择-销售统计表”对话框。

（2）选择“客户：志远公司”，单击【过滤】按钮，打开“销售统计表”窗口，如图7-26所示。

（3）统计显示：2013年1月11日，客户志远公司的销售订单，销售了10台商务电脑，单价 6 000 元，成本 50 000 元，合计毛利 10 000 元，毛利率 16.67%。

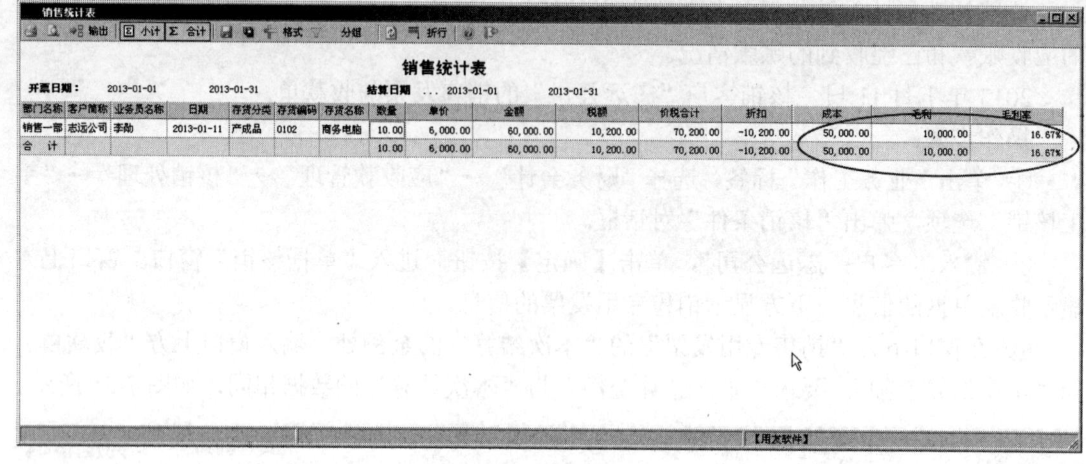

部门名称	客户简称	业务员名称	日期	存货分类	存货编码	存货名称	数量	单价	金额	税额	价税合计	折扣	成本	毛利	毛利率
销售一部	志远公司	李勋	2013-01-11	产成品	0102	商务电脑	10.00	6,000.00	60,000.00	10,200.00	70,200.00	-10,200.00	50,000.00	10,000.00	16.67%
合　计							10.00	6,000.00	60,000.00	10,200.00	70,200.00	-10,200.00	50,000.00	10,000.00	16.67%

图 7-26　销售统计表

思考题

1. 销售管理的主要任务是什么？
2. 销售管理系统由哪几个子系统组成？它覆盖了哪几个部门？
3. 简述普通销售业务应用模式，你认为该模式可以修改吗，如何修改？
4. 简述普通销售业务的业务流程、操作顺序，以及它涉及了哪些岗位？
5. 分析在本章实训中，销售出库记账是在什么操作时进行的？
6. 描述如果销售管理采取“先收款，后发货”，其应用模式应该如何设计？

练习题

1. 销售订单与生产订单连动练习

（1）计算题

假设：“商务电脑”销售订单 43 台，计算表 7-2 的需求量和生产订单量。

表 7-2　计算需求量和生产订单量

行　号	物料编码	物料名称	单　位	现有库存量	销售订单量	需　求　量	生产订单量
1	0102	商务电脑	台	40	43	?	?
2							

按表 7-2 计算出的生产订单量，再计算它的材料领用量，如表 7-3 所示。

表 7-3 计算生产订单的材料领用量

行号	物料编码	物料名称	单位	现有库存量	材料领用量
1	0203	商用主机	台	4	?
2	0301	显示器	台	194	?
3	0302	鼠标	只	100	?
4	0303	键盘	个	100	?
5					

（2）完成生产订单的练习

（3）完成销售订单的练习

2. 模拟企业销售管理练习

按照“表 7-1 模拟企业岗位分工”做多用户的销售管理系统练习。

（1）要求

① 岗位策划。参考表 7-1 进行多角色分工，用户授权，以团队分工协作的方式按照图 7-2，做生产订单的操作，并学会分析产品生产的信息。感受企业真实的产品生产的过程，体会团结、协同、高效运作的快乐。

② 环境准备。设置系统日历 2013 年 1 月 2 日；指定信息主管的主机为服务器；引入 D:\生产制造管理账套-2；按照表 7-1 资料增加用户、角色、授权。

（2）岗位分工操作

① 销售二部业务员：向友好公司提交“销售报价单”，其中 1 台商务电脑 5 500 元（原币单价）。

② 销售二部业务员：与客户磋商后确认，销售商务电脑 20 台，填制销售订单，填制“发货单”。

③ 财务部应收会计：参照“发货单”，开具“销售专用发票”。

④ 仓储部产成品仓管员：参照“发货单”填制/审核销售出库单。

⑤ 财务部材料会计：成本核算。

⑥ 财务部应收会计：收单款处理，制单处理。

⑦ 财务部出纳：出纳填制/审核收款单，核销处理。

（3）作业信息分析

① 截图销售出库后的现存量。

② 截图库存管理的出入库流水账。

③ 截图销售管理的销售统计表。

第8章

生产计划管理

8.1 背景知识

8.1.1 生产计划管理简介

生产计划管理是 ABC 电脑制造公司生产制造管理系统的子系统，参考图 1-4。生产计划管理是通过 ERP 系统中的主生产计划和物料需求计划功能实现的。观察图 1-3 MRPII 的逻辑处理流程，对企业的计划与控制系统进行纵向分析可知，MPS/MRP 计划是贯彻企业的宏观计划，即产品规划和资源需求计划，也是推行车间作业和采购作业的微观计划；横向分析，它是产品规划与主生产计划连接产品销售、采购和生产的信息“桥梁”。

企业生产计划的主要任务是依据市场的需求，对最终产品、部件和原材料进行合理的资源配置。这项任务涉及企业里的采购、生产、销售作业中的所有数据，并要求它们的及时性、准确性和时效性。此外，这项任务还涉及企业管理者们对资源计划的策略，以及相关策略的计算方法和参与资源分配的参数。

在产品经营管理总目标的指导下，ERP 管理系统信息高度集中，强大的数据处理能力，实时数据的捕获、传递能力，给企业集约式的管理奠定了基础，给企业资源得以最大地利用提供了可能，给动态资源调配提供了机会。因此，企业采用 MPS/MRP 计划的解决方案，对传统生产管理的思维、传统生产计划处理方式以及传统生产计划业务流程是一个巨大的挑战。

1. 术语

（1）MPS 与 MRP 计划

生产计划管理的主要任务是执行企业的主生产计划。

MPS 计划的对象是最终产品，也称为产成品或成品，是独立需求计划。

MRP 计划是针对产成品的部件或原材料的，是相关需求计划。

MPS 计划的展望期，一般为年、月、季、周。在主生产计划规定的时间范围内，MPS 计划的运算结果，回答生产什么，需要什么，需要多少，什么时候需要？这些问题是通过 MRP 逻辑处理实现的，参考图 1-1。

（2）物料需求

① 独立需求。独立需求是 BOM 最顶层的，0 阶码的最终产品，它通常来自市场客户对产品的需求，BOM 的结构，参考本书第 4 章。

② 相关需求。相关需求是指 BOM 除了 0 阶码之外的物料，它是相对最终产品的需求，通俗地说，就是由最终产品引起的需求。

③ 毛需求。毛需求量（Gross Requirement）是指在给定的计划周期内产品的总需求量。

④ 净需求。净需求量（Net Requirement）是指在给定的计划周期内产品的实际需求量。计算净需求量要综合毛需求量和安全库存量，并考虑期初的结存与本期可以计划产出的数量。计算公式为：

净需求=本时段毛需求-前时段末的可用库存量-本时段计划接收量+安全库存量

（3）供需策略

提到物料的供应管理，常常会想到它们的供需策略，例如一次性购买，或分批购买所得到的优惠政策等。

① 期间供应法（PE）。在物料的设定期间内计算净需求时，系统会考虑企业现有资源的情况下，自动生成规划数量和时间，供应日期为设定期间内的第一天。

② 批量供应法（LP）。在物料各时点计算物料的净需求时，分别生成规划订单。计算出物料的需求后，再考虑物料的固定供应量、最小供应量、供应倍数等生成规划数量和时间。

2．需求时间计算

（1）需求日期计算

需求日期是由需求决定的。独立需求的需求日期是由客户决定的，相关需求的需求日期是由对应的独立需求的日期及其提前日期决定的。

例如，最常用的有固定提前期。固定提前期是指不管需求量多少，每一个物料从开始到完成的时间。所谓“开始”是指发采购订单给供应商的时间；自制件是指生产订单的开工时间。所谓“完成”是指采购件完成验收入库的时间；自制件（即部件）是指可以提供到下一道生产工序开始工作的时间。通俗地说，采购件是从发出采购订单到物料采购入库需要的时间，如果需要 5 天的时间，则该物料的固定提前期为 5 天。

（2）时界与时栅

通常，产品从计划到生产会需要一段时间，例如前面提到的 MPS 的计划展望期为年、月、季、周（本章为了实训方便，采用月、半月、周来体验）。在执行月计划、半月计划、周计划时，根据生产日期的紧迫感，针对物料的供需情况，进行不同的计划方式处理。例如，对未来一个月的需求，可以考虑滚动生产计划；对未来的半个月，考虑固定生产计划，而对周计划，则必须满足客户订单。这样在 ERP 系统中，需要在月与半月之间，半月与周之间设定时间界限，称为计划的时界。因此人们将就此三种情况，对计划分段处理，在不同的时界区段内采用不同的资源计算方法。区段与区段的分隔我们称之为时栅。

① 区段设置。时栅共分三个时间段，每一个区段的天数由使用者自行决定。例如，时栅三个区段的天数分别为 7、15、30，MPS/MRP 展开时的系统日期为 2013/01/02，则时栅三个区段的起止日期分别如下。

区段 1：2013/01/02—2007/01/08。

区段 2：2013/01/09—2007/01/23。

区段 3：2013/01/24—2007/02/22。

三个行号必输其一。

② 预测消抵算法。MPS 计划的需求来源有两个，一个是客户订单，另一个是预测订单。因此，MPS 计划处理存在着三种方式，一是只考虑客户订单的需求；二是只考虑预测订单需求；三是既考虑客户订单需求，又考虑预测订单需求。

③ MPS 计划处理的特点。由于预测订单的需求是来自产品规划的，是一个长期的计划，例如年计划。如果只考虑年计划驱动采购作业和车间作业，将引起产品库存增长，带来库存风险，但是足够的产品库存对市场是有好处的；而客户订单的需求是要消耗产品库存的，如果只考虑客户订单需求，出现“零库存”管理，则会引起市场的敏感，导致客户丢失。只有两者都灵活地使用，才能相互“取长补短”，这就要求处理好“预测订单和客户订单”这两个需求来源的关系。

3．需求来源处理

（1）需求来源处理方式分类

客户订单与预测订单组合需求来源，系统提供了七种处理方式。

① 预测订单。

② 客户订单。

③ 预测订单+客户订单，不消抵。

④ 预测订单+客户订单，正向消抵（销售订单日期大的方向）。

⑤ 预测订单+客户订单，反向消抵（销售订单日期小的方向）。

⑥ 预测订单+客户订单，先正向再反向消抵。

⑦ 预测订单+客户订单，先反向再正向消抵。

（2）消抵逻辑处理

MPS 计划依据需求的来源，并遵照一定的规律进行消抵。系统将消抵后的数量作为建议需求计划。消抵处理是在各区段内进行的，规定不可跨区段，如图 8-1 所示。

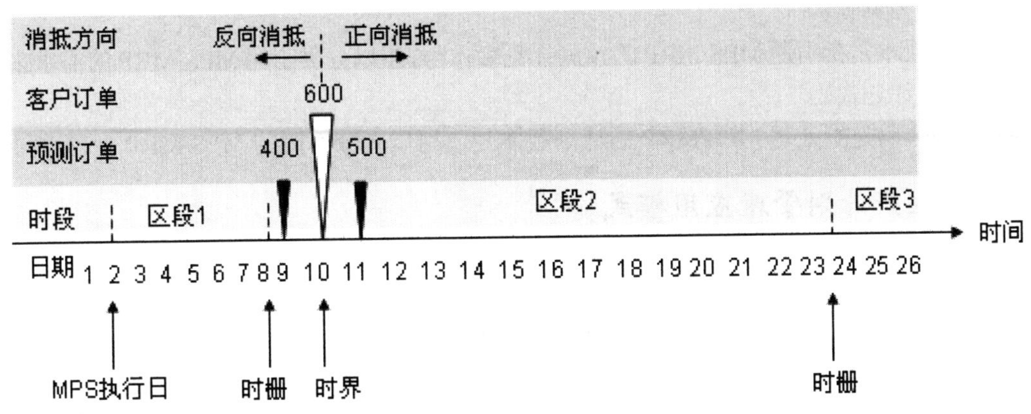

图 8-1 消抵逻辑处理

例如，客户订单需求日 11，数量为 600，在区段 2 日使用“预测订单+客户订单”逻辑处理如下。

① 反向消抵：客户订单将会消抵掉 10 日的预测订单量。则该区段的需求量为：600 客户订单量和 12 日的 500 预测订单量。

② 正向消抵：客户订单将会消抵掉 12 日的预测订单量。则该区段的需求为：10 日的 400 预测订单，11 日的 600 客户订单量。

③ 先反向再正向消抵：客户订单会先把 10 日的预测订单数量消抵，余下的部分再消抵 12 日预测订单数量。这时该区段的需求量变成了：11 日的 600 客户订单量和 12 日的 300 预测订单量。

④ 先正向再反向消抵：客户订单先把 12 日预测订单数量消抵，余下的部分再消抵 10 日的预测订单数量。这时该区段的需求量变成了：10 日的 600 客户订单量和 10 日的 300 预测订单量。

4．计划参数设置

MPS/MRP 计划可以通过对特定的计划参数的设置对产品生产计划进行“精细”管理。

（1）工作日历

MPS/MRP 计划必须与企业的工作日历联系起来，因为时间也是企业的重要资源之一。因此，企业可以根据自身的实际情况设置工作日历。而且不同的工作中心可以设置不同的工作日历，例如工作中心 1，规定周工作日为 5 天；工作中心 2，规定周工作日为 6 天等。ERP 系统提供这方面的功能，方便工作日历的新增、修改、删除和查询。

提示：

- 工作日历一旦被其他资料引用，则不可以删除。
- 如果需要删除，则需要先将引用删除。

（2）预测版本

预测版本是指引用 MPS/MRP 的预测计划版本号，用以分类引用 MPS/MRP 的需求来源。

（3）计划代码

计划代码是指处理 MPS/MRP 的计划版本号，用以区分不同的 MPS/MRP 处理结果。

8.1.2 生产计划管理应用模式

在企业里，生产计划管理是一项非常复杂的工作，也是非常专业化的一项工作。本书中的生产计划管理，是图 1-3 的“计划/管理层”，它的处理思维可参考图 1-2。图 1-4 中生产计划管理的上方为决策层，下方为操作层，生产计划承上启下，驱动生产系统运作的作用。

不同的行业及企业，其 MPS/MRP 计划的应用模式是不相同的。图 8-2 是 ABC 电脑销售公司的 MPS/MRP 应用模式，是目前较常用、容易实现的模式。

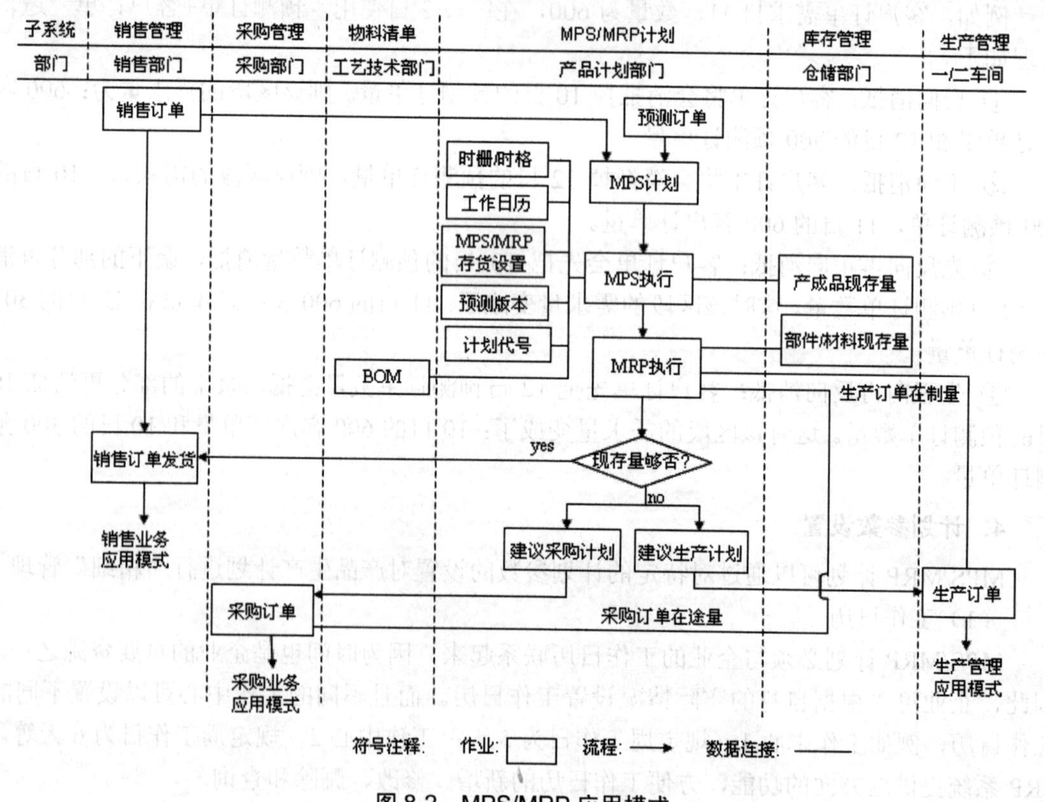

图 8-2 MPS/MRP 应用模式

图 8-2 中的预测订单是连接企业产品经营规划与资源需求计划的“桥梁”，参考图 1-3。产品规划是一个相对长期的计划，是定期输入系统的；而销售订单，也就是客户订单，它来源于市场，是随机产生的，也需要动态输入到系统中。

在执行 MSP/MRP 计划时，ERP 系统会自动处理预测订单和销售订单数据的关系。它依据产品 BOM 逐级分解相关需求，处理产成品、部件、原材料的现存量，处理采购订单在途量，生产订单的在制量，并计算出所有物料的净需求，最终提供建议采购计划和建议生产计划。值得提醒的是，建议采购计划和建议生产计划只是决策信息，提供给决策者采购作业和车间作业的信息，还需要管理者作出最后的抉择。

8.1.3　生产计划管理业务流程

MPS/MRP 计划业务流程涉及三个方面的工作内容，即基础数据维护、主生产计划（MPS）资源计划运算处理和物料需求计划（MRP）运算处理，如图 8-3 所示。

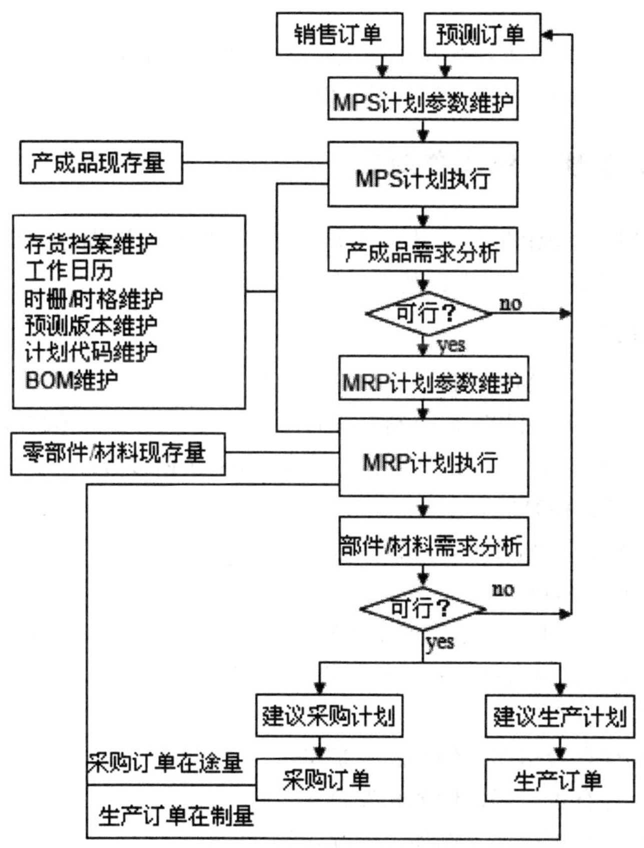

图 8-3　生产计划业务流程

基础数据维护可以保证 MPS/MRP 能够正常运行。其中包括设置指定产品的存货档案、工作中心维护、时栅资料维护、时格资料维护、预测版本维护、计划代码维护、产品的物料清单以及工艺路线的维护等。

MPS 计划是对最终产品，即计算独立需求的净需求，包括产成品生产多少，产品的现存量，什么时候生产等信息。

MRP 计划是对最终产品的相关物料，即计算相关需求的净需求，包括零部件生产多少，它们的现存量，什么时候生产等信息。

8.1.4 生产计划管理系统构成

图 8-2 MPS/MRP 应用模式，也就是 ABC 电脑制造公司的生产计划管理系统，它是一个控制系统。它包括销售管理、库存管理、物料清单、MPS/MRP 计划、库存管理、生产管理六个子系统，覆盖了销售部门、采购部门、仓储部门、工艺技术部门及生产计划部门的日常业务工作。

如果按专业分工，生产计划管理流程覆盖了销售管理流程、库存管理流程、生产管理流程、存货核算流程的连接。每一个流程都设置多个岗位，多项操作，参考表 8-1。

8.1.5 生产计划管理系统工作原理

参考图 8-2 的 MPS/MRP 应用模式和图 8-3 生产计划业务流程，主要包括基础数据维护、MPS 计算和 MRP 计算，需求分析。其工作原理如下。

1. 基础数据维护

（1）基础数据维护是 MPS/MRP 运行前期的准备

① 维护基础数据：时栅和时格资料、工作中心、工作日历、预测版本、计划代码、存货资料、供需政策、MPS 计划，提前期等，以及 MPS 计划参数。

② 维护产品资料：BOM。

③ 维护需求来源：预测订单，或销售订单。

（2）MPS/MRP 前稽查

要准确获取资源净需求量，首先要求采购管理、生产管理、销售管理子系统数据正常，也就是日常业务运作无异常数据。系统提供以下数据稽查。

① 销售订单执行有否错误，例如超发货量等。

② 采购订单执行有否错误，例如超退货量等。

③ 生产订单执行有否错误，例如超发料量等。

④ 检查库存管理有否错误，例如负库存量等。

其中任一种异常都可能带来 MPS/MRP 计算的问题。

2. MPS 计划执行

MPS 计划执行，后台计算机系统自动地连接 MPS 计划参数，参照产成品的资源信息计算出产成品的净需求，提交“MPS 的供需资料查询—明细”报告，建议的产成品生产计划，即 MPR 的执行依据。

3. MRP 计划执行

MRP 计划是依据 MPS 的结果做计算的。后台计算机系统自动连接 MPS 计划参数，分解 BOM，连接相关需求的资源信息，计算建议物料需求量，提交“MRP 的供需资料查询—明细”报告，建议物料采购计划和半成品的生产计划。

4. MPS/MRP 信息分析

通常一个具有规模的企业，它的 MPS/MRP 的计算数据量是较大的，这就要靠管理目标锁定数据的范围，才有可操作性。

例如，锁定特定的产品，或物料进行分析，一旦建议需求计划可行，便生效本次 MPS/MRP 计划代码，MPS/MRP 进入闭环控制与管理。否则，也可能带来资源计划的风险，例如，错误的采购作业或生产作业。

5. MPS/MRP 计划作业流程

一般 MPS/MRP 计划作业流程如图 8-4 所示。

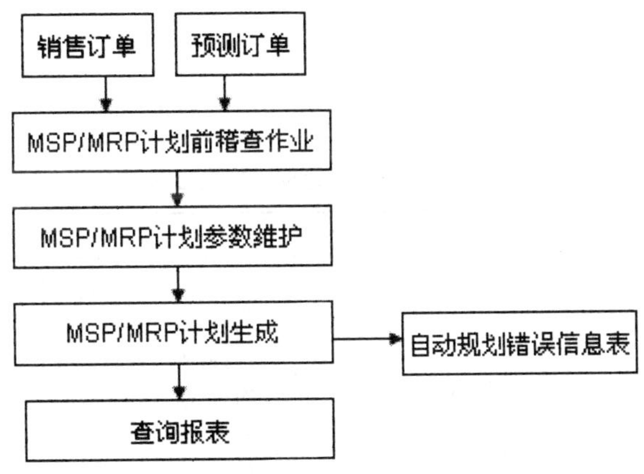

图 8-4 MPS/MRP 计划作业流程

（1）掌握需求来源：查询销售订单和预测订单。

（2）MPS/MRP 计划前稽查。

（3）维护 MPS/MRP 运行参数。

（4）维护 MPS/MRP 执行，生成需求信息，或错误信息。

（5）查询报表，进行建议需求计划分析。

8.2 实训指导

8.2.1 实训内容

- 按产品库存管理目标实训。
- 按客户订单管理目标实训。
- 按产品规划管理目标实训。

8.2.2 技能要求

1. 技能要求

（1）理解产品主生产计划的意义，掌握 MPS/MRP 计划的业务流程。
（2）学会维护 MPS/MRP 计划的相关数据。
（3）学会 MPS/MRP 计划的需求来源及处理逻辑。
（4）学会 MPS/MRP 计划的基本操作方法。
（5）学会分析物料需求的信息，理解“供需”平衡的供应链管理的思想。
（6）学会 MPS/MRP 闭环控制的技能。

2. 环境要求

单用户环境实训，要求一个人按表 8-1 完成生产计划管理系统实训。

表 8-1 生产计划管理模拟企业岗位分工

用户	角色	部门	岗位	操作内容
admin		信息部门	信息主管	引入 D:\生产制造管理账套-2
1001	生产计划员	生产计划部	生产计划员	设置时栅/时格，工作日历，存货设置，计划代码，输入预测订单 MPS 计划执行，MRP 计划，分析物料供需平衡报告 审核产品重复生产订单，审核部件重复生产订单
4001	销售业务员	销售部门	销售业务员	填制/审核销售订单，填制发货单
3001	采购业务员	采购部门	采购业务员	参照 MPS/MRP 生成采购订单，填制/审核采购到货
1002	生管人员	一车间	班组长	参照 MPS/MRP 自动生成生产订单
1004	生管人员	二车间	班组长	参照 MPS/MRP 自动生成生产订单
6001	仓库主管	仓储部门	材料仓管员	填制/审核采购入库，填制/审核材料出库单
6002	仓库主管	仓储部门	半成品仓管员	填制/审核部件入库单，填制/审核产成品入库单，填制/审核部件出库单
6003	仓库主管	仓储部门	产成品仓管员	填制/审核产成品入库单，填制/审核销售出库单

8.2.3　实训准备

1．账套引入

系统日历 2013-01-02，以 admin 的身份登录“系统管理”平台，将 D:\生产制造管理账套-2 引入至系统。

2．登录“企业应用平台”

以操作员：“1000，张健”账套主管的身份；输入密码：无；选择账套：[666]ABC 电脑制造公司；登录“企业应用平台”，进行生产计划管理的实训。

3．MPS/MRP 资料准备

（1）工作日历设置

SYSTEM 工作日历，从 2013 年 1 月 1 日；星期一至星期五，每天工作 8 个小时，星期六和星期天休息。

操作步骤：

① 单击“业务工作”标签，选择“基础档案”→“业务”→“工作日历维护”选项，弹出“工作日历维护”对话框。

② 单击【修改】按钮，进入“工作日历维护”对话框，如图 8-5 所示。

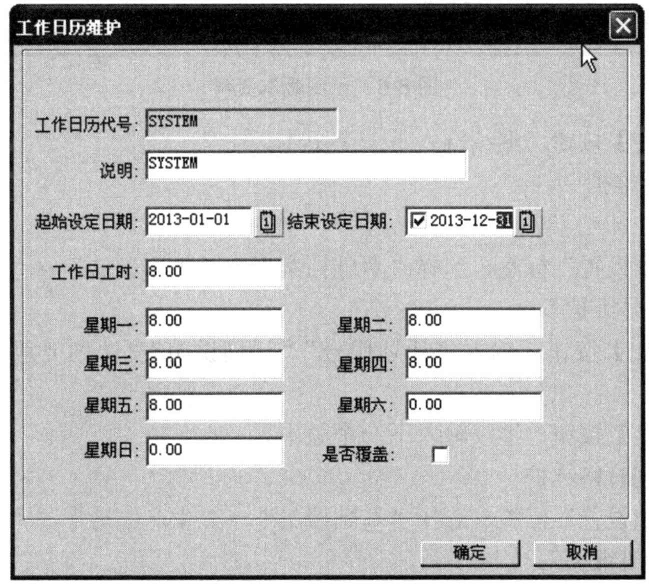

图 8-5　工作日历维护

③ 单击【确定】按钮，然后单击【保存】按钮，完成工作日历设置，单击【退出】按钮。

（2）维护预测版本资料

操作步骤：

① 单击“基础设置”标签，选择“基础档案”→“生产制造”→“预测版本资料维护”选项，打开“预测版本资料维护”。

② 单击【增加】按钮，输入“版本代号”“版本说明”“版本类别”“默认版本”，完成预测版本资料的输入，如图 8-6 所示。

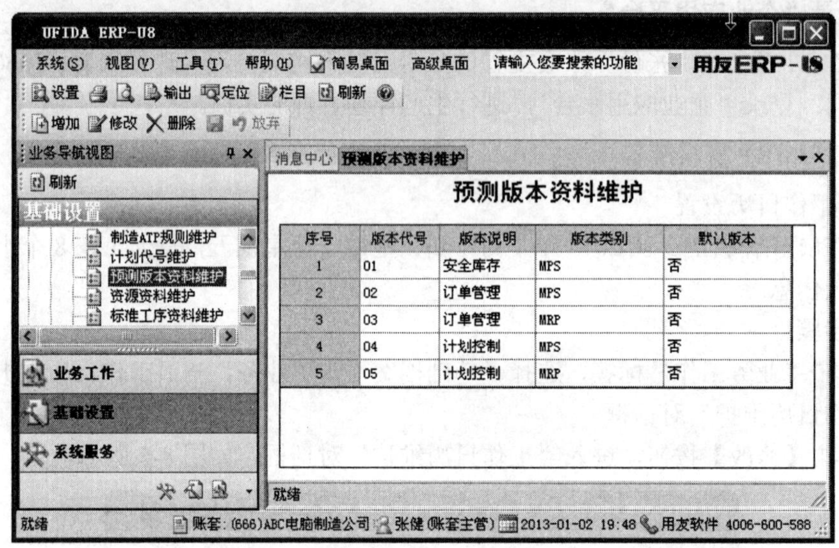

图 8-6 预测版本资料

③ 单击【保存】按钮，继续输入下一个版本。

（3）计划代号维护

操作步骤：

① 单击“基础设置”标签，选择“基础档案”→“生产制造”→“计划代号维护”选项，打开“计划代号维护”。

② 单击【增加】按钮，输入“计划代号”“计划说明”“计划类别”“默认计划”，如图 8-7 所示。

③ 单击【保存】按钮，继续输入下一个版本。

（4）重复计划时格维护

① 单击“基础设置”标签，选择“基础档案”→“生产制造”→“时格资料维护”选项，打开“时格资料维护”。

② 单击【增加】按钮，输入“时格代码”“时格说明”“行号”“类别”“日数”，如图 8-8 所示。

③ 单击【保存】按钮，继续输入下一行。

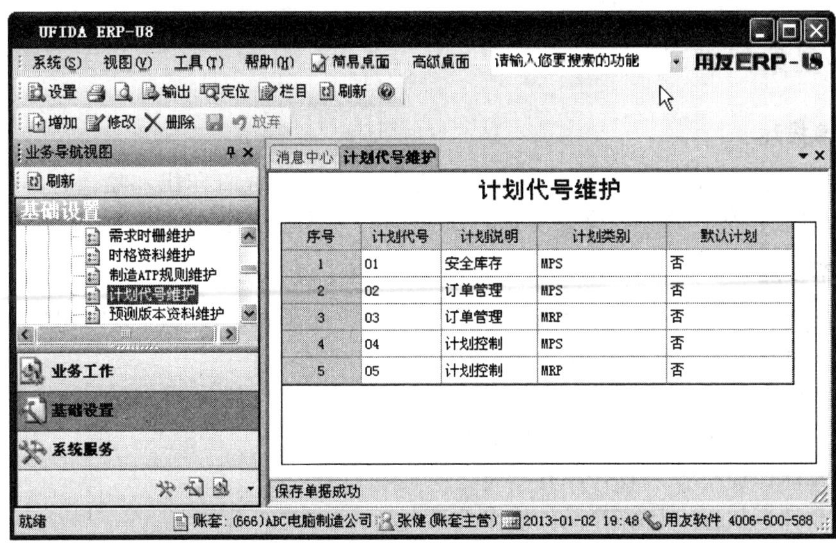

图 8-7　计划代号资料

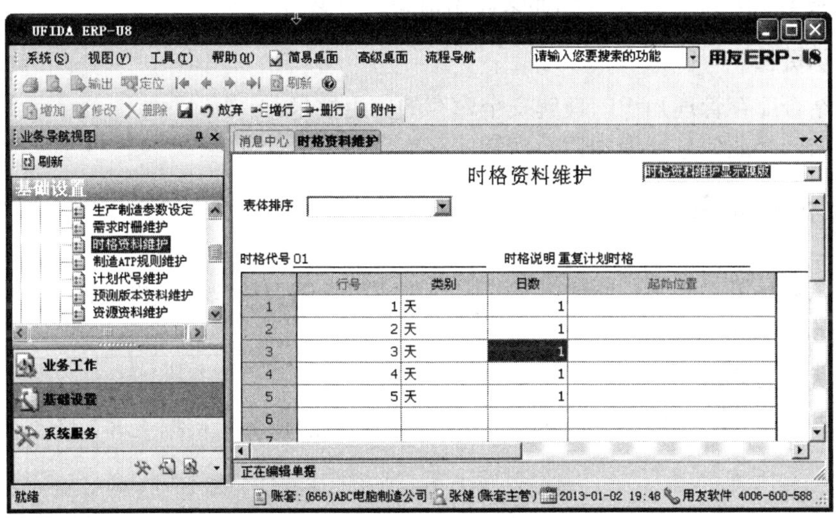

图 8-8　时格维护

8.3　安全库存管理实训

安全库存的目标管理是面向库存制造（Make To Stock，MTS）中的典型应用之一。其管理思想较简单，在满足客户需求的同时，做一定数量的产品库存，用以应对不断变化的市场。它属于库存管理部分，但在企业不能准确地确定市场需要什么产品时，运用安全库存方法，可以缓解采购和制造的压力，但同时也会带来库存管理的风险。

8.3.1 典型案例描述

1. 情境描述

2013 年 1 月 2 日，产品计划部的生产计划员接受“激光打印机和喷墨打印机”安全库存管理任务以后，马上调整安全库存量，执行 MPS 计划，进行安全库存管理。

2. 基本技能

（1）查询 MPS 计划的需求来源：无。安全处理的逻辑，参考图 1-1 和图 8-2。

（2）维护产品的安全库存量，参考图 8-12。

（3）熟悉 MPS 计划作业流程：

① 维护表 8-2 和表 8-3 资料，MPS 计划参数。

② MPS 前作业稽查，有否库存异常。

③ MPS 计划执行，计算产品的安全库存量。

④ MPS 建议需求计划分析。

⑤ MPS 计划生效，进入采购业务应用模式，参考第 5 章。

3. 知识链接

（1）结合库存管理知识，理解安全库存的应用技术。

（2）结合企业信息管理知识，理解库存信息共享的含义。

8.3.2 实训资料维护

假设企业预测“激光打印机”和“喷墨打印机”的市场较大，可以做一定量的安全库存，用以保证产品的畅销。

1. 存货档案修改

2013 年 1 月 2 日，生产计划员接受安全库存管理的任务。根据表 8-2 修改存货参数。

表 8-2 产品安全库存管理资料

存货编码	存货名称	内销	固定提前期	MPS/MRP	供需策略	安全库存量
0310	激光打印机	是	7	MPS	PE	200
0311	喷墨打印机	是	7	MPS	PE	200

操作步骤：

（1）单击“基础设置”标签，选择“基础档案”→“存货”→“存货档案”选项，打开“存货档案”。

（2）在左侧窗格中选择“存货分类”→“外购品”；在右侧窗格中选择“激光打印机”，弹出“修改存货档案”对话框，如图 8-9 所示。

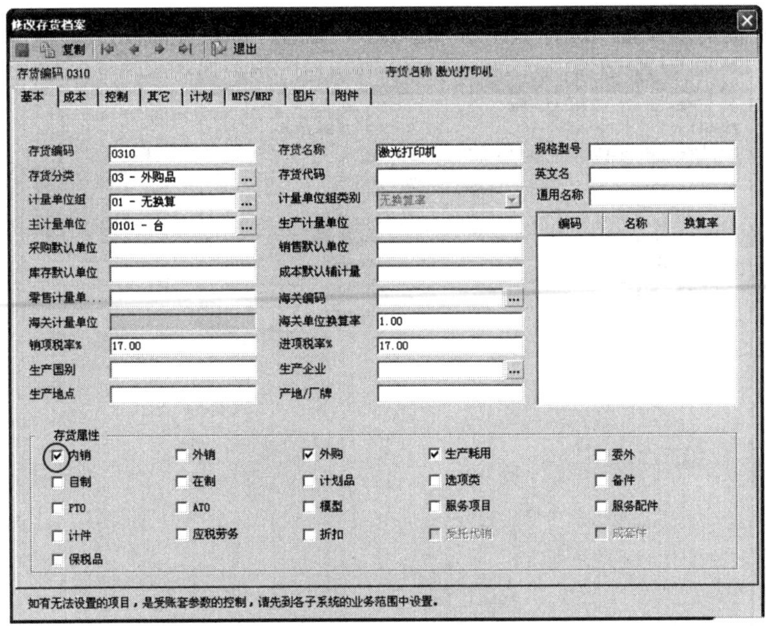

图 8-9　修改存货档案

（3）MPS 计划设置。选择 MPS/MRP 选项卡，选中“MPS 件”复选框，并设置“计划方法”为 R，“供需政策”为 PE，如图 8-10 所示。

图 8-10　设置 MPS 计划

（4）固定提前期设置。选择“计划”选项卡，设置“固定提前期”为 7，如图 8-11 所示。

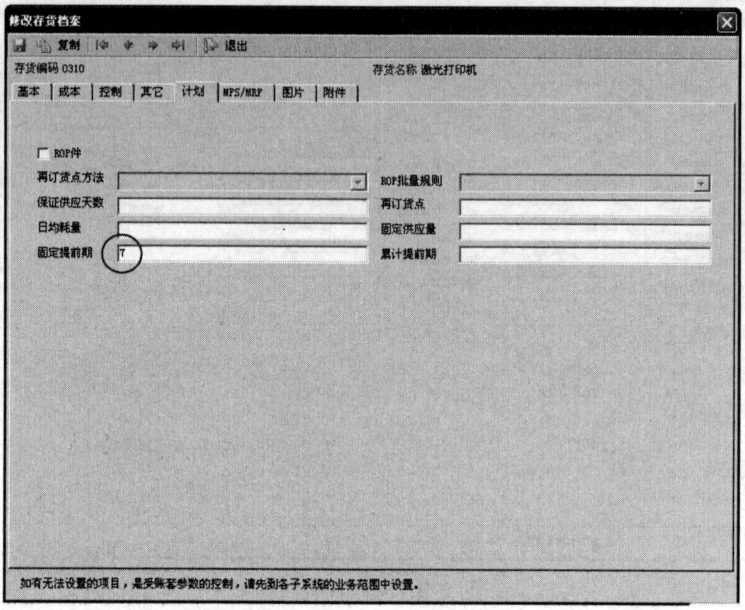

图 8-11　维护固定提前期

（5）安全库存参数设置。选择“控制”选项卡，设置“安全库存”为 200，如图 8-12 所示。

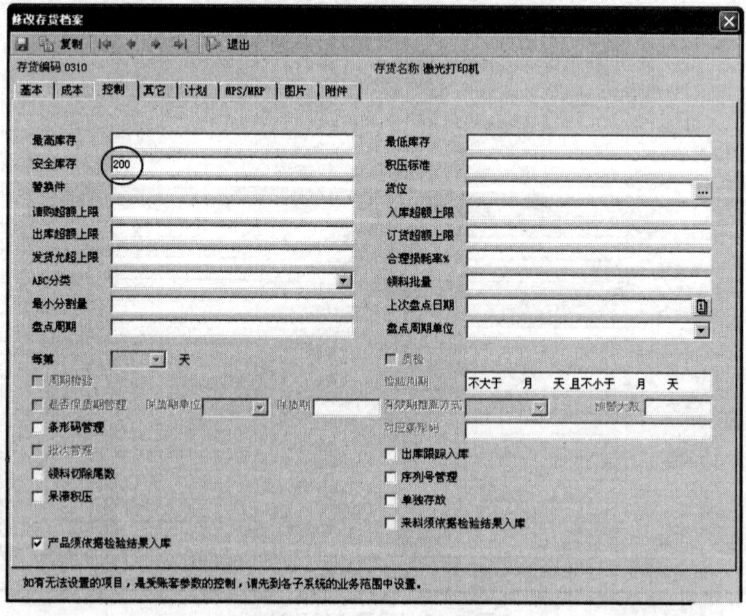

图 8-12　设置安全库存参数

2．时栅维护

依据表 8-3 进行时栅维护。

表 8-3　安全库存时栅

行　　号	日　　数	需 求 来 源
1	30	预测+客户订单不抵消

操作步骤：

（1）单击“基础设置”标签，选择“基础档案”→“生产制造”→“需求时栅维护”选项，打开“需求时栅维护”。

（2）单击【增加】按钮，表头输入“时栅代号、时栅说明”；表体输入“行号、日数、需求来源”，如图 8-13 所示。

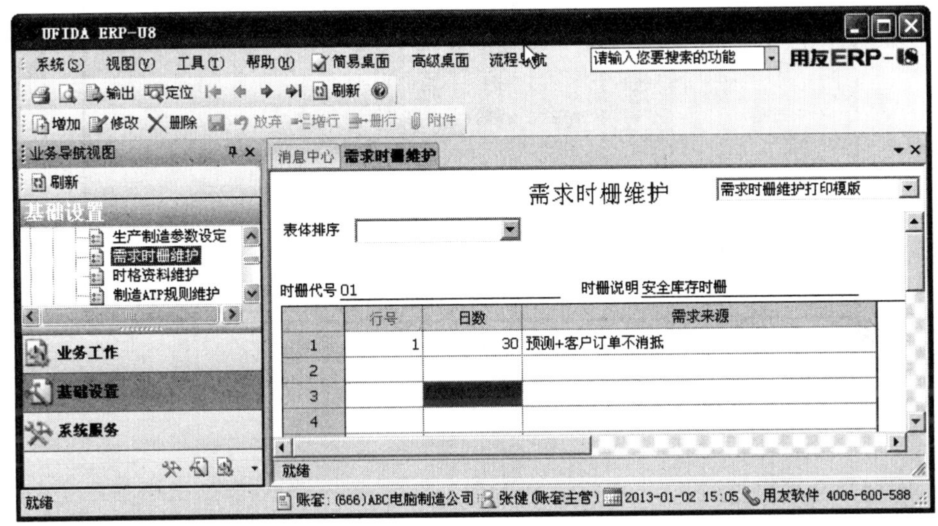

图 8-13　安全库存时栅维护

（3）单击【保存】按钮。

3．MPS 计划参数维护

操作步骤：

（1）单击“业务工作”标签，选择“生产制造”→“基本资料维护”→“MPS 计划参数维护”选项，弹出“MPS 计划参数维护”对话框。

（2）选择“预测版本、需求时栅、计划代号、截止日期、来源 MPS 计划代号、请购单、采购订单、计划订单、安全库存、供需追溯、逾期时正向排程”，如图 8-14 所示。

（3）单击【确定】按钮。

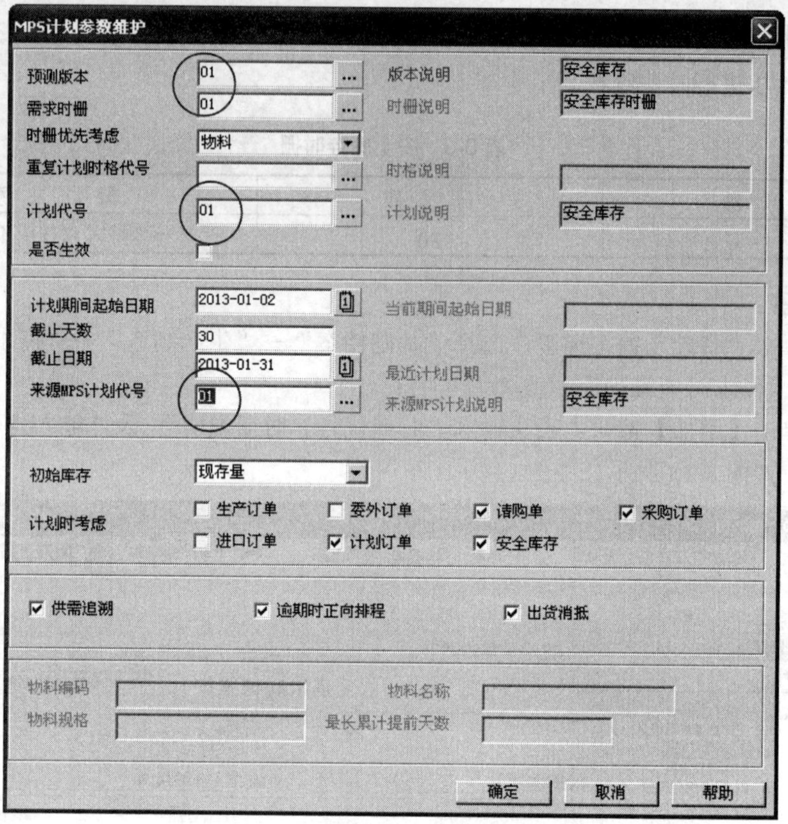

图 8-14　安全库存 MPS 计划参数维护

8.3.3　MPS 计划前稽查

1．库存异常状况查询

在执行 MPS 计划执行前，必须先检查库存中是否有负库存量，以便影响 MPS 计划的计算结果。

操作步骤：

（1）单击“业务工作”标签，选择“生产制造”→“主生产计划”→“MPS 计划前稽核作业”→“库存异常状况查询”选项，弹出“过滤条件选择”对话框。

（2）选择“常用条件：包含非 MRP 仓：否”。单击【过滤】按钮，打开“库存的异常状况”。若没有异常，将不会显示任何信息。

2．仓库净算定义查询

在执行 MPS 计划执行前，还需检查仓库是否被定义为 MRP 计算。如果没有，该仓库将不参与 MPS 计划的运算。

操作步骤：

选择“业务工作”标签，选择“生产制造”→“主生产计划”→“MPS 计划前稽核作业”→“仓库净算定义查询”选项，打开“仓库净算定义查询”，如图 8-15 所示。

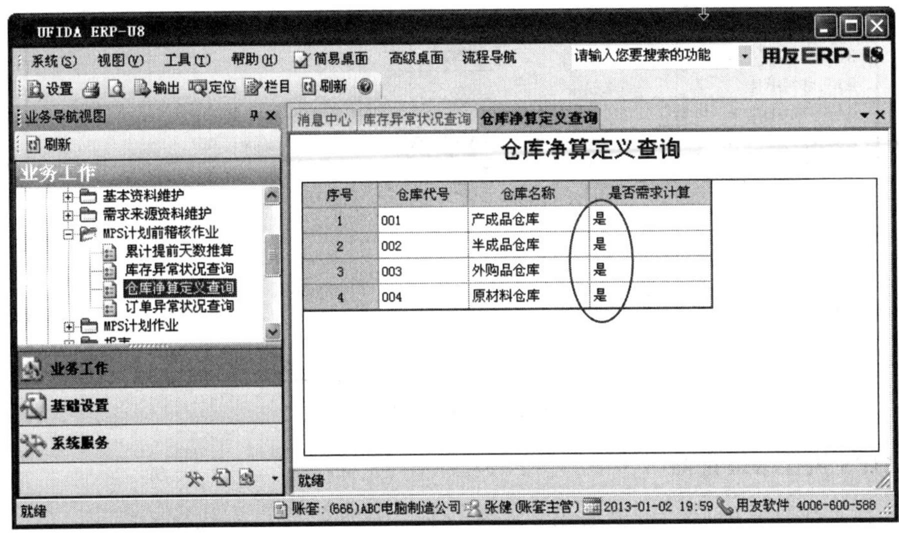

图 8-15　仓库净算定义

提示：仓库净算定义在“基础设置”→“业务”→“仓库档案”中修改。

8.3.4　MPS 计划作业

1. 手工计算表 8-4 的资料

用手工计算表 8-4 资料，学习产品安全库存管理的数据处理方法。

表 8-4　安全库存量管理

存货编码	存货名称	固定提前期	安全库存量	现存量	建议需求量	建议需求日期
0310	激光打印机	7	200	100	100	2013-01-09
0311	喷墨打印机	7	200	0	200	2013-01-09

2. MPS 计划计算表 8-4 的资料

操作步骤：

（1）单击“业务工作”标签，选择“生产制造”→“主生产计划”→“MPS 计划作业”→“MPS 计划生成”选项，弹出“MPS 计划生成”对话框，输入“来源 MPS 计划代号”，如图 8-16 所示。

（2）单击【执行】按钮，系统自动执行所定的 MPS 计划。

（3）完成后弹出“[MPS 计划生成]处理成功”对话框，单击【确定】按钮，完成 MPS

计划的处理。

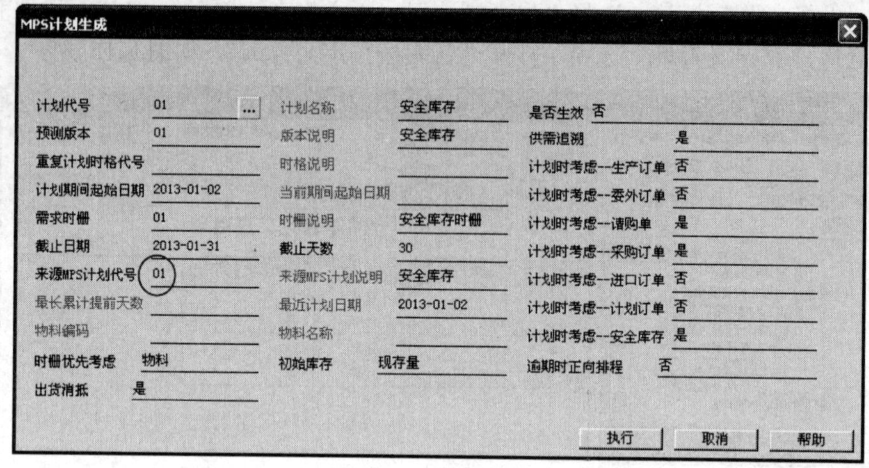

图 8-16 MPS 计划生成

3. MPS 执行结果查询

MPS 计划执行完成后，可以通过“供需资料”快速地查询到执行的结果。

操作步骤：

（1）选择“业务工作”标签，选择“生产制造”→“主生产计划”→“MPS 计划作业”→“供需资料查询-物料”选项，弹出“过滤条件选择”对话框。

（2）输入“计划代号：01-安全时栅”。

（3）单击【过滤】按钮，打开“供需资料查询-物料”，显示物料的 MPS 计划情况，如图 8-17 所示。

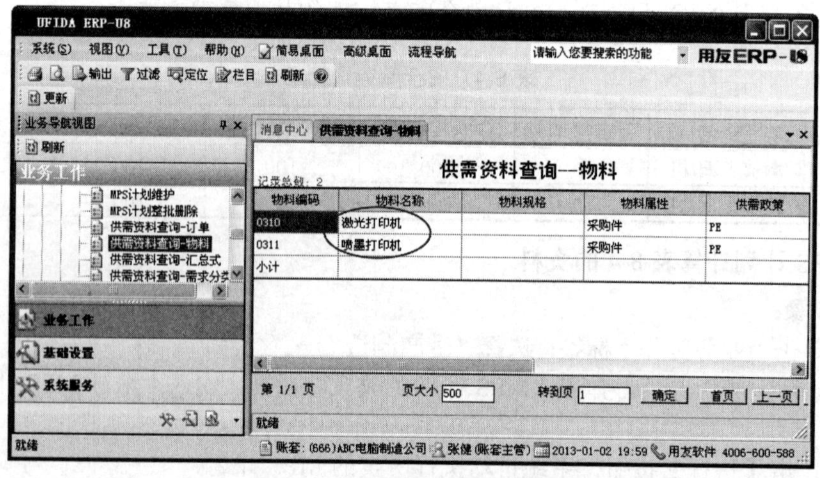

图 8-17 供需资料查询-物料

（4）双击“激光打印机”，弹出“供需资料查询-明细（物料）”窗口，如图 8-18 所示。逐一观察物料的固定提前期、安全库存、现存量等信息，并与表 8-4 对照。

供需资料查询--明细(物料)

输出　退出

供需资料查询--明细(物料)

表体排序

物料编码 0310　物料名称 激光打印机　物料规格

物料属性 采购件　计量单位 台　固定提前期 7

供应期间　供需政策 PE　重复计划 否

安全库存 200.00　切除尾数 否　令单合并 否

变动提前期　变动基数　固定供应量

最低供应量　供应倍数　最高供应量

需求跟踪号　需求跟踪行号　替换日期

现存量 100.00

	供需日期	审核日期	订单号码	订单型态	状态	供/需	订单原量	订单余量	结存量-1	重规划日
1	2013-01-09	2013-01-02	GEN000000...	规划供应	审核日	供	100.00	100.00	200.00	2013-01-02
2										
3										
4										
5										
6										
7										
8										

图 8-18　供需资料查询-明细（物料）

4．供需平衡计算

（1）数量计算

行 1 规划供应量的计算：

规划供应量=销售订单量+预测订单量+预计出库量-预计入库量-现有库存量+安全库存量

因为：

销售订单量：0 台

预测订单量：0 台

预计出库量：0 台

预计入库量：0 台

现有库存量：100 台

安全库存量：200 台

所以：规划供应量 GEN00000xxx（自动编码）：0+0+0-0-100+200=100 台。

（2）日期计算

供应日期与审核日期，且考虑固定提前期。

因为：

审核日期（即 MPS 计划执行日）：2013-01-02。

固定提前期：7。

逾期时正向排程。

所以：供应日期：2013-01-09。

（3）MPS 计划分析

因为本案例是在 2013-01-02 进行了安全库存量调整后，马上执行 MPS 计划的。显然因不满足安全库存量会产生逾期的供应需求，又由于在 MPS 参数中设置了“逾期时正向排程”，所以系统考虑固定提前期为 7 天，则审核日期和供应日期：2013-01-09；如果不设置“逾期时正向排程”，需求日期为：2012-12-26。

结论，计划代号 01 的 MPS 建议是，从 2013-01-09 起激光打印机开始执行安全库存管理的任务。

5. 安全库存信息分析

（1）建议计划

激光打印机和喷墨打印机的建议计划量，是用来控制采购部门编制采购订单的。

操作步骤：

① 单击“业务工作”标签，选择“生产制造”→“主生产计划”→“MPS 计划作业”→“报表”→“建议计划量明细表（MPS）”选项。

② 弹出“选择”对话框，选择“计划订单”，单击【确定】按钮。

③ 弹出“过滤条件选择-建议计划量明细表（MPS）-重复计划”对话框，选择“计划代号：01-安全库存”，单击【过滤】按钮。

④ 弹出“建议计划量明细表（MPS）-计划订单”窗口，如图 8-19 所示。

图 8-18（见圆圈标识部分），ERP 系统计算的“供/需”栏目“供”的量与表 8-4 手工计算的建议需求量和建议需求日期是相同的。

（2）供需追溯分析

MPS 计划执行后，追溯 MPS 的供需资料，可观察到本次执行产品的建议计划的来源情况。

操作步骤：

① 单击“业务工作”标签，选择“生产制造”→“主生产计划”→“MPS 计划作业”→“报表”→“供需追溯明细表（MPS）”选项，弹出“过滤条件选择-过滤追溯明细表（MPS）”对话框。

② 选择“计划代号：01 安全库存”，单击【过滤】按钮，打开“供需追溯明细表（MPS）

窗口，如图 8-20 所示。

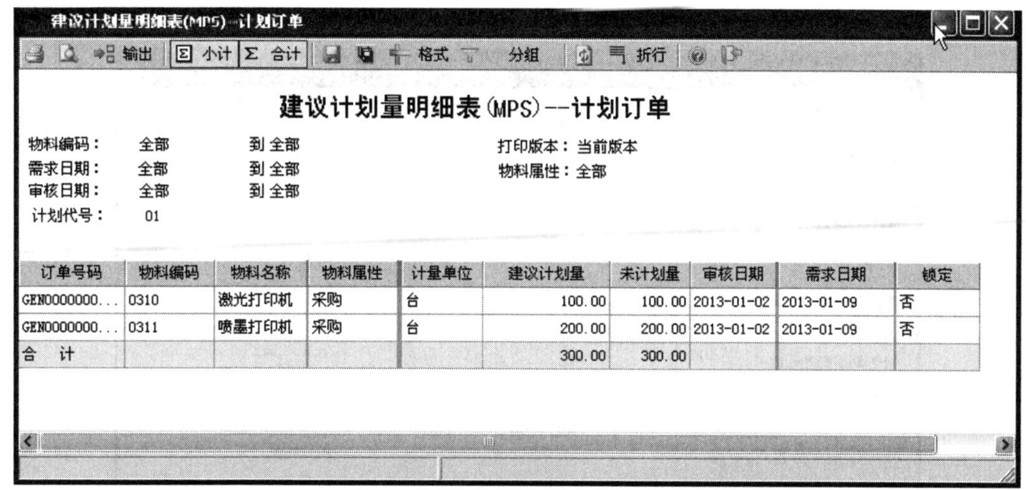

建议计划量明细表(MPS)--计划订单

物料编码：全部 到 全部　　打印版本：当前版本
需求日期：全部 到 全部　　物料属性：全部
审核日期：全部 到 全部
计划代号：01

订单号码	物料编码	物料名称	物料属性	计量单位	建议计划量	未计划量	审核日期	需求日期	锁定
GEN0000000...	0310	激光打印机	采购	台	100.00	100.00	2013-01-02	2013-01-09	否
GEN0000000...	0311	喷墨打印机	采购	台	200.00	200.00	2013-01-02	2013-01-09	否
合　计					300.00	300.00			

图 8-19　建议计划量明细表（MPS）-计划订单

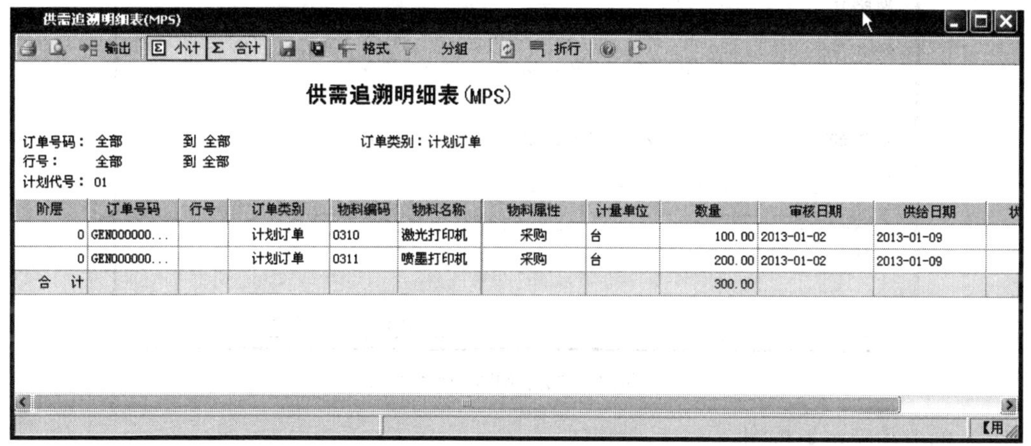

供需追溯明细表(MPS)

订单号码：全部 到 全部　　订单类别：计划订单
行号：全部 到 全部
计划代号：01

阶层	订单号码	行号	订单类别	物料编码	物料名称	物料属性	计量单位	数量	审核日期	供给日期
0	GEN000000...		计划订单	0310	激光打印机	采购	台	100.00	2013-01-02	2013-01-09
0	GEN000000...		计划订单	0311	喷墨打印机	采购	台	200.00	2013-01-02	2013-01-09
合　计								300.00		

图 8-20　供需追溯明细表

8.3.5　生产计划闭环管理

生产计划闭环管理的概念，是通过 MPS/MRP 计划来控制和管理采购作业和生产作业的。参考图 8-20，MPS 建议：2013 年 1 月 9 日，采购 100 台激光打印机、200 台喷墨打印机。

1. 生效建议需求计划

（1）MPS 计划生效

操作步骤：

① 单击“业务工作”标签，选择“生产制造”→“主生产计划”→“基本资料维护”

→“MPS 计划参数维护”选项，弹出“MPS 计划参数维护”对话框。

② 选中“是否生效”复选框，如图 8-21 所示。

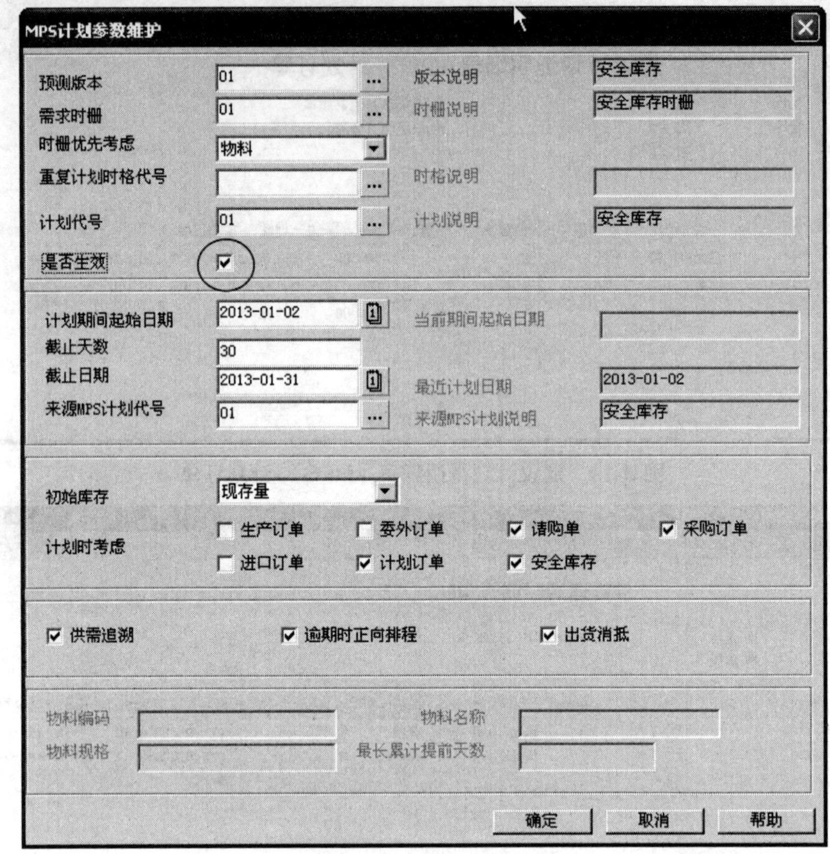

图 8-21　选择 MPS 计划生效

③ 单击【确定】按钮。

（2）MPS 计划生成

选择“生产制造”→“主生产计划”→“MPS 计划作业”→“MPS 计划生成”执行。

2．MPS 计划生成采购订单

此时，生产计划管理系统已经将 MPS 数据传递给采购管理系统，采购业务员只要参照“MPS/MRP 计划”生成采购订单即可。

操作步骤：

（1）单击“业务工作”标签，选择“供应链”→“采购管理”→“采购订货”→“采购订单”选项，打开“采购订单”。

（2）单击【增加】按钮，在【生单】下拉列表中选择“MPS/MRP 计划”，弹出“过滤条件选择-采购订单 MPS/MRP 计划列表过滤”对话框，选择“物料编码：激光打印机与喷墨打印机”过滤。

（3）弹出“订单拷贝 MRP 计划”，如图 8-22 所示。

拷贝并执行

输出　确定　定位　全选　全消　查询　刷新　栏目　滤设　退出

☑ 执行所拷贝的记录 ☐ 显示已执行完的记录　　页大小 20

订单拷贝MRP计划　　☐ 选中合计

记录总数：2

选择	存货编码	存货名称	币种	主计量	计划数量	已下达量	订货日期	计划到货日期	计划来源	存货分类	需求分类代号说明
	0310	激光打印机	人民币	台	100.00	0.00	2013-01-02	2013-01-09	MPS	03	
	0311	喷墨打印机	人民币	台	200.00	0.00	2013-01-02	2013-01-09	MPS	03	
合计											

图 8-22　拷贝 MRP 计划

（4）单击【ALL】按钮，并单击【确定】按钮，将需求计划引入采购订单，如图 8-23 所示。

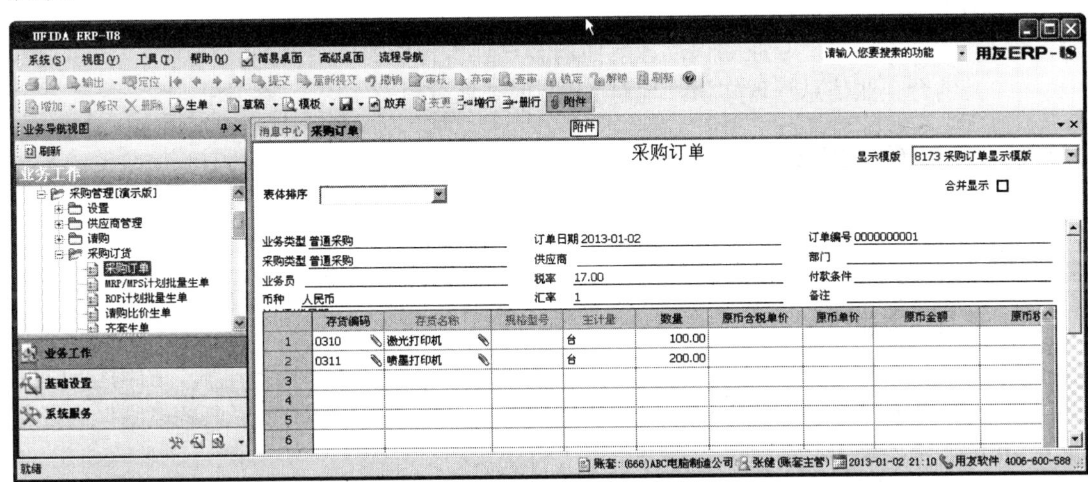

图 8-23　安全库存处理生成采购订单

至此，生产计划部门调整的产品安全库存量成功地传递到采购部门，进行安全库存管理。

8.4　客户订单管理实训

在市场经营环境下，“以客户为中心”已经成为企业的文化。采用面向客户订单管理（Make to Order，MTO）是企业追求的目标，所以 MTO 的 ERP 解决方案深受企业的欢迎。

8.4.1 典型案例描述

1．情境描述

2013 年 1 月 2 日，产品计划部接受“商务电脑”进行客户订单管理的任务。

2．基本技能

（1）查询 MPS 计划的需求来源：“客户订单”，计划的逻辑处理，参考图 1-1 和图 8-2。

（2）维护销售订单。

（3）熟悉 MPS/MRP 计划作业流程：

① 维护表 8-5 资料，查询 BOM、维护时栅/时格、MPS/MRP 计划参数。

② MPS/MRP 前作业稽查，有否库存异常。

③ MPS/MRP 计划执行，计算销售订单的净需求量。

④ MPS/MRP 建议需求计划分析。

⑤ MPS/MRP 计划生效，进入采购业务，或生产管理应用模式，参考第 5 章和第 6 章。

3．知识链接

（1）结合工商管理专业知识，理解面向客户订单管理的应用技术。

（2）结合企业信息管理知识，理解 MRP 的处理逻辑及实现，参考图 1-1。

8.4.2 实训资料准备

企业根据“商务电脑”的市场已经接近“饱和”的信息，决定按订单管理，做该产品的“零”库存管理。

1．存货档案修改

2013 年 1 月 2 日，销售部门确定客户“希望公司”的 60 台“商务电脑”的销售订单。客户要求 2013 年 1 月 18 日交货。生产计划员接到任务以后，查询了“商务电脑”的现存量有 40 台，还需要生产 20 台。

生产计划员执行“订单管理”的任务，按表 8-5 修改存货属性、重复计划、MPS/MRP、固定提前期。

表 8-5 “商务电脑”的 BOM 资料

价码	物料编码	物料名称	计量单位	存货属性	重复计划	MPS/MRP	固定提前期
0	0102	商务电脑	台	内销，自制	是	MPS	1
1	0301	显示器	台	外购，生产消耗	否	MRP	7
1	0302	鼠标	只	外购，生产消耗	否	MRP	7
1	0303	键盘	个	外购，生产消耗	否	MRP	7

续表

价码	物料编码	物料名称	计量单位	存货属性	重复计划	MPS/MRP	固定提前期
1	0203	商用主机	台	自制，生产消耗	是	MRP	1
2	0304	内存条	条	外购，生产消耗	否	MRP	7
2	0305	硬盘	个	外购，生产消耗	否	MRP	7
2	0309	商务主板	块	外购，生产消耗	否	MRP	7
2	0201	机箱	个	委外，生产消耗	否	MRP	7
3	0401	金属板（1*2M）	片	外购，生产消耗	否	MRP	7

操作步骤：

（1）单击“基础设置”标签，选择“基础档案”→“存货”→“存货档案”选项，打开“存货档案”。

（2）在左侧窗格中选择“存货分类”→“产成品”；在右侧窗格中选择“商务电脑”，弹出“修改存货档案”对话框，如图 8-24 所示。

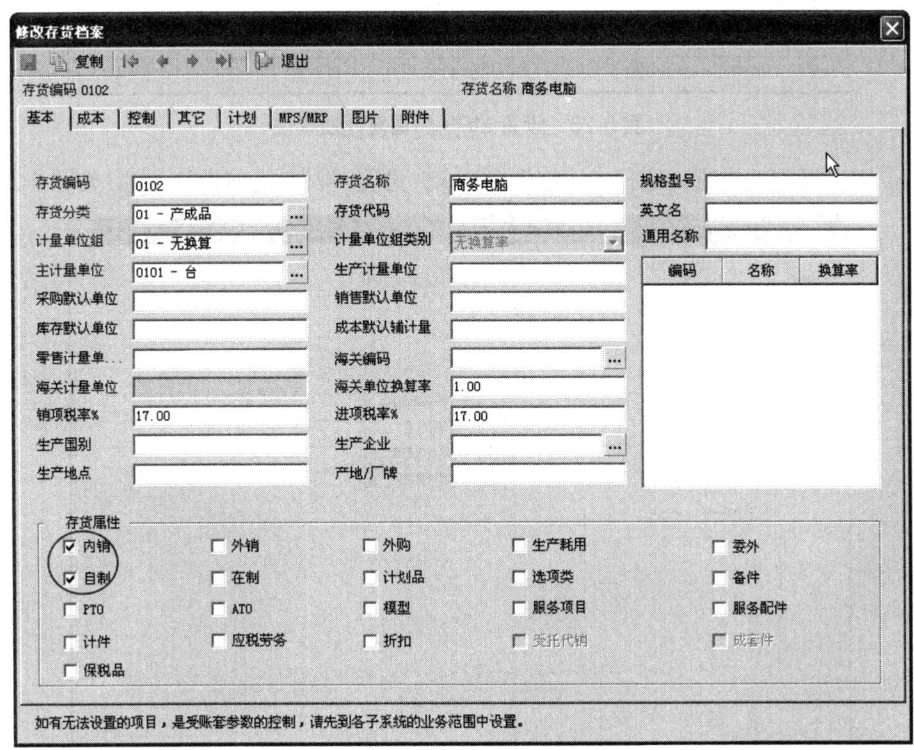

图 8-24　修改存货档案

（3）MPS 计划设置。选择 MPS/MRP 选项卡，选中“MPS 件”和“重复计划”复选框，并设置“计划方法”为 R，“供需政策”为 LP，如图 8-25 所示。

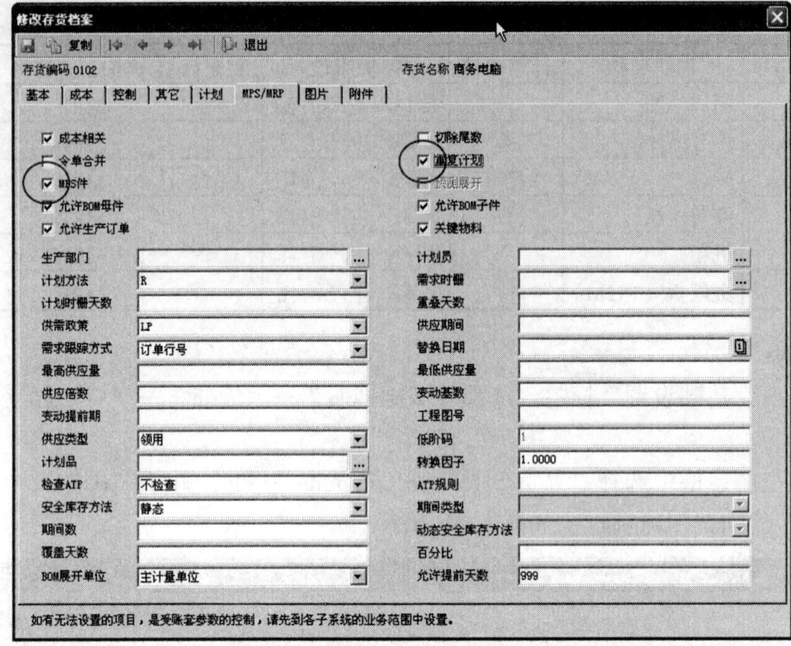

图 8-25 设置 MPS 和重复计划属性

（4）固定提前期设置。选择“计划”选项卡，设置“固定提前期”为 1，如图 8-26 所示。

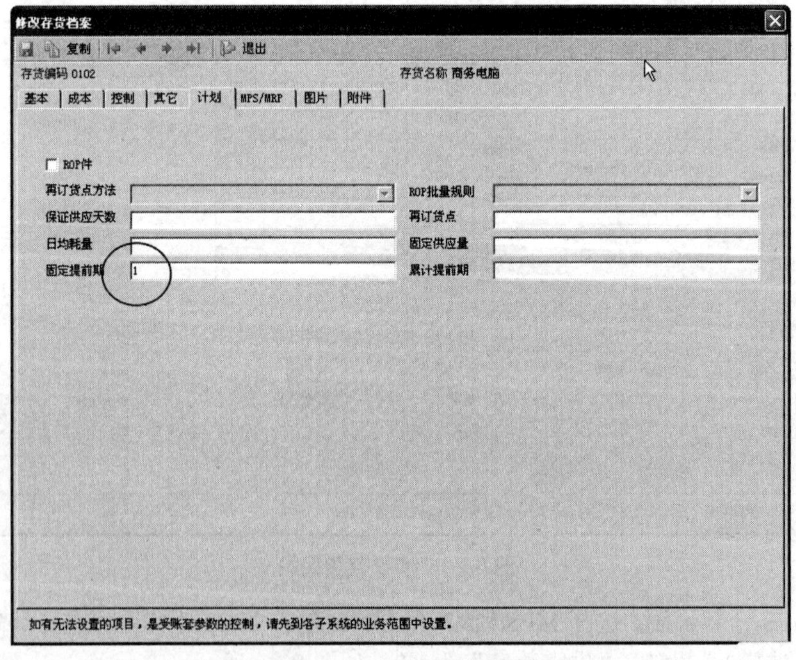

图 8-26 维护固定提前期

按照上述方法，完成表 8-5 中所有的存货资料的设置。

2．计算累计提前期

依据表 8-5 中的固定提前期，计算“商务电脑”的累计提前期，了解“商务电脑”生产的总天数，结果参考表 8-7。

（1）计算累计提前期

操作步骤：

① 单击“业务工作”标签，选择“生产制造”→“主生产计划”→“MPS 计划前稽核作业”→“累计提前天数推算”选项，弹出“累计提前天数推算”对话框。

② 单击【执行】按钮，正在执行“处理累计提前天数”等候，弹出[累计提前天数]处理成功！

③ 单击【确定】按钮。

（2）查询累计提前期天数

① 单击“基础设置”标签，选择“基础档案”→“存货”→“存货档案”选项，打开“存货档案”。

② 在左侧窗格中选择“存货分类”→“产成品”；在右侧窗格中选择“商务电脑”，弹出“修改存货档案”对话框中的“累计提前期：16”，如图 8-27 所示，参考表 8-5。

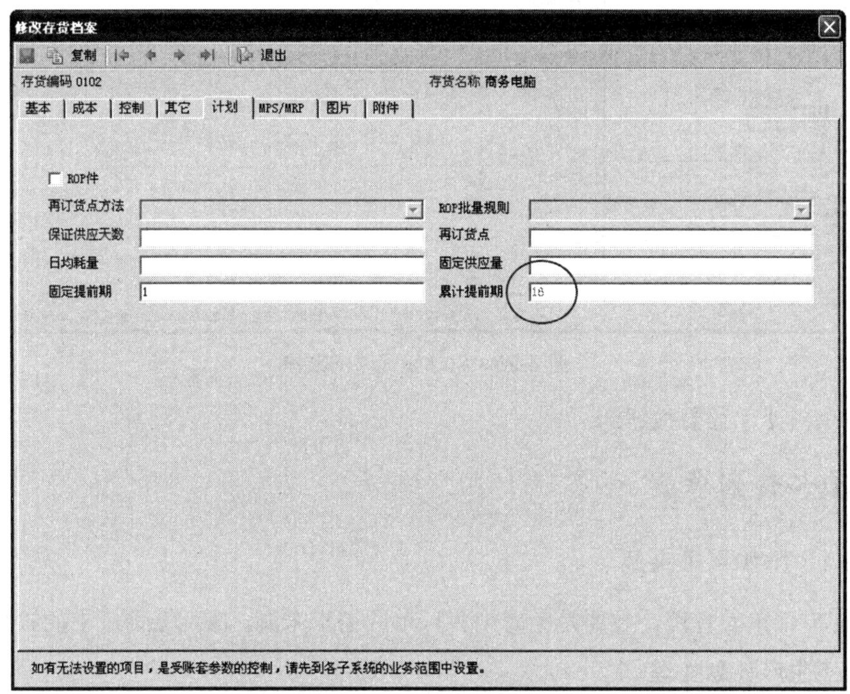

图 8-27　查询累计提前期

3. 订单管理时栅维护

MPS 计划的需求来源为“客户订单”，如表 8-6 所示。

表 8-6　订单管理时栅

行　　号	日　　数	需 求 来 源
1	15	客户订单

操作步骤：

（1）单击“基础设置”标签，选择“基础档案”→“生产制造”→“需求时栅维护”选项，打开“需求时栅维护”。

（2）表头输入“时栅代号、时栅说明”；表体输入“行号、日数、需求来源”，如图 8-28 所示。

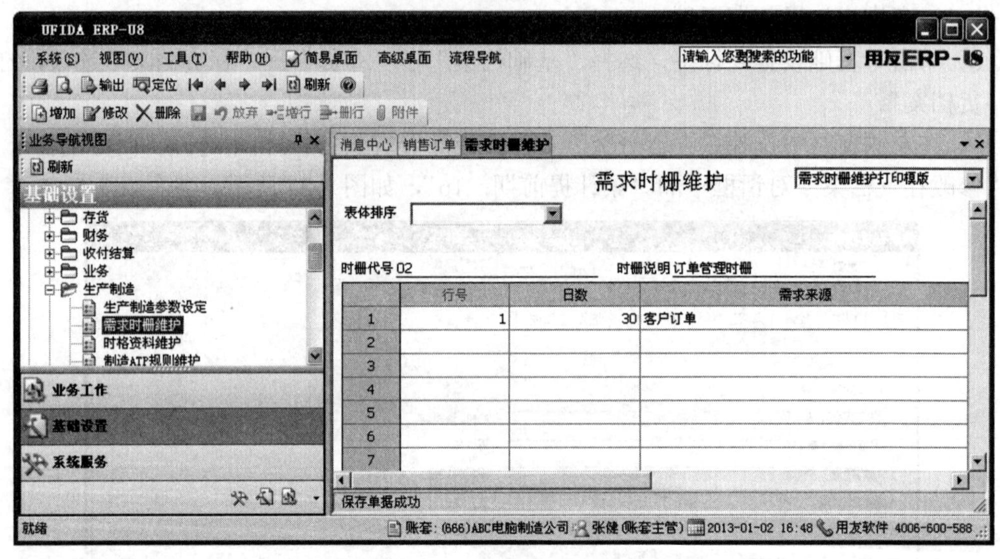

图 8-28　订单管理时栅维护

（3）单击【保存】按钮。

8.4.3 MPS 计划作业

8.4.3.1 维护需求来源

面向客户订单的管理，主要是考虑销售订单的需求来源，参考表 8-7 中的销售订单量。

1. 人工生产计划处理

先用手工计算一下表 8-7 资料，学习产品生产计划的数据处理方法。

表 8-7　“商务电脑”的 MPS/MRP 信息

阶码	物料编码	物料名称	现有库存量	固定提前期	累计提前期	销售订单	发货日期	规划供应量	建议需求日期	建议审核日期
0	0102	商务电脑	40	1	16	60	2013-1-18	20	2013-1-18	2013-1-18
1	0301	显示器	194	7	7			0		
1	0302	鼠标	100	7	7			0		
1	0303	键盘	100	7	7			0		
1	0203	商务主机	4	1	15			16	2013-1-17	2013-1-17
2	0304	内存条	300	7	7			0		
2	0305	硬盘	50	7	7			0		
2	0309	商务主板	0	7	7			16	2013-1-16	2013-1-09
2	0201	机箱	50	7	14			0		
3	0401	金属板（1*2M）	8 000	7	7			0		

2．编制销售订单

操作步骤：

（1）单击“业务工作”标签，选择“供应链”→“销售管理”→“销售订单”选项，打开“销售订单”。

（2）单击【增加】按钮，打开“销售订单”，输入销售订单信息，订单日期：2013-01-18，如图 8-29 所示。

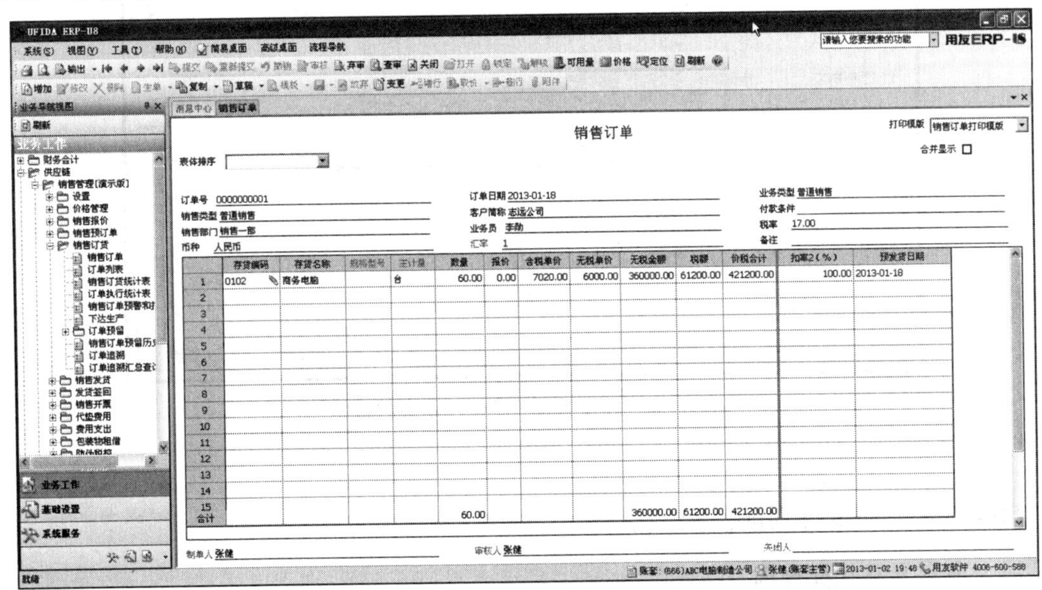

图 8-29　编制销售订单

（3）单击【保存】按钮，然后单击【审核】按钮。

8.4.3.2 MPS 计划参数维护

操作步骤：

（1）单击“业务工作”标签，选择“生产制造”→“基本资料维护”→“MPS 计划参数维护”选项，弹出“MPS 计划参数维护”对话框。

（2）选择“预测版本、需求时栅、计划代号、截止日期、来源 MPS 计划代号、生产订单、委外订单、请购单、采购订单、计划订单、供需追溯、逾期时正向排程”，如图 8-30 所示。

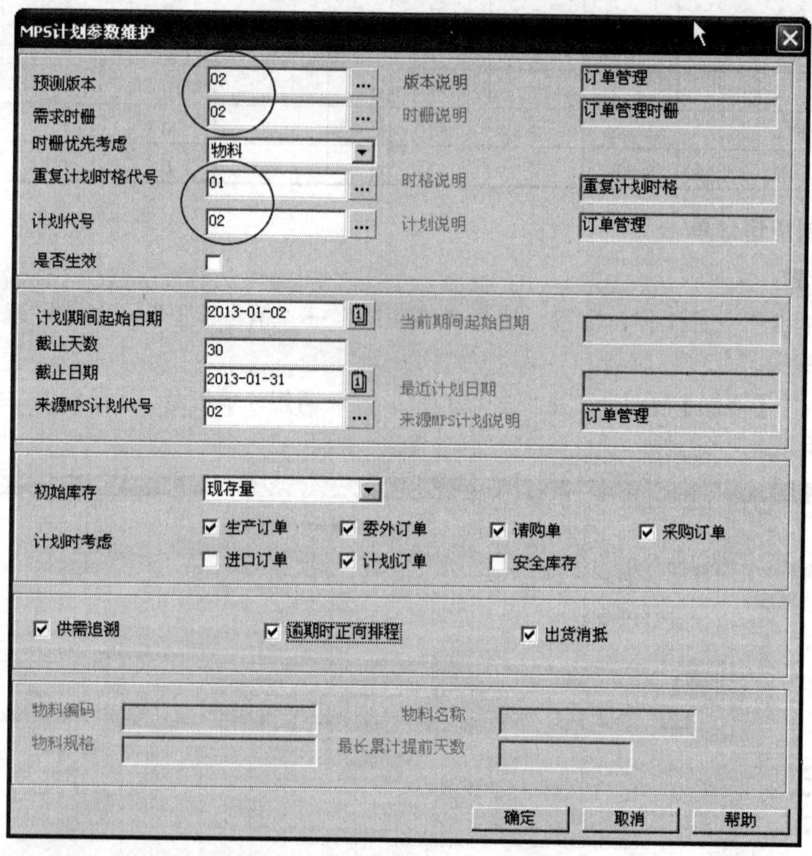

图 8-30　订单管理 MPS 计划参数维护

（3）单击【确定】按钮。

8.4.3.3 MPS 计划前稽查

1．库存异常状况查询

在执行 MPS 计划执行前，必须先检查库存中是否有负库存，以便引起 MPS 计算出错。

操作步骤：

（1）单击“业务工作”标签，选择“生产制造”→“主生产计划”→“计划前稽核作业”→“库存异常状况查询”选项，弹出“过滤条件选择”对话框。

（2）选择“常用条件：包含非 MRP 仓：否”，单击【过滤】按钮，打开“库存的异常状况”。若没有异常，将不会显示任何信息。

2．仓库净算定义查询

在执行 MPS 计划前，还需检查仓库是否被定义为 MRP 计算，如果没有，该仓库将不参与 MPS 计划的运算。

操作步骤：

选择“业务工作”标签，选择“生产制造”→“主生产计划”→“计划前稽核作业”→“仓库净算定义查询”选项，打开“仓库净算定义查询”，如图 8-31 所示。

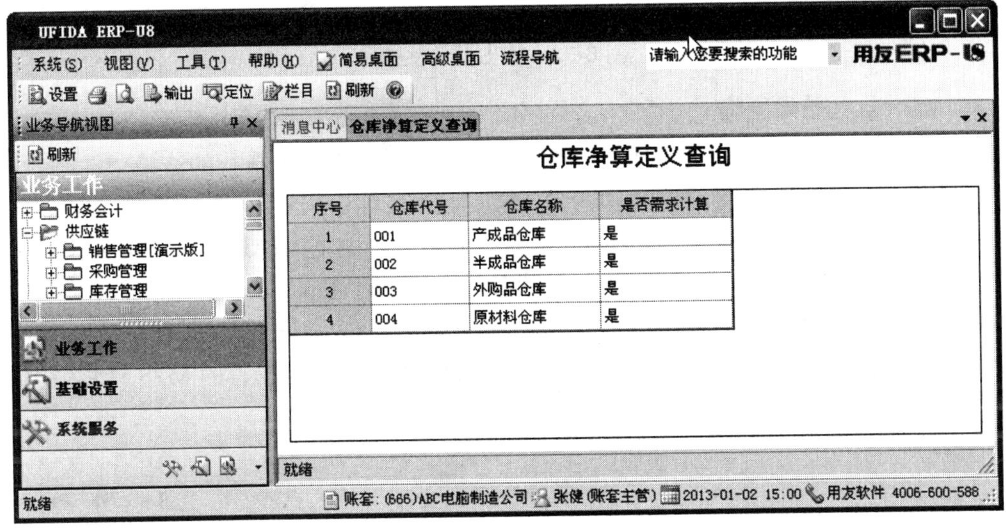

图 8-31　仓库净算定义

8.4.3.4　MPS 计划运行

1．MPS 计划执行

操作步骤：

（1）单击“业务工作”标签，选择“生产制造”→“主生产计划”→“MPS 计划作业”→“MPS 计划生成”选项，弹出“MPS 计划生成”对话框，输入“来源 MPS 计划代号”，如图 8-32 所示。

（2）单击【执行】按钮，系统自动执行所定的 MPS 计划。

（3）完成后弹出“[MPS 计划生成]处理成功”对话框，单击【确定】按钮，完成 MPS 计划的处理。

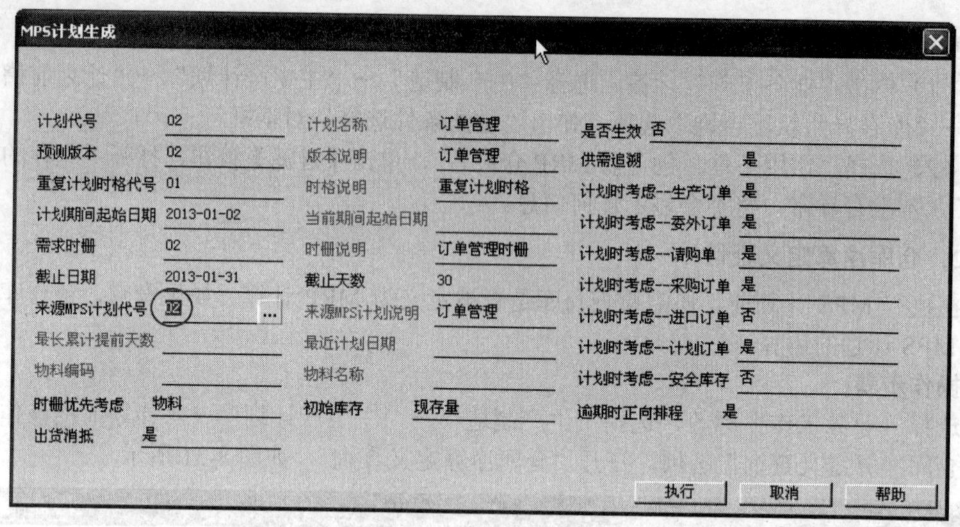

图 8-32　MPS 计划生成

2．MPS 执行结果查询

MPS 计划执行完成后，可以通过“供需资料”快速地查询到执行的结果。

操作步骤：

（1）选择“业务工作”标签，选择“生产制造”→“主生产计划”→“MPS 计划作业”→“供需资料查询-物料”选项，弹出“过滤条件选择”对话框。

（2）输入“计划代号：02-订单管理”。

（3）单击【过滤】按钮，打开“供需资料查询-物料”，显示物料的 MPS 计划情况，如图 8-33 所示。

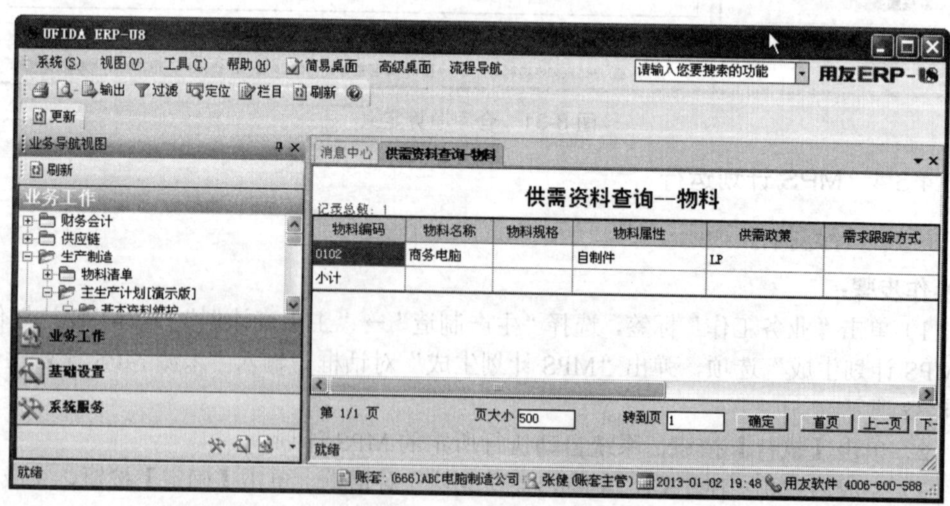

图 8-33　供需资料查询

(4) 双击“商务电脑”，打开“供需资料查询-明细（物料）”窗口，如图 8-34 所示。

供需资料查询--明细(物料)

输出　退出

供需资料查询--明细(物料)

表体排序

物料编码 0102　物料名称 商务电脑　物料规格

物料属性 自制件　计量单位 台　固定提前期 1

供应期间　供需政策 LP　重复计划 是

安全库存　切除尾数 否　令单合并 否

变动提前期　变动基数　固定供应量

最低供应量　供应倍数　最高供应量

需求跟踪号　需求跟踪行号　替换日期

现存量 40.00

	供需日期	审核日期	订单号码	行号	订单型态	供/需	订单原量	订单余量	结存量-1	重规划
1	2013-01-18	2013-01-18	GEN000000...		规划供应	供	20.00	20.00	60.00	
2	2013-01-18		0000000001	1	审核销售订单	需	60.00	60.00	0.00	
3										
4										
5										
6										
7										
8										

图 8-34　供需资料明细

8.4.3.5　供需平衡计算

1. 数量计算

行 2 的审核销售订单 60（需）的数量，行 1 的规划供应计算：

规划供应量=销售订单量+预测订单量+预计出库量−预计入库量−现有库存量+安全库存量

因为：

销售订单量：60 台

预测订单量：0 台

预计出库量：0 台

预计入库量：0 台

现有库存量：40 台

安全库存量：0 台

所以：规划供应量 GEN00000xxx（自动编码）：60+0+0−0−40+0=20 台。

2．日期计算

供需日期：2013-01-18

审核日期：2013-01-18

3．MPS 分析

由于商务电脑是最终产品，其需求日期和审核日期都应该是销售订单的“预发货日期”，即客户的需求日。

结论，计划代号 02 的 MPS 建议 2013-1-18 完成 20 台商务电脑的生产，才能满足客户的需求。

8.4.4 MRP 计划作业

8.4.4.1 把握 MRP 处理数据

MPS 建议 2013 年 1 月 18 日，生产 20 台“商务电脑”。那么，生产需要用哪些物料？还有多少库存呢？什么时候要？MRP 依据它的 BOM 处理这些数据，回答这些问题，参考表 8-7 资料。

8.4.4.2 MRP 计划运行

MPS 的计算结果是做 MRP 计划的参数。ERP 系统将根据 BOM 的阶码，逐层展开计算物料需求，参考图 1-1MRP 处理逻辑，从而按时、按量地计算出“商务电脑”生产配套的材料需求量和需求时间。

1．MRP 计划维护

操作步骤：

（1）单击“业务工作”标签，选择“生产制造”→“需求规划”→“MRP 计划参数维护”选项，弹出“MRP 计划参数维护”对话框。

（2）输入“预测版本、需求时栅、计划代号、是否生效、截止日期、来源 MPS 计划代号、请购单、采购订单、供需追溯”，如图 8-35 所示。

（3）单击【确定】按钮。

2．MRP 计划执行

操作步骤：

（1）单击“业务工作”标签，选择“生产制造”→“需求规划”→“计划作业”→“MRP 计划生成”选项，弹出“MRP 计划生成”对话框，输入“来源 MRP 计划代号 03”，如图 8-36 所示。

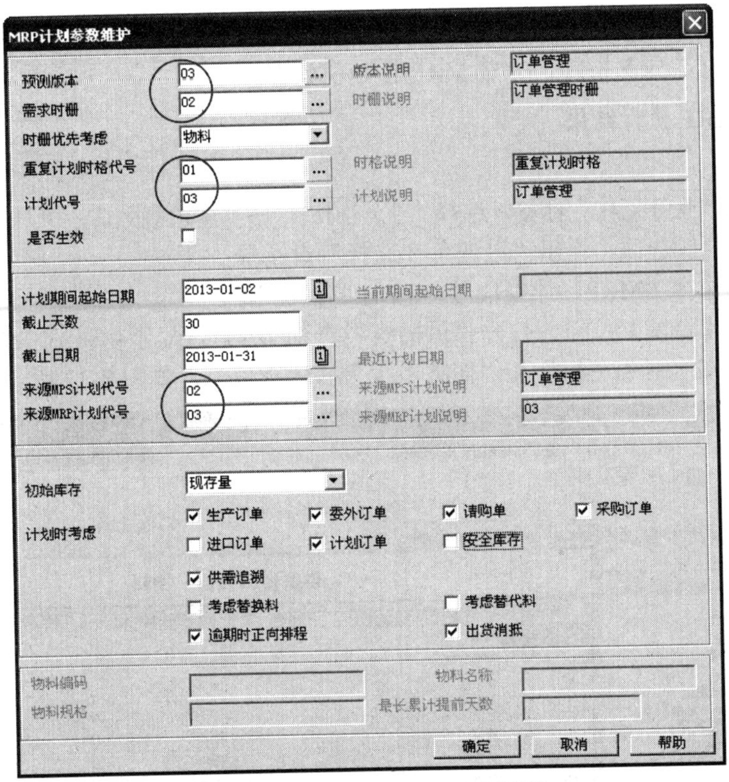

图 8-35 订单管理 MRP 计划维护

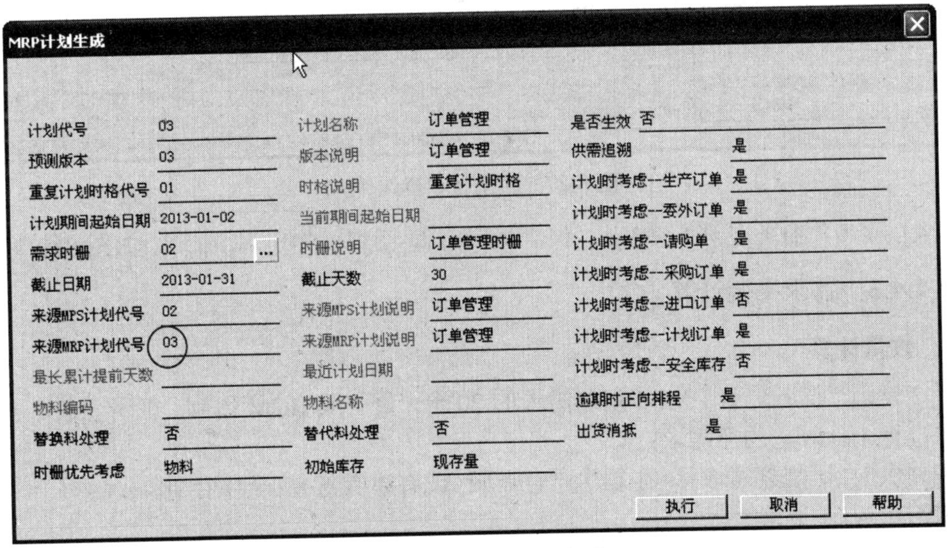

图 8-36 MRP 计划生成

（2）单击【执行】按钮，系统正在执行 MRP 计划。完成后弹出“[MRP 计划生成]处理成功！”对话框。

（3）单击【确定】按钮，完成 MRP 计划的处理。

3．查询 MRP 执行结果

操作步骤：

（1）单击“业务工作”标签，选择“生产制造”→“需求规划”→“计划作业”→“供需资料查询-物料”选项，弹出“过滤条件选择”对话框。

（2）查询选择“MRP、计划代号：03-订单管理”。

（3）单击【过滤】按钮，打开“供需资料查询-物料”，显示物料的 MRP 计划情况。参考表 8-7，得知“商务主机”和“商务主板”有需求信息，如图 8-37 所示。

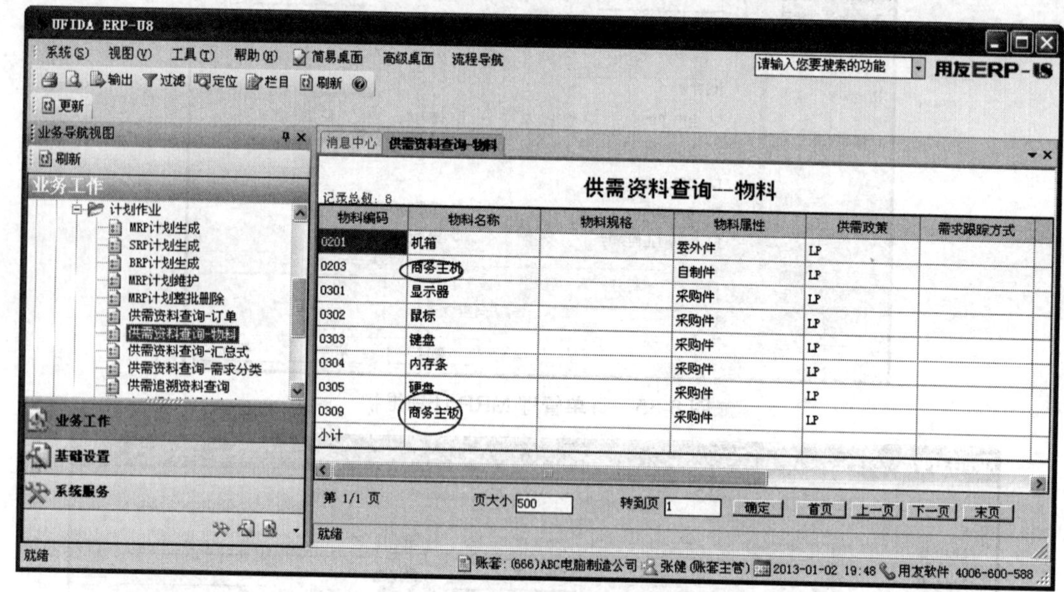

图 8-37　供需资料查询-物料

（4）双击“商务主机”，弹出“供需资料查询-明细（物料）”窗口，如图 8-38 所示。

8.4.4.3　需求平衡计算

1．数量计算

行 2 是因“商务电脑”MPS 规划需求的 20 台，展开其 BOM 得到“商务主机”20 台的毛需求；行 1 计算它的净需求：

规划供应量=规划需求量+在制生产订单量-现有库存量+安全库存量

因为：

规划需求量：20 台

在制生产订单量：0 台

现有库存量：4 台

安全库存量：0 台

所以：规划供应量 GEN00000xxx（自动编码）：20+0−4+0=16 台。

供需资料查询--明细(物料)

输出　退出

供需资料查询--明细(物料)

表体排序

物料编码	0203	物料名称	商务主机	物料规格	
物料属性	自制件	计量单位	台	固定提前期	1
供应期间		供需政策	LP	重复计划	是
安全库存		切除尾数	否	令单合并	否
变动提前期		变动基数		固定供应量	
最低供应量		供应倍数		最高供应量	
需求跟踪号		需求跟踪行号		替换日期	
现存量	4.00				

	供需日期	审核日期	订单号码	订单型态	状态	供/需	订单原量	订单余量	结存量-1	重规
1	2013-01-17	2013-01-17	GEN000000…	规划供应		供	16.00	16.00	20.00	
2	2013-01-17		GEN000000…	规划需求		需	20.00	20.00	0.00	
3										
4										
5										
6										
7										
8										

图 8-38　供需资料查询-明细（物料）

2．日期计算

供应日期与审核日期，且考虑固定提前期。

因为：

审核日期：2013-01-18

固定提前期：1

所以：“商务主机”的需求日期与审核日期：2013-01-17。

3．MRP 分析

因为商务主机是商务电脑的相关需求。由于“商务电脑”的 MPS“规划供应”是 20 台，则“商务主机”的毛需求为 20 台，扣减现存量 4 台，其净需求量为 16 台；又因为“商务电脑”审核日期为 2013-01-18，其固定提前期为 1，所以商务主机的审核日期应该为：

2013-01-17。

结论，计划代号 03 的 MRP 建议：商务主机 16 台在 2013-1-17 完成生产后，才能满足“商务电脑”销售订单的需求。

8.4.5 生产计划闭环管理

当生产计划员完成产品的计划后，进入操作层——采购作业和车间作业环节，参考图 1-3。生产计划管理系统将建议计划的数据传递给采购管理系统和生产管理系统。

8.4.5.1 生效建议需求计划

1. MPS 计划生效

操作步骤：

（1）单击“业务工作”标签，选择“生产制造”→“主生产计划”→“基本资料维护作业”→“MPS 计划参数维护”选项，弹出“MPS 计划参数维护”对话框。

（2）选中“是否生效”复选框，如图 8-39 所示。

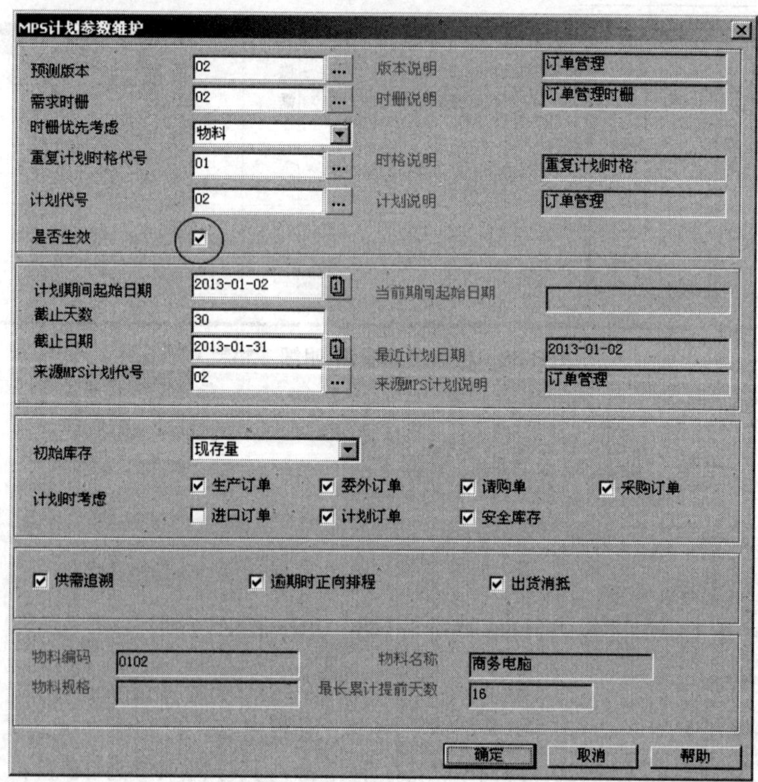

图 8-39 选择 MPS 计划生效

（3）单击【确定】按钮，MPS 计划生效。

（4）MPS 计划生成，选择“生产制造”→“主生产计划”→“MPS 计划作业”→“MPS 计划生成”执行。

2．MRP 计划生效

操作步骤：

（1）单击“业务工作”标签，选择“生产制造”→“需求规划”→“MRP 计划参数维护”选项，弹出“MRP 计划参数维护”对话框。

（2）选中“是否生效”复选框，如图 8-40 所示。

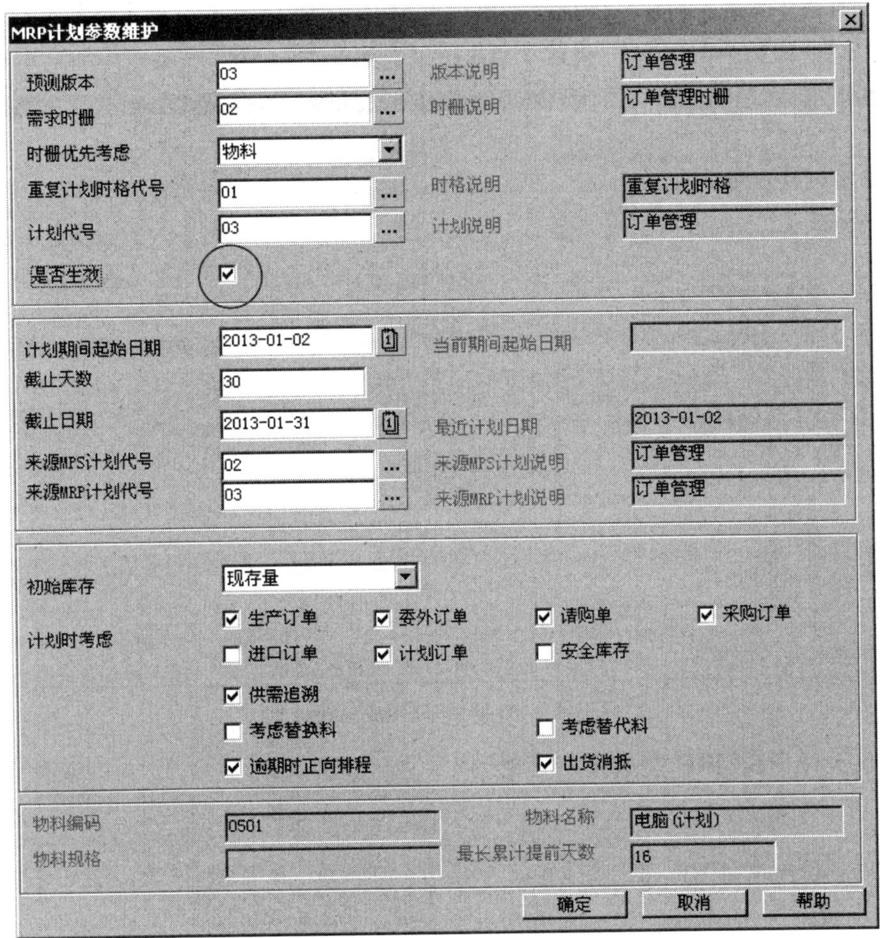

图 8-40 选择 MRP 计划生效

（3）单击【确定】按钮，MRP 计划生效。

（4）MRP 计划生成，选择“生产制造”→“需求规划”→“计划作业”→“MPS 计划生成”选项。

8.4.5.2 MPS/MRP 生成采购订单

操作步骤：

（1）单击“业务工作”标签，选择“供应链”→“采购管理”→“采购订货”→“采购订单”选项，打开“采购订单”。

（2）单击【增加】按钮，在【生单】下拉列表中选择“MPS/MRP 计划”，弹出“过滤条件选择-采购订单 MPS/MRP 计划列表过滤”对话框。

（3）单击【增加】按钮，弹出“订单拷贝 MRP 计划”，选择并确定，数据自动传递到“采购订单”，如图 8-41 所示。采购订单执行参考第 5 章。

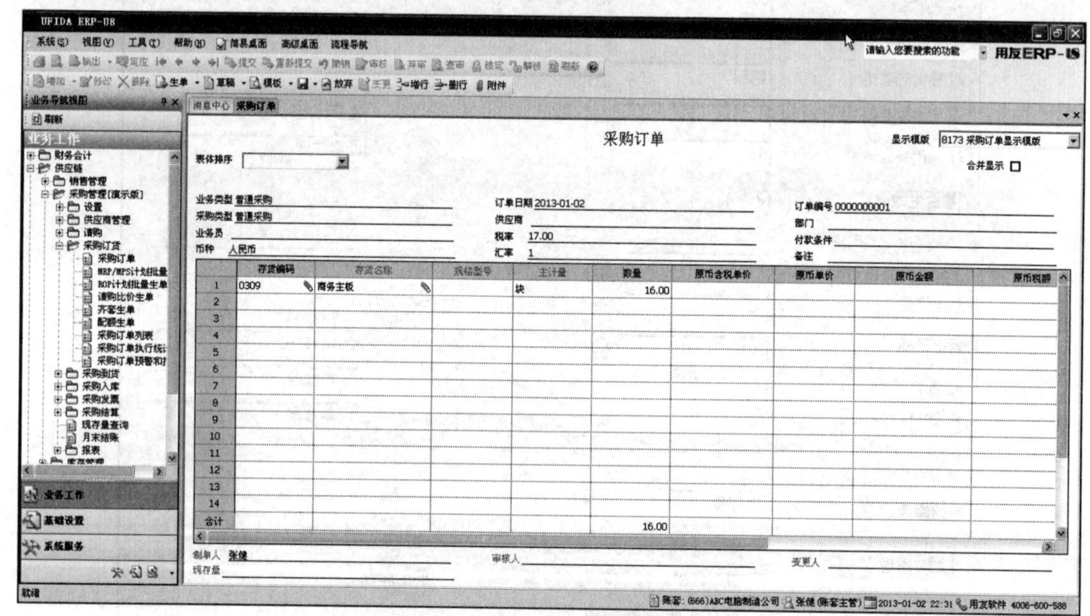

图 8-41　参照 MRP 生成采购订单

8.4.5.3 MPS/MRP 生成生产订单

首先，应该维护好生产订单类别和“商务电脑”“商务主机”的物料生产线关系，然后参照“MPS/MRP 计划”自动生成生产订单。

操作步骤：

（1）单击“业务工作”标签，选择“生产制造”→“生产订单”→“生产订单生成”→“重复计划自动生成”选项，弹出“过滤条件选择”对话框。

（2）打开“重复计划自动生成”，产品数据、生产线自动传递过来，如图 8-42 所示。

（3）生产订单执行可参考第 6 章。

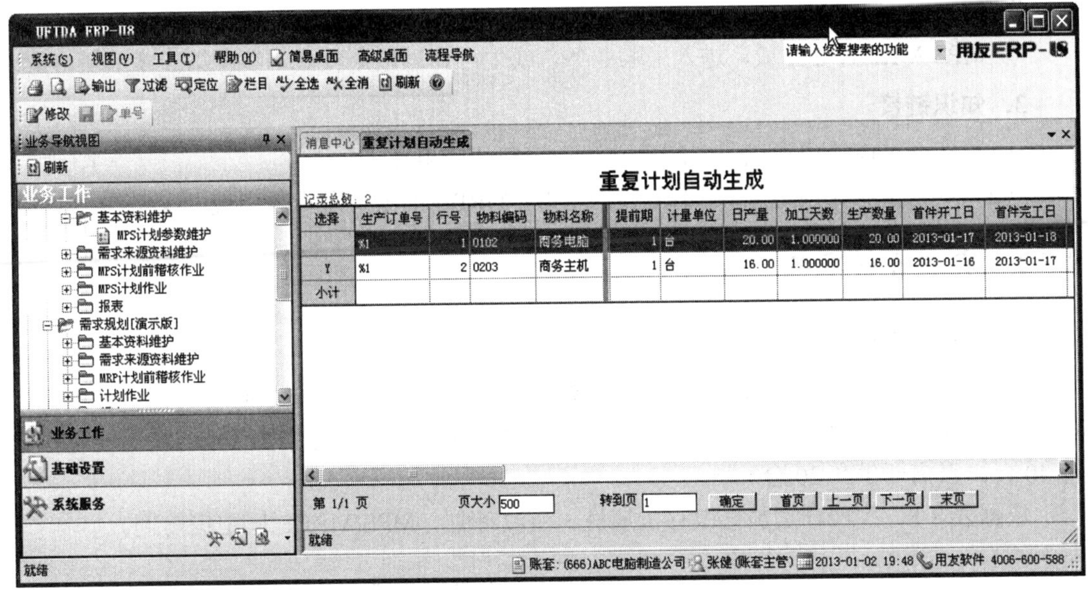

图 8-42　重复计划自动生成

至此，生产计划部门的面向客户订单管理的数据，成功地传递到采购部门和车间。

8.5　生产计划管理实训

8.5.1　典型案例描述

1．情境描述

2013 年 1 月 2 日，产品计划部的生产计划员接受“商务电脑”进行生产计划管理的任务。

2．实训素质

（1）掌握 MPS 计划需求来源：“客户订单，预测订单”，计划的逻辑处理，参考图 1-1 和图 8-2。

（2）熟悉时栅的逻辑处理，参考图 8-1。

（3）维护预测订单和销售订单。

（4）熟悉 MPS/MRP 计划作业流程：

① 维护表 8-8 资料、查询 BOM、时栅、MPS/MRP 计划参数。

② MPS/MRP 前作业稽查，是否有库存异常。

③ MPS/MRP 计划执行，计算预测订单和销售订单的净需求量。

④ MPS/MRP 建议需求计划分析。

⑤ MPS/MRP 计划生效，进入采购业务，或生产管理应用模式，参考第 5 章和第 6 章。

3．知识链接

（1）结合工商管理知识，理解生产计划管理的应用技术。

（2）结合企业计划/管理的知识，理解闭环 MRPII 的处理逻辑及实现，参考图 1-3。

8.5.2 实训资料准备

1．存货档案修改

2013 年 1 月 2 日，销售部门确定客户希望公司购买“商务电脑”60 台的销售订单。客户要求 2013 年 1 月 18 日交货。生产计划员接到任务以后，查询了“商务电脑”的现存量有 40 台，只需要生产 20 台。

依据表 8-8，生产计划员修改存货属性、重复计划、MPS/MRP、固定提前期。

表 8-8 “商务电脑”的 BOM 资料

价码	物料编码	计量单位	物料名称	存货属性	重复计划	MPS/MRP	固定提前期
0	0102	台	商务电脑	内销，自制	是	MPS	1
1	0301	台	显示器	外购，生产消耗	否	MRP	5
1	0302	只	鼠标	外购，生产消耗	否	MRP	5
1	0303	个	键盘	外购，生产消耗	否	MRP	5
1	0203	台	商用主机	自制，生产消耗	是	MRP	1
2	0304	条	内存条	外购，生产消耗	否	MRP	5
2	0305	个	硬盘	外购，生产消耗	否	MRP	5
2	0309	块	商务主板	外购，生产消耗	否	MRP	5
2	0201	个	机箱	委外，生产消耗	否	MRP	5
3	0401	片	金属板（1*2M）	外购，生产消耗	否	MRP	5

操作步骤：

（1）单击“基础设置”标签，选择“基础档案”→“存货”→“存货档案”选项，打开“存货档案”。

（2）在左侧窗格中选择“存货分类”→“产成品”；在右侧窗格中选择“商务电脑”，弹出“修改存货档案”对话框，如图 8-43 所示。

（3）MPS 计划设置。选择 MPS/MRP 选项卡，选中“MPS 件”和“重复计划”复选框，并设置“计划方法”为 R，“供需政策”为 LP，如图 8-44 所示。

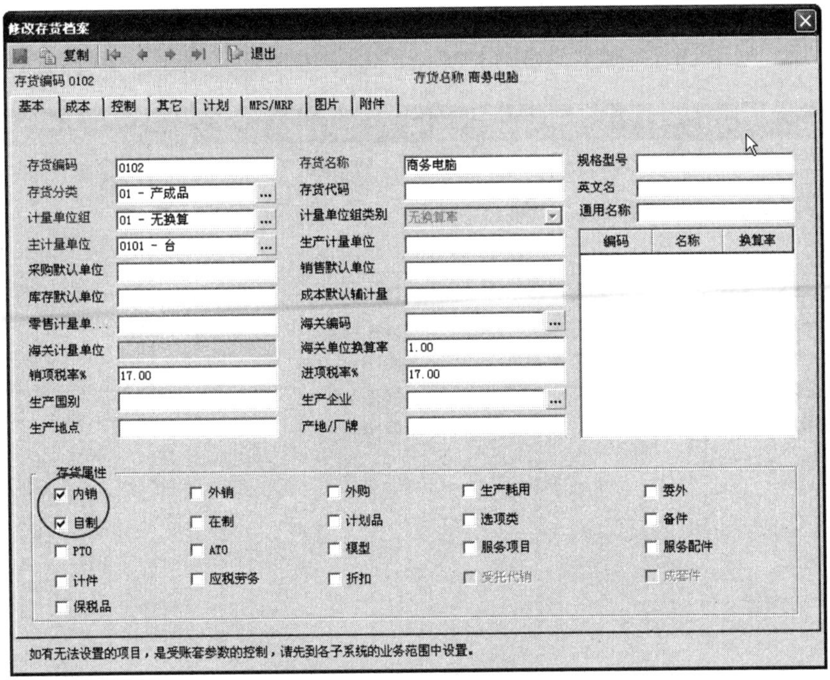

修改存货档案
复制
退出
存货编码 0102
存货名称 商务电脑
基本
成本
控制
其它
计划
MPS/MRP
图片
附件
存货编码
0102
存货名称
商务电脑
规格型号
存货分类
01 - 产成品
存货代码
英文名
计量单位组
01 - 无换算
计量单位组类别
无换算率
通用名称
主计量单位
0101 - 台
生产计量单位
编码
名称
换算率
采购默认单位
销售默认单位
库存默认单位
成本默认辅计量
零售计量单...
海关编码
海关计量单位
海关单位换算率
1.00
销项税率%
17.00
进项税率%
17.00
生产国别
生产企业
生产地点
产地/厂牌
存货属性
内销
外销
外购
生产耗用
委外
自制
在制
计划品
选项类
备件
PTO
ATO
模型
服务项目
服务配件
计件
应税劳务
折扣
受托代销
成套件
保税品
如有无法设置的项目，是受账套参数的控制，请先到各子系统的业务范围中设置。

图 8-43 修改存货档案

修改存货档案
复制
退出
存货编码 0102
存货名称 商务电脑
基本
成本
控制
其它
计划
MPS/MRP
图片
附件
成本相关
切除尾数
令单合并
重复计划
MPS件
允许BOM母件
允许BOM子件
允许生产订单
关键物料
生产部门
计划员
计划方法
R
需求时栅
计划时栅天数
重叠天数
供需政策
LP
供应期间
需求跟踪方式
订单行号
替换日期
最高供应量
最低供应量
供应倍数
变动基数
变动提前期
工程图号
供应类型
领用
低阶码
计划品
转换因子
1.0000
检查ATP
不检查
ATP规则
安全库存方法
静态
期间类型
期间数
动态安全库存方法
覆盖天数
百分比
BOM展开单位
主计量单位
允许提前天数
999
如有无法设置的项目，是受账套参数的控制，请先到各子系统的业务范围中设置。

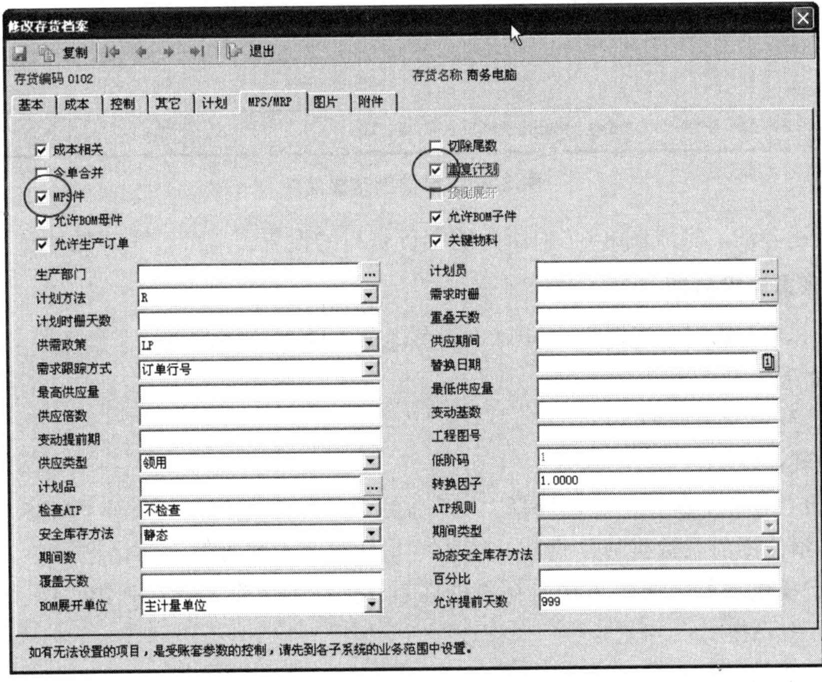

图 8-44 设置 MPS 件和重复计划

（4）固定提前期设置。选择“计划”选项卡，设置“固定提前期”为 1，如图 8-45 所示。

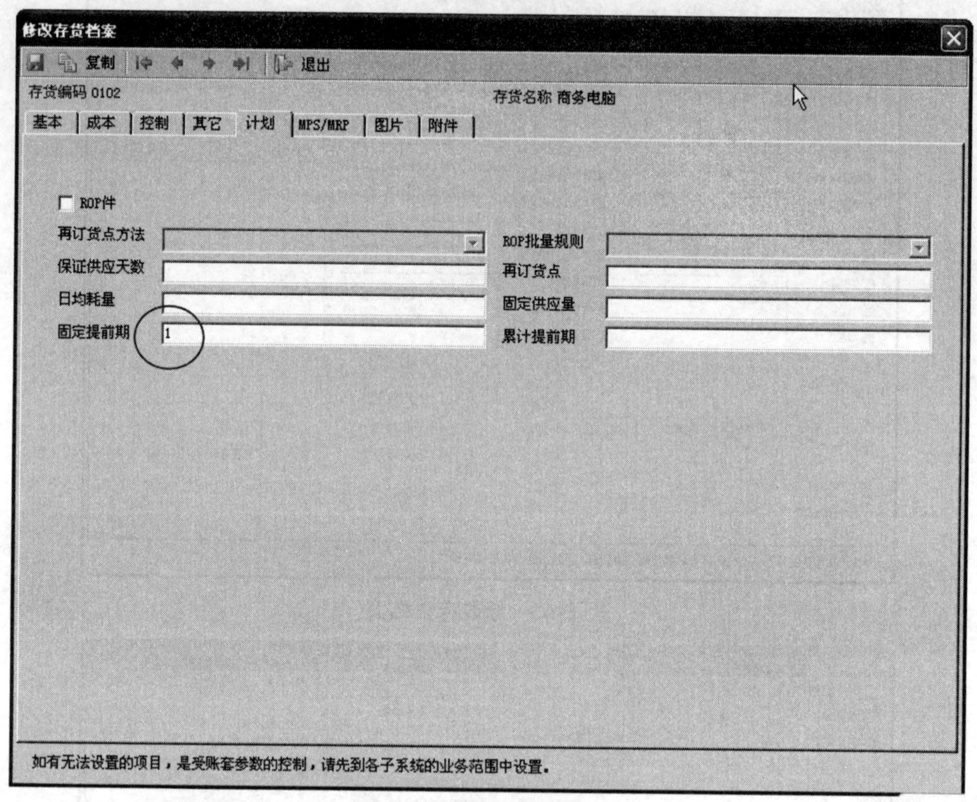

图 8-45 维护固定提前期

按照上述方法，完成图 8-67 中所有的存货资料的设置。

2．计算累计提前期

依据表 8-8 中的固定提前期，计算“商务电脑”的累计提前期，了解生产“商务电脑”一共需要 12 天，参考表 8-10。

（1）计算累计提前期

操作步骤：

① 单击“业务工作”标签，选择“生产制造”→“主生产计划”→“MPS 计划前稽核作业”→“累计提前天数推算”选项，弹出“累计提前天数推算”对话框。

② 单击【执行】按钮，正在执行“处理累计提前天数”等候，弹出“[累计提前天数]处理成功！”对话框。

③ 单击【确定】按钮。

（2）查询累计提前期天数

① 单击“基础设置”标签，选择“基础档案”→“存货”→“存货档案”选项，打开“存货档案”。

② 在左侧窗格中选择“存货分类”→“产成品”；在右侧窗格中选择“商务电脑”，弹出“修改存货档案”对话框中的“累计提前期：12”，如图 8-46 所示。

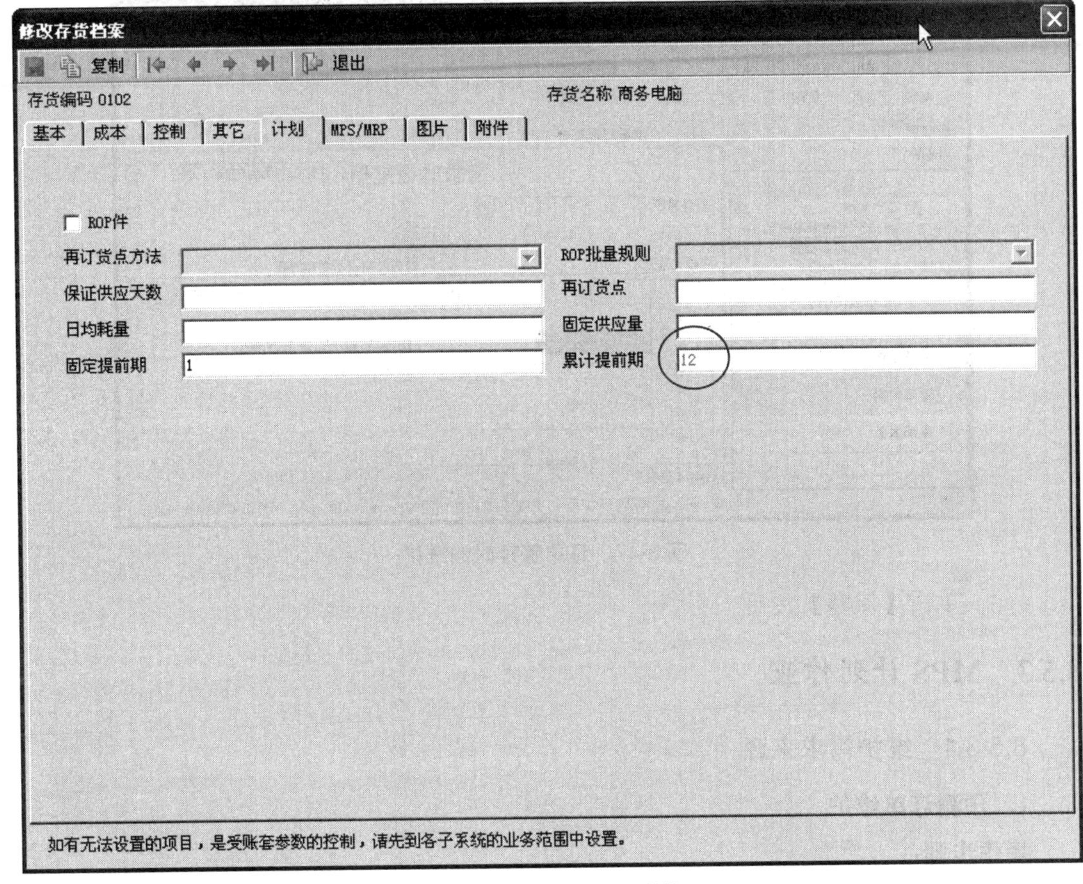

图 8-46　查询累计提前期

3．订单管理时栅维护

操作步骤：

（1）单击“基础设置”标签，选择“基础档案”→“生产制造”→“需求时栅维护”选项，打开“需求时栅维护”。

（2）表头输入“时栅代号、时栅说明”；表体根据表 8-9 中数据输入“行号、日数、需求来源”，如图 8-47 所示。

表 8-9 计划时栅

行 号	日 数	需求来源
1	7	客户订单
2	15	预测+客户订单，正向消抵
3	30	预测+客户订单，不消抵

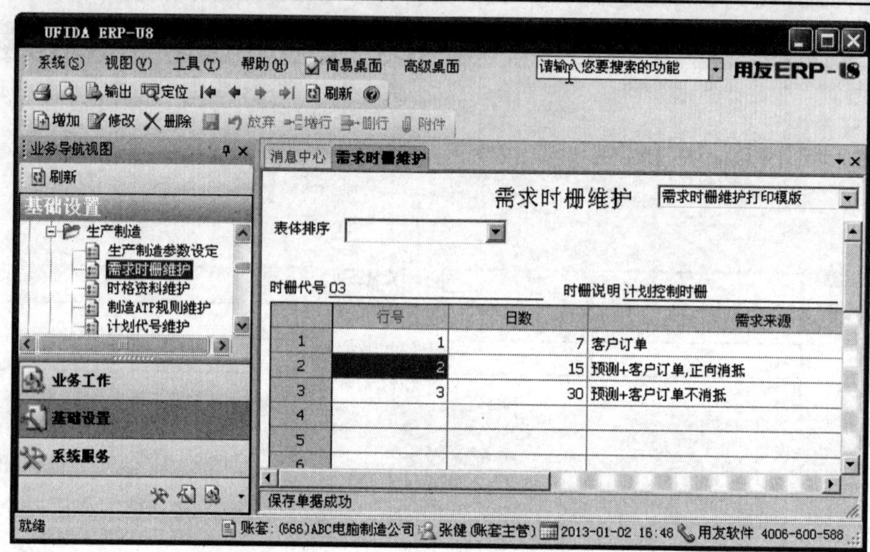

图 8-47 订单管理时栅维护

（3）单击【保存】按钮。

8.5.3 MPS 计划作业

8.5.3.1 维护需求来源

1. 预测订单维护

操作步骤：

（1）单击“业务”标签，选择“生产制造”→“主生产计划”→“需求来源资料维护”→“产品预测订单输入”选项，打开“产品预测订单输入”。

（2）单击【增加】按钮，表头的单据类别为 MPS，输入预测版本号。表体输入图 8-48 的内容。

（3）单击【保存】按钮。

2. 销售订单维护

操作步骤：

（1）单击“业务”标签，选择“供应链”→“销售管理”→“销售订单”选项，打开

"销售订单"，单击【增加】按钮。

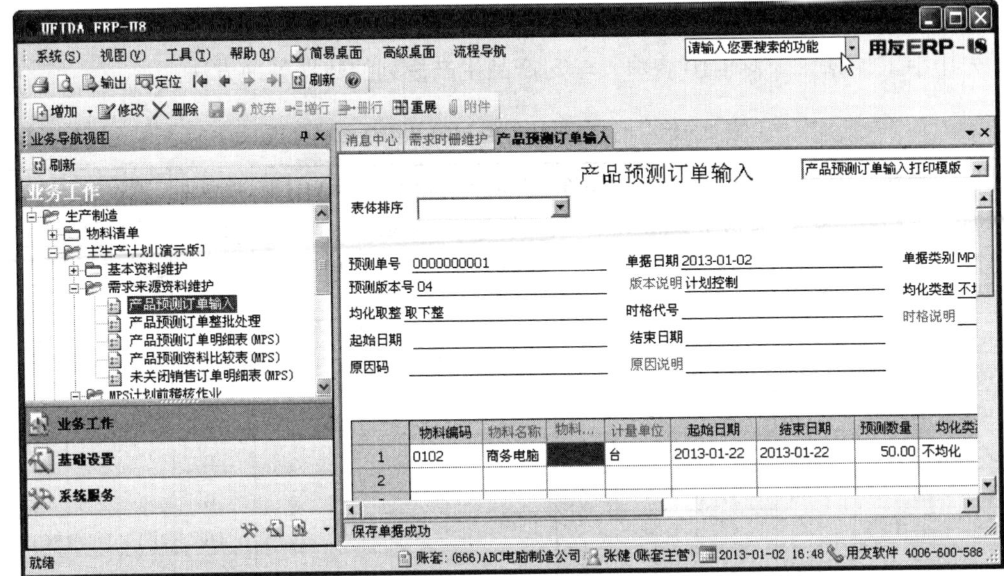

图 8-48 产成品预测订单

（2）按图 8-49 完成填制销售订单，单击【保存】按钮。

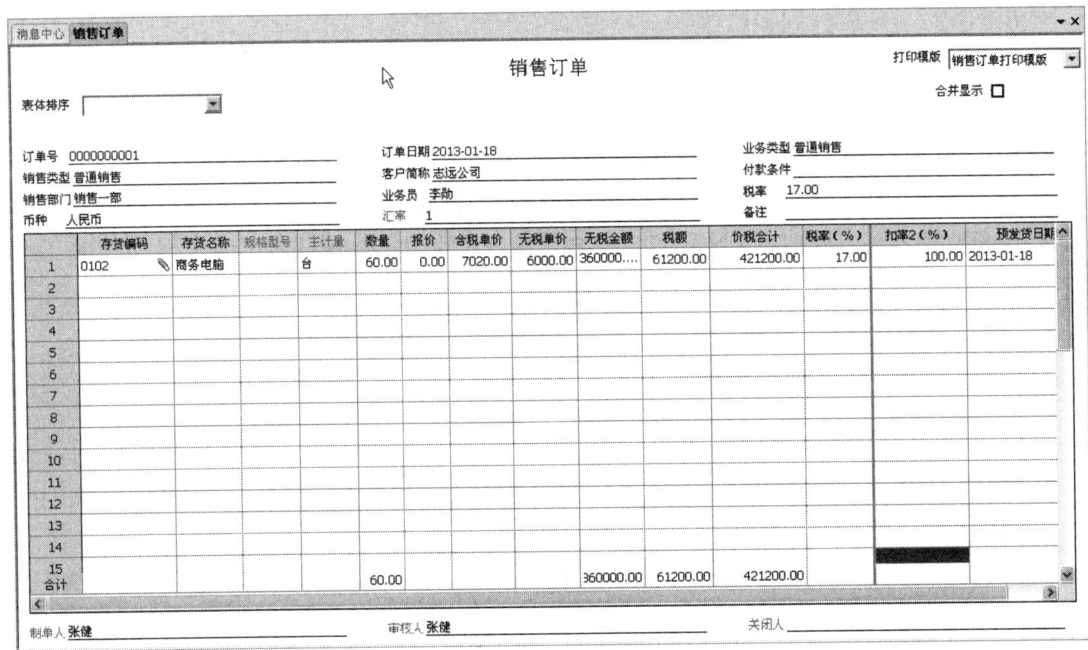

图 8-49 维护销售订单

（3）单击【审核】按钮。

3．人工生产计划处理

先用手工计算一下表 8-10 资料，学习产品生产规划的数据处理方法。

表 8-10 “商务电脑”的 MPS/MRP 数据处理

阶码	物料编码	物料名称	现有库存量	固定提前期	累计提前期	销售订单	预发货日期	预测计划量	预测日期	规划供应量	建议供应日期	建议审核日期
0	0102	商务电脑	40	1	12	60	2013-1-18	50	2013-1-22	20	2013-1-18	2013-1-18
1	0301	显示器	194	5	5					0		
1	0302	鼠标	100	5	5					0		
1	0303	键盘	100	5	5					0		
1	0203	商务主机	4	1	11					16	2013-1-17	2013-1-17
2	0304	内存条	300	5	5					0		
2	0305	硬盘	50	5	5					0		
2	0309	商务主板	0	5	5					16	2013-1-16	2013-1-11
2	0201	机箱	50	5	10					0		
3	0401	金属板（1*2M）	8 000	5	5					0		

8.5.3.2 MPS 计划参数维护

操作步骤：

（1）单击“业务工作”标签，选择“生产制造”→“基本资料维护”→“MPS 计划参数维护”选项，弹出“MPS 计划参数维护”对话框。

（2）输入“预测版本、需求时栅、计划代号、截止日期、来源 MPS 计划代号、生产订单、委外订单、请购单、采购订单、计划订单、供需追溯，逾期时正向排程”，如图 8-50 所示。

（3）单击【确定】按钮。

8.5.3.3 MPS 计划前稽查

1．库存异常状况查询

在执行 MPS 计划执行前，必须先检查库存中是否有负库存，以免引起 MPS 计算出错。

操作步骤：

（1）单击“业务工作”标签，选择“生产制造”→“主生产计划”→“计划前稽核作业”→“库存异常状况查询”选项，弹出“过滤条件选择”对话框。

（2）选择“常用条件：包含非 MRP 仓：否”，单击【过滤】按钮，打开“库存的异常状况”。若没有异常，将不会显示任何信息。

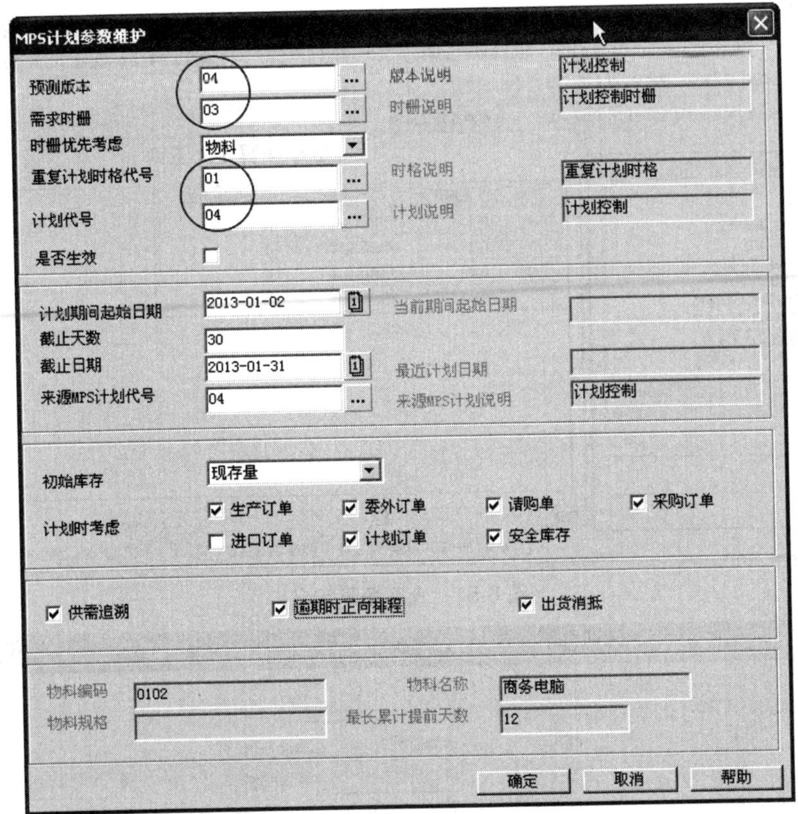

图 8-50　订单管理 MPS 计划参数维护

2．仓库净算定义查询

在执行 MPS 计划执行前，还需检查仓库是否被定义为 MRP 计算，如果没有，该仓库将不参与 MPS 计划的运算。

操作步骤：

选择“业务工作”标签，选择“生产制造”→“主生产计划”→“计划前稽核作业”→“仓库净算定义查询”选项，打开“仓库净算定义查询”，如图 8-51 所示。

8.5.3.4　MPS 计划运行

1．MPS 计划执行

操作步骤：

（1）单击“业务工作”标签，选择“生产制造”→“主生产计划”→“MPS 计划作业”→“MPS 计划生成”选项，弹出“MPS 计划生成”对话框，输入“来源 MPS 计划代号”，如图 8-52 所示。

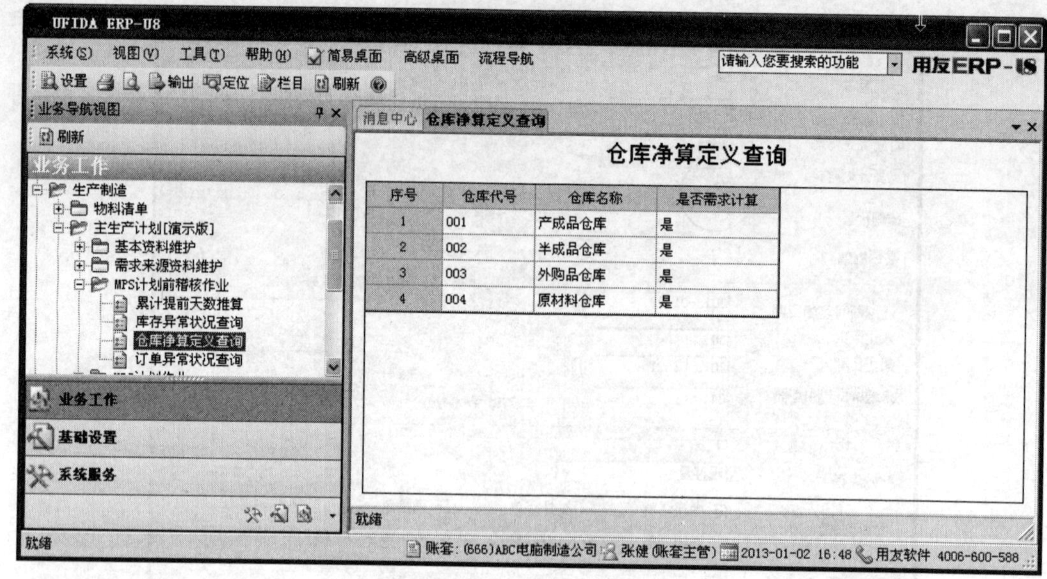

图 8-51 仓库净算定义

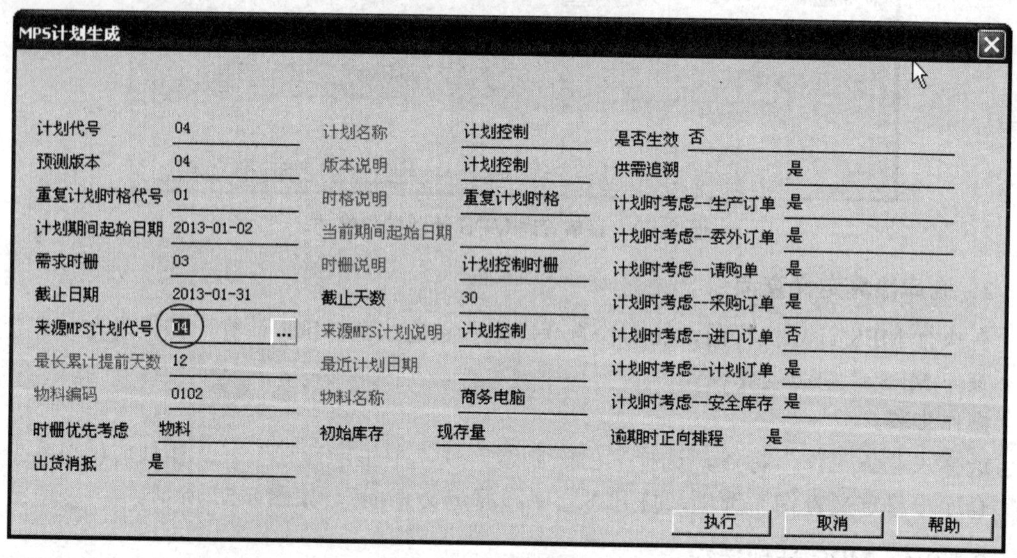

图 8-52 MPS 计划生成

（2）单击【执行】按钮，系统自动执行所定的 MPS 计划。

（3）完成后弹出“[MPS 计划生成]处理成功！”对话框，单击【确定】按钮，完成 MPS 计划的处理。

2．查询 MPS 执行结果

MPS 计划执行完成后，可以通过“供需资料”快速地查询到执行的结果。

操作步骤：

（1）选择“业务工作”标签，选择“生产制造”→“主生产计划”→“MPS 计划作业”→“供需资料查询-物料”选项，弹出“过滤条件选择”对话框。

（2）输入“计划代号：04-计划控制”。

（3）单击【过滤】按钮，打开“供需资料查询-物料”，显示物料的 MPS 计划情况，如图 8-53 所示。

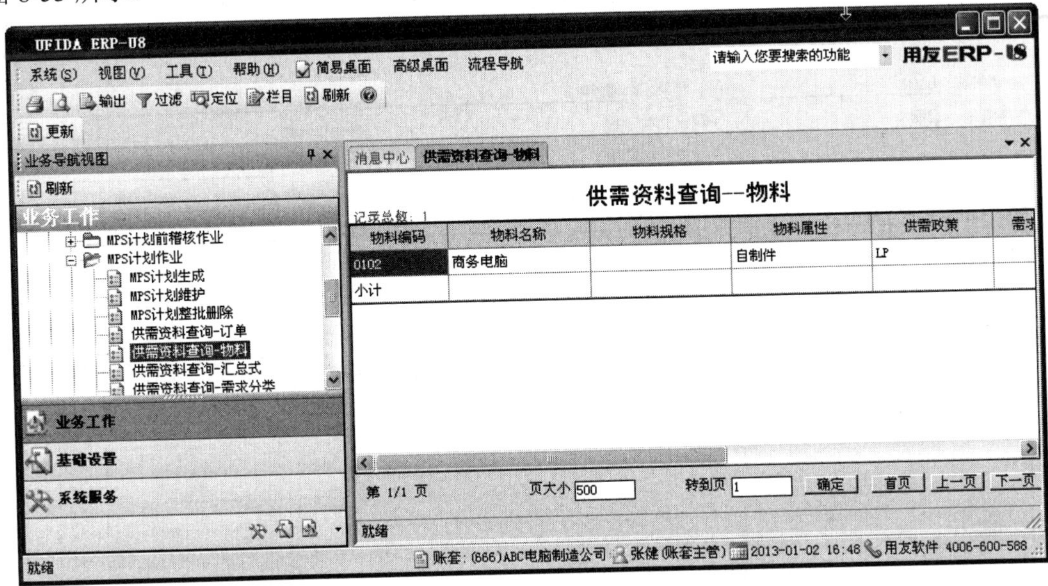

图 8-53　供需资料查询

（4）双击“商务电脑”，打开“供需资料查询-明细（物料）”窗口，如图 8-54 所示。

8.5.3.5　供需平衡计算

1．数量计算

行 2 是审核的销售订单 60 台，行 1 的规划供应计算：

规划供应量=销售订单量+预测订单量+预计出库量-预计入库量-现有库存量+安全库存量

因为：

销售订单量：60 台

预测订单量：50 台

预计出库量：0 台

预计入库量：0 台

现有库存量：40 台

安全库存量：0 台

原规划供应量 GEN00000xxx（自动编码）：60+50+0−0−40+0=70 台。

又因为时栅的逻辑处理：预测+客户订单，正向消抵，参考图 8-1。

所以：规划供应量 GEN00000xxx（自动编码）：60+0+0−0−40+0=20 台。

供需资料查询--明细(物料)

输出　退出

供需资料查询--明细(物料)

表体排序

物料编码 0102	物料名称 商务电脑	物料规格
物料属性 自制件	计量单位 台	固定提前期 1
供应期间	供需政策 LP	重复计划 是
安全库存	切除尾数 否	令单合并 否
变动提前期	变动基数	固定供应量
最低供应量	供应倍数	最高供应量
需求跟踪号	需求跟踪行号	替换日期
现存量 40.00		

	供需日期	审核日期	订单号码	行号	订单型态	状态	供/需	订单原量	订单余量	结存量-1
1	2013-01-18	2013-01-18	GEN000000...		规划供应		供	20.00	20.00	60.00
2	2013-01-18		0000000001	1	审核销...		需	60.00	60.00	0.00
3										
4										
5										
6										
7										
8										

图 8-54　供需资料明细

2．日期计算

供需日期：2013-01-18

审核日期：2013-01-18

3．MPS 计划分析

由于本案例的需求来源为：预测订单和客户订单，MPS 规划日期：2013-01-02，其消抵逻辑处理在时栅的区域 2，其处理方法为：预测+客户订单，正向消抵，故预测订单 2013-01-22，50 台商务电脑的需求被抵消掉了。所以只剩下销售订单的 60 台数量，扣减现存量 40，规划供应量为 20 台。审核日期建议为销售订单发货日期：2013-01-18。

结论，计划代号 04 的 MPS 建议 2013-1-18 完成 20 台商务电脑的生产，才能满足客户的需求。

8.5.4 MRP 计划作业

8.5.4.1 把握 MRP 处理数据

MPS 建议 2013 年 1 月 18 日，生产 20 台“商务电脑”。那么，生产需要用哪些物料？还有多少库存呢？什么时候要？MRP 依据它的 BOM 处理这些数据，回答这些问题，可参考表 8-10 资料。

8.5.4.2 MRP 计划参数维护

操作步骤：

（1）单击“业务工作”标签，选择“生产制造”→“需求规划”→“MRP 计划参数维护”选项，弹出“MRP 计划参数维护”对话框。

（2）输入“预测版本、需求时栅、计划代号、截止日期、来源 MPS 计划代号、请购单、采购订单、安全库存、供需追溯，逾期时正向排程”，如图 8-55 所示。

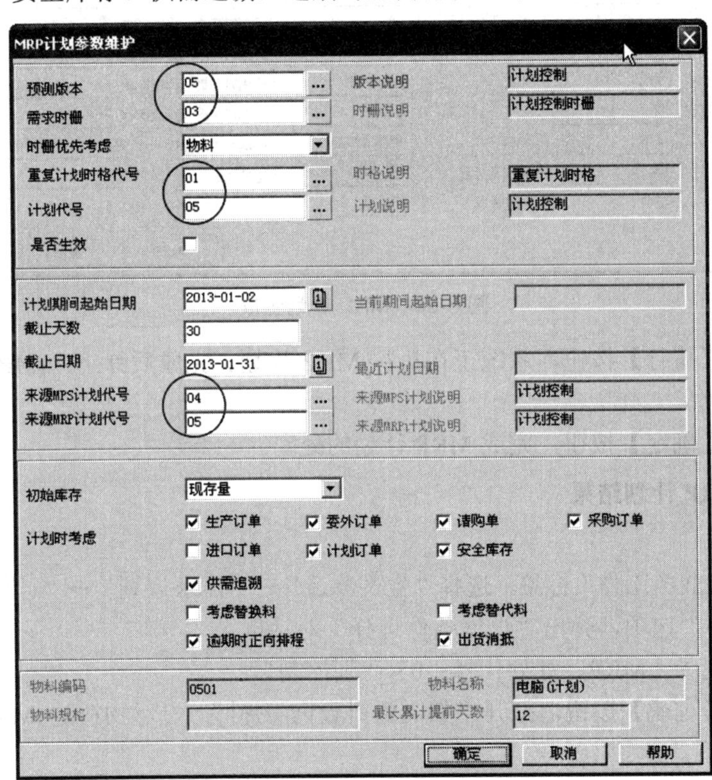

图 8-55 订单管理 MRP 计划维护

（3）单击【确定】按钮。

8.5.4.3 MRP 计划运行

1．MRP 计划执行

操作步骤：

（1）单击“业务工作”标签，选择“生产制造”→“需求规划”→“计划作业”→“MRP 计划生成”选项，弹出“MRP 计划生成”对话框，输入“来源 MRP 计划代号 05”，如图 8-56 所示。

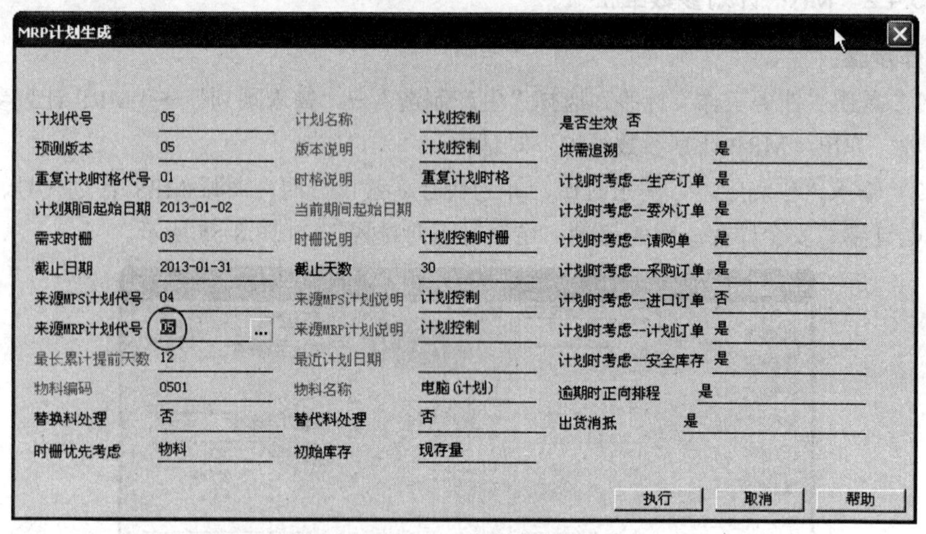

图 8-56 MRP 计划生成

（2）单击【执行】按钮，系统正在执行 MRP 计划。完成后弹出“[MRP 计划生成]处理成功！”对话框。

（3）单击【确定】按钮，完成 MRP 计划的处理。

2．查询 MRP 计划结果

操作步骤：

（1）单击“业务工作”标签，选择“生产制造”→“需求规划”→“计划作业”→“供需资料查询-物料”选项，弹出“过滤条件选择”对话框。

（2）查询选择“MRP、计划代号：05-计划控制”。

（3）单击【过滤】按钮，打开“供需资料查询-物料”，显示物料的 MRP 计划情况，如图 8-57 所示。

（4）双击“商务主机”或“商务主板”，弹出“供需资料查询-明细（物料）”窗口，如图 8-58 所示。

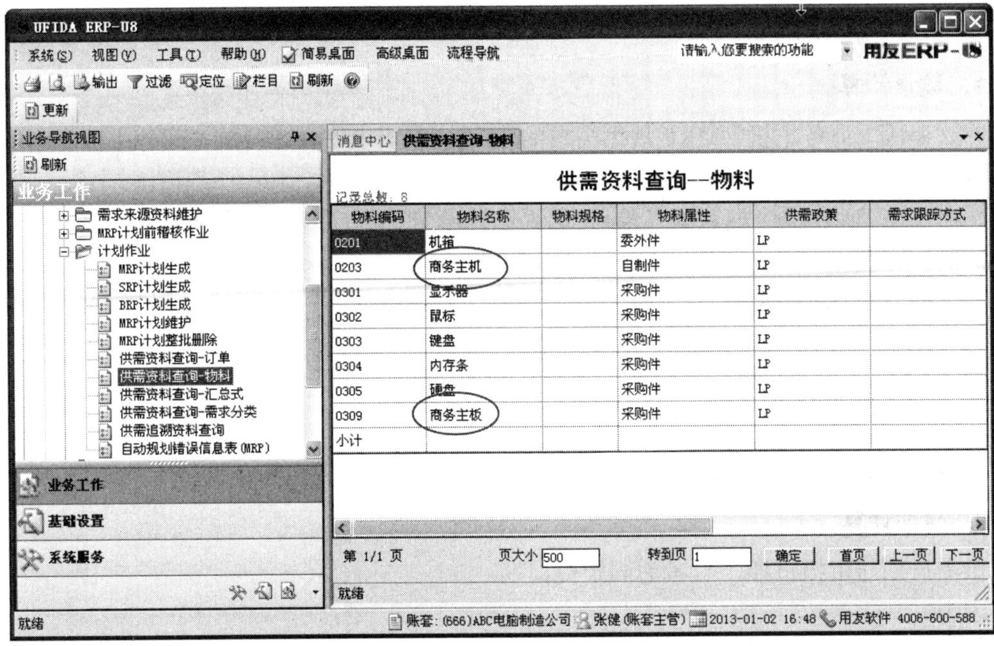

图 8-57　供需资料查询-物料

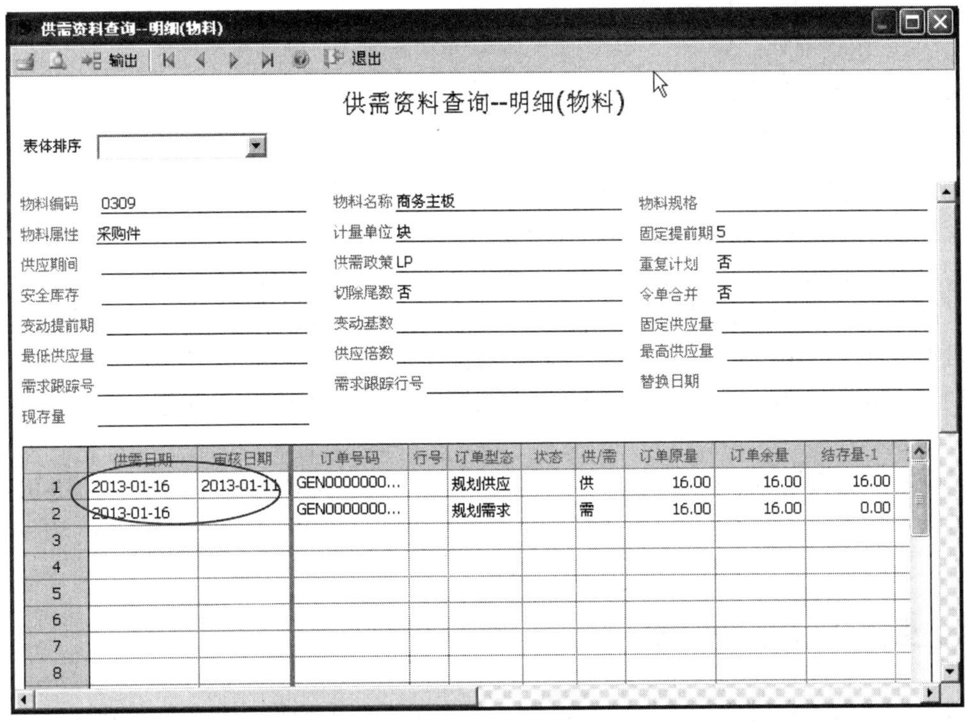

图 8-58　“商务主板”供需资料查询-明细（物料）

8.5.4.4 供需平衡计算

1．数量计算

行 2 是因“商务主机”MRP 规划需求的 16 台，展开其 BOM 得到“商务主板”16 台的毛需求；行 1 计算它的净需求：

规划供应量=规划需求量+在途采购订单量-现有库存量+安全库存量

因为：

规划需求量：16 台

在途采购订单量：0 台

现有库存量：0 台

安全库存量：0 台

所以：规划供应量 GEN00000xxx（自动编码）：16+0-0+0=16 台。

2．日期计算

供需日期与审核日期，且考虑固定提前期。

因为：

供需日期：2013-01-16

审核日期：2013-01-11

固定提前期：5

所以：“商务主板”的需求日期与审核日期：2013-01-11。

3．MRP 计划分析

因为“商务电脑”的 MPS“规划供应”是 20 台，则“商务主机”的毛需求也是 20 台，扣减现存量 4 台，其净需求量为 16 台；而又因为“商务主板”是“商务主机”的相关需求，其毛需求量为 16 块，它的现存量为 0，所以“商务主板”的建议采购计划为 16 块。

又因为“商务电脑”审核日期为 2013-01-18，其固定提前期为 1，所以“商务主机”的审核日期应该为：2013-01-17；又因“商务主机”的固定提前期为 1，所以“商务主板”供需日期为：2013-01-16；再考虑“商务主板”的固定提前期为 5，所以商务主板的审核日期：2013-01-11。

结论，计划代号 05 的 MRP 建议：“商务主板”的采购订单审核日期为 2013-01-11，2013-01-16 到货，才能满足“商务主机”2013-1-17 生产的需要，“商务主机”生产 1 天才能满足“商务电脑”2013-1-18 销售订单的需求。

8.5.5 生产计划闭环管理

当生产计划员完成产品的计划后，进入操作层——采购作业和车间作业环节，参考

图 1-3。生产计划管理系统将建议计划的数据传递给采购管理系统和生产管理系统。

8.5.5.1 生效建议需求计划

1. MPS 计划生效

操作步骤：

（1）单击“业务工作”标签，选择“生产制造”→“主生产计划”→“基本资料维护作业”→“MPS 计划参数维护”选项，弹出“MPS 计划参数维护”对话框。

（2）选中“是否生效”复选框，如图 8-59 所示。

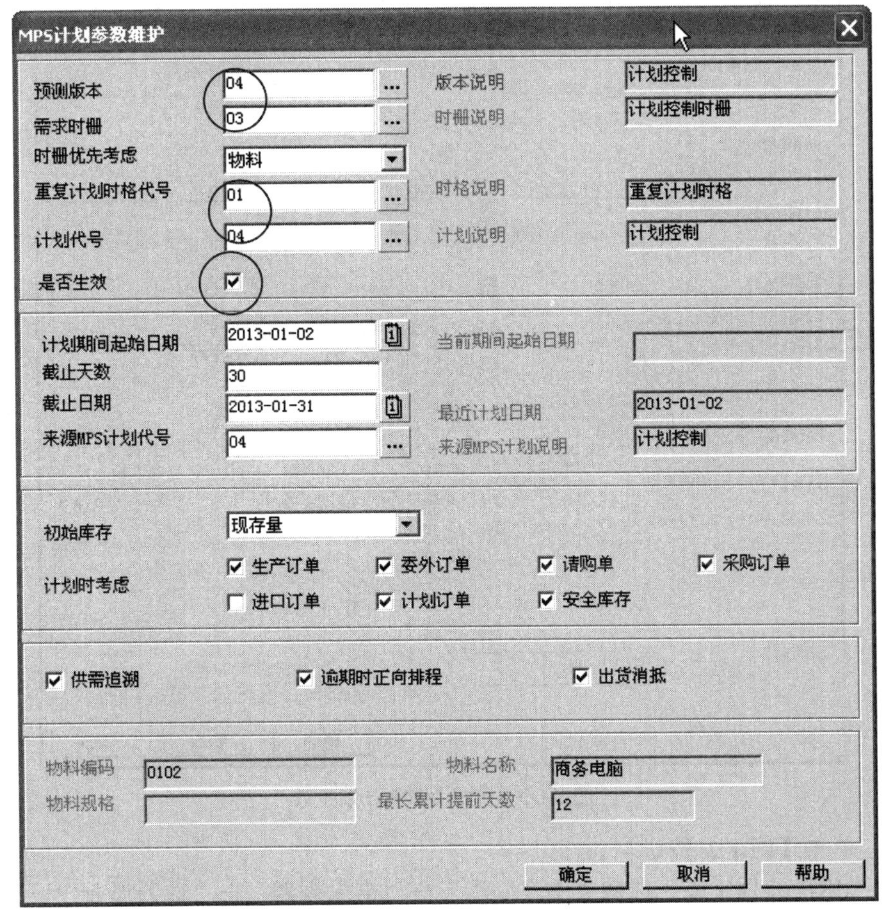

图 8-59 选择 MPS 计划生效

（3）单击【确定】按钮。

（4）MPS 计划生成。选择“生产制造”→“主生产计划”→“MPS 计划作业”→“MPS 计划生成”执行。

2．MRP 计划生效

操作步骤：

（1）单击“业务工作”标签，选择“生产制造”→“需求计划”→“基本资料维护作业”→“MRP 计划参数维护”选项，弹出“MRP 计划参数维护”对话框。

（2）选中“是否生效”复选框，如图 8-60 所示。

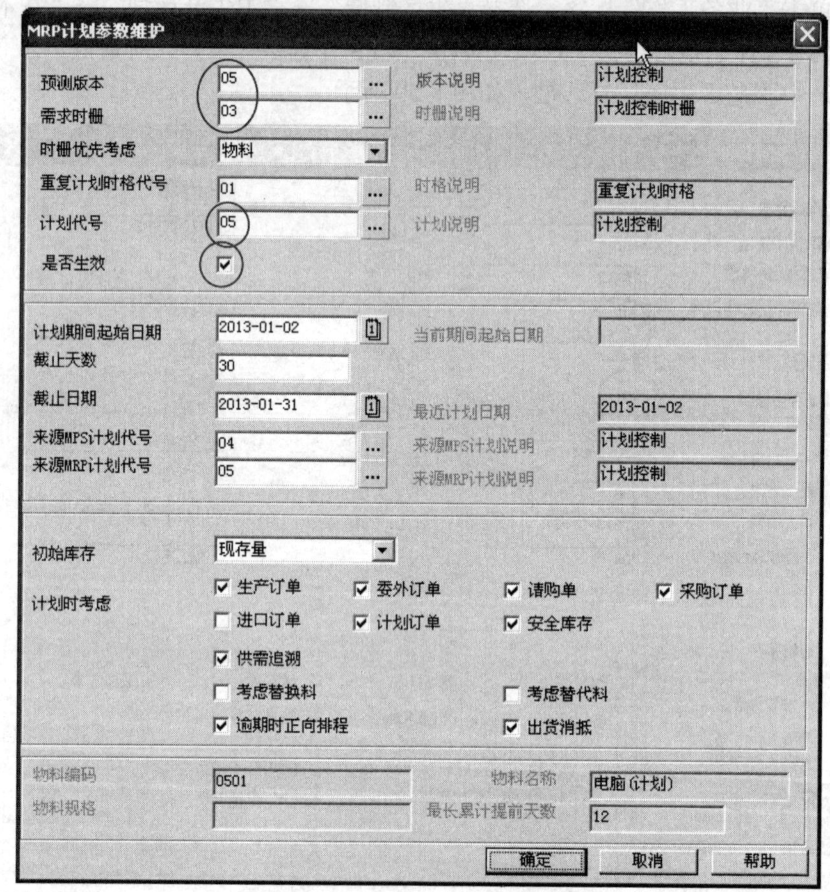

图 8-60　选择 MRP 计划生效

（3）单击【确定】按钮。

（4）MRP 计划生成。选择“生产制造”→“需求规划”→“计划作业”→“MPS 计划生成”执行。

8.5.5.2　MPS/MRP 生成采购订单

操作步骤：

（1）单击“业务工作”标签，选择“供应链”→“采购管理”→“采购订货”→“采购订单”选项，打开“采购订单”。

（2）单击【增加】按钮，在【生单】下拉列表中选择“MPS/MRP 计划”，弹出“过滤条件选择-采购订单 MPS/MRP 计划列表过滤”对话框。

（3）选择：物料编码：0301 至 0311，单击【过滤】按钮，弹出“计划拷贝 MRP 计划”，选择行 1，并确定，返回“采购订单”，数据自动引入，如图 8-61 所示。

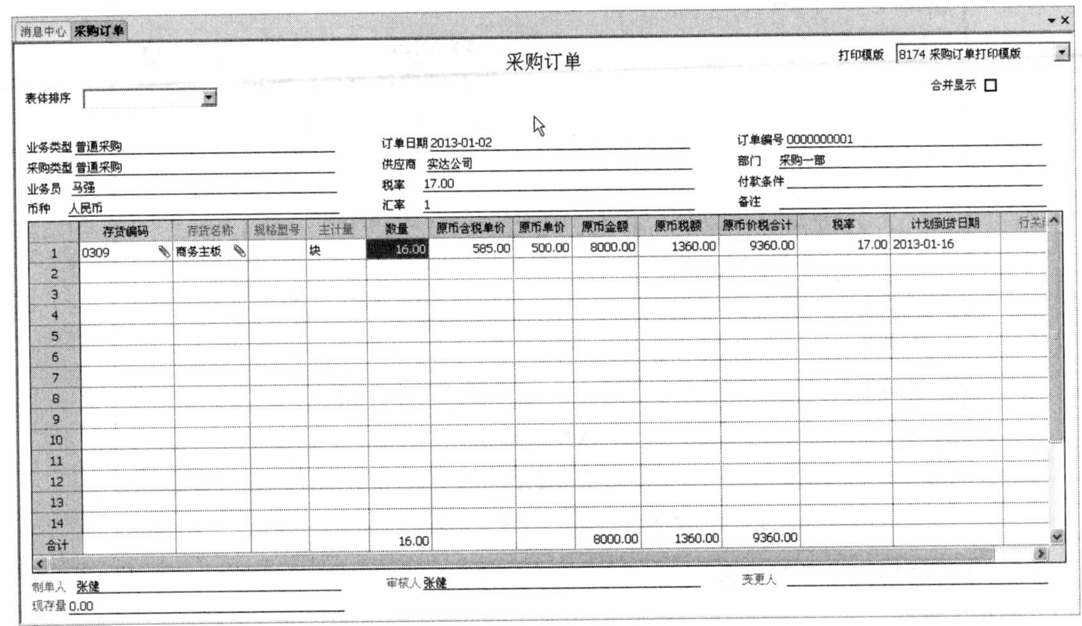

图 8-61　参照 MRP 生成采购订单

（4）输入供应商：实达公司，部门：采购一部，业务员：马强，原币单价：500 元。保存并审核该采购订单。

（5）到货单。实达公司送货，采购部门确认货物后，依据采购订单填制到货单，参考第 5 章。

（6）采购入库单。仓储部门依据到货单填制采购入库单，数据记入外购仓库的 04 号（其他货架）上，单击【保存】和【审核】按钮，参考第 5 章。

8.5.5.3　MPS/MRP 生成生产订单

MPS/MRP 的计划信息自动地传递给采购订单和生产订单模块。可参照“MPS/MRP 计划”编制采购订单和生产订单。

1．维护生产订单类别

操作步骤：

（1）单击“业务工作”标签，选择“生产制造”→“生产订单”→“基本资料维护”

→“生产订单类别资料维护”选项，打开“生产订单类别资料维护”窗口。

（2）单击【增加】按钮，如图 8-62 所示，单击【保存】按钮。

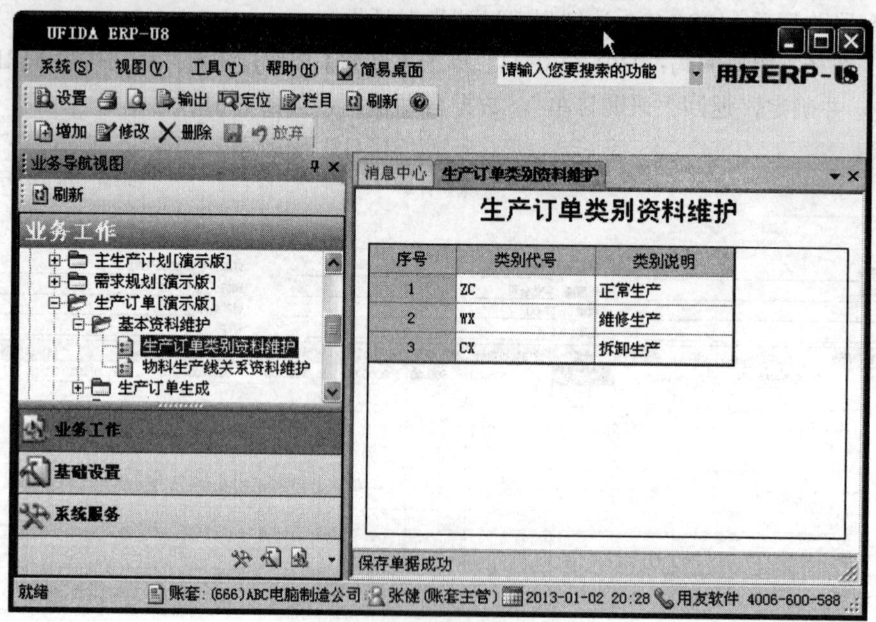

图 8-62　生产订单类别维护

2．维护物料的生产线关系

操作步骤：

（1）单击“业务工作”标签，选择“生产制造”→“生产订单”→“基本资料维护”→“物料生产线关系资料维护”选项，打开“物料生产线关系资料维护”窗口。

（2）单击【增加】按钮，表头输入“物料编码：0102”，系统自动带出“商务电脑”物料名称。

（3）表体输入“生产线：001”，“生产线说明：电脑总装生产线”，“优先级：1”，“日产量：100”，如图 8-63 所示。

（4）单击【保存】按钮。

按照此方法，继续完成维护“商务主机”的物料生产线关系。

3．自动生成生产订单

操作步骤：

（1）单击“业务工作”标签，选择“生产制造”→“生产订单”→“生产订单生成”→“重复计划自动生成”选项，弹出“过滤条件选择”对话框，系统自动生成：“生产订单号码：0000000001”。

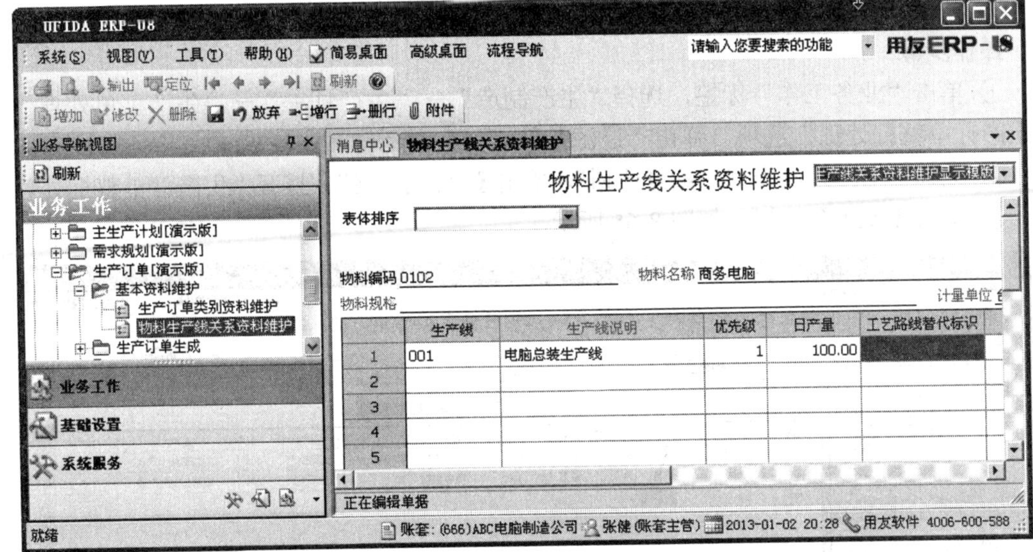

图 8-63 物料生产线关系维护

（2）单击【过滤】按钮，打开“重复计划自动生成”。

（3）选择“商务主机”，单击【修改】按钮，输入“订单类别：ZC”，“预入仓库：半成品仓库”，如图 8-64 所示。

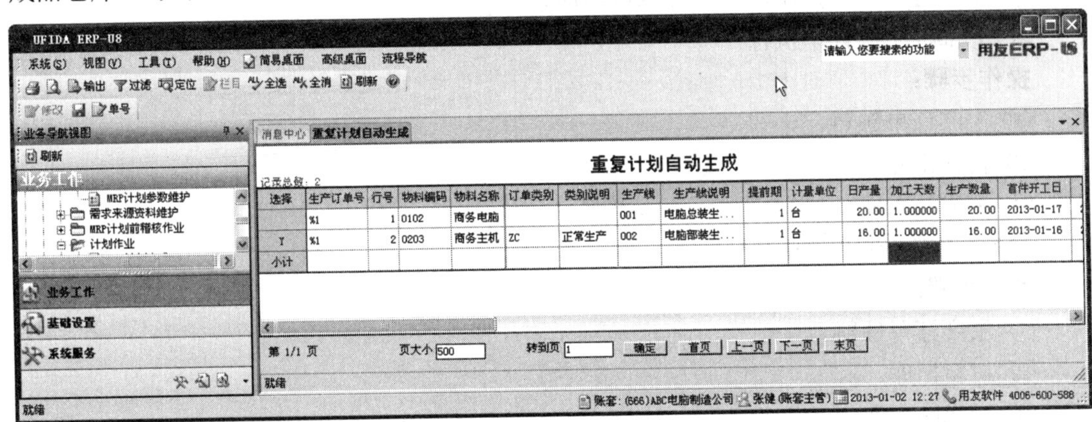

图 8-64 重复计划自动生成

（4）单击【保存】按钮，0000000001 生产订单生成，订单状态为“锁定”。

（5）继续选择“商务电脑”，单击【修改】按钮，输入“订单类别：ZC”，“预入仓库：产成品仓库”，保存 000000002 生产订单生成。

4．生产订单处理

（1）部件生产订单处理

操作步骤：

① 单击“业务工作”标签，选择“生产制造”→“生产订单”→“生产订单处理”→“生产订单整批处理”选项，弹出“过滤条件选择”对话框。

② 选择“生产订单类型：重复计划”，单击【过滤】按钮，打开“生产订单整批处理”。

③ 单击【ALL】按钮，如图 8-65 所示。

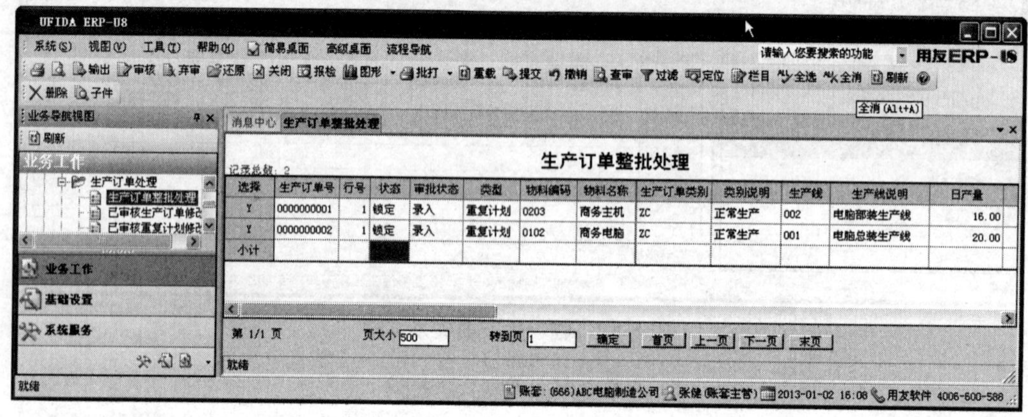

图 8-65　生产订单处理

④ 单击【审核】按钮，生产订单审核成功。

（2）部件生产订单执行

操作步骤：

① 生产订单领料。

② 材料出库。

③ 半成品入库。

（3）产成品生产订单执行

操作步骤：

① 生产订单领料。

② 材料出库。

③ 产成品入库。

8.5.5.4　执行销售订单

“商务电脑”生产完成后，它的库存量为 60 台，便可以执行销售订单了。

操作步骤：

（1）销售发货。

（2）销售出库。

8.5.5.5　生产信息分析

1．物流明细查询

查询库存管理的出入库流水账，可以观察“商务电脑”生产过程中的物流，从而掌握产品生产计划执行的具体情况。

操作步骤：

（1）单击“业务”标签，选择“供应链”→“库存管理”→“报表”→“库存账”→“出入库流水账”选项，打开“出入库流水账”。

（2）分析产品的制造物料明细账，如图 8-66 所示。

出入库流水账

日期	单据类型	单据号	仓库	收发类别	部门	业务员	供货单位	客户	制单人	存货编码	存货名称	主计量单位	入库数量	出库数量
2013-01-02	采购入库单	0000000001	外购品仓库	采购入库	采购一部	马强	实达公司		张健	0309	商务主板	块	16.00	
2013-01-02	材料出库单	0000000001	半成品仓库		二车间				张健	0201	机箱	个		16.00
2013-01-02	材料出库单	0000000002	外购品仓库		二车间				张健	0304	内存条	条		16.00
2013-01-02	材料出库单	0000000002	外购品仓库		二车间				张健	0305	硬盘	个		16.00
2013-01-02	材料出库单	0000000002	外购品仓库		二车间				张健	0309	商务主板	块		16.00
2013-01-02	产成品入库单	0000000001	半成品仓库		二车间				张健	0203	商务主机	台	16.00	
2013-01-02	材料出库单	0000000003	半成品仓库		一车间				张健	0203	商务主机	台		20.00
2013-01-02	材料出库单	0000000004	外购品仓库		一车间				张健	0301	显示器	台		20.00
2013-01-02	材料出库单	0000000004	外购品仓库		一车间				张健	0302	鼠标	只		20.00
2013-01-02	材料出库单	0000000004	外购品仓库		一车间				张健	0303	键盘	个		20.00
2013-01-02	产成品入库单	0000000002	产成品仓库		一车间				张健	0102	商务电脑	台	20.00	
2013-01-02	销售出库单	0000000001	产成品仓库	销售出库	销售一部	李勋		志远公司	张健	0102	商务电脑	台		60.00
合　计													52.00	204.00

图 8-66　出入库流水账

2．库存信息查询

通过库存管理的现存量查询，可以观察产品生产及销售前后的库存变化情况，从而控制库存。

（1）单击“业务”标签，选择“供应链”→“库存管理”→“报表”→“库存账”→“现存量查询”选项，打开“现存量查询”。

（2）参考表 8-10 和图 8-67，可以分析到“商务电脑”销售前后的库存变化量。

本案例只是一个产品的计划，如果在一个有规模的制造企业，用手工计算生产计划是一件非常困难的事情，因为它是一些动态数据。而采用 ERP 系统在业务流程中采集、存储、传递、处理这些动态数据，进行生产计划管理则是完全可行的。

现存量查询

仓库编码	仓库名称	存货编码	存货代码	存货名称	规格型号	存货分类代码	存货分类名称	主计量单位	现存数量	其中冻结数量
001	产成品仓库	0101		家用电脑		01	产成品	台	100.00	
001	产成品仓库	0102		商务电脑		01	产成品	台		
002	半成品仓库	0201		机箱		02	半成品	个	34.00	
002	半成品仓库	0202		家用主机		02	半成品	台	7.00	
002	半成品仓库	0203		商务主机		02	半成品	台		
003	外购品仓库	0301		显示器		03	外购品	台	174.00	
003	外购品仓库	0302		鼠标		03	外购品	只	80.00	
003	外购品仓库	0303		键盘		03	外购品	个	80.00	
003	外购品仓库	0304		内存条		03	外购品	条	284.00	
003	外购品仓库	0305		硬盘		03	外购品	个	34.00	
003	外购品仓库	0306		移动硬盘		03	外购品	个	50.00	
003	外购品仓库	0308		家用主板		03	外购品	块	10.00	
003	外购品仓库	0309		商务主板		03	外购品	块		
003	外购品仓库	0310		激光打印机		03	外购品	台	100.00	
004	原材料仓库	0401		金属板(...		04	原材料	块	8,000.00	
合 计									8,953.00	

图 8-67　库存现存量查询

思考题

1. 什么是独立需求，什么是相关需求？
2. 什么是生产计划 MPS？什么是物料需求计划 MRP？
3. MPS 计划有哪两个需求来源？
4. 预测消抵有哪几种处理形式？它们的处理方法有哪几种？
5. 简述 MPS/MRP 计划的业务流程。
6. 如何参照 MPS/MRP 生成采购订单？
7. 如何参照 MPS/MRP 自动生成生产订单？

练习题

1．生产计划管理练习

（1）物料清单（如表 8-11 所示）：

表 8-11　“家用电脑”BOM 与存货资料设置

阶码	物料编码	物料名称	计量单位	用量	存货属性	重复计划	MPS	供需政策	计划方式	固定提前期
0	0101	商用电脑	台	1	内销，自制	是	是	R	LP	1
1	0301	显示器	台	1	外购，生产耗用	否	否	R	LP	6
1	0303	键盘	个	1	外购，生产耗用	否	否	R	LP	6
1	0302	鼠标	只	1	外购，生产耗用	否	否	R	LP	6
1	0202	家用主机	台	1	自制，生产耗用	是	否	R	LP	1
2	0304	内存条	条	1	外购，生产耗用	否	否	R	LP	6
2	0305	硬盘	个	1	外购，生产耗用	否	否	R	LP	6
2	0308	家用主板	块	1	外购，生产耗用	否	否	R	LP	6
2	0201	机箱	个	1	委外，生产耗用	否	否	R	LP	6
3	0401	金属板（1*2M）	片	1/3	外购，生产耗用	否	否	R	PE	6

（2）时栅资料（如表 8-12 所示）：

表 8-12　生产计划管理时栅

行　号	日　数	需 求 来 源
1	7	客户订单
2	15	预测+客户订单，先正向再反向消抵
3	30	预测+客户订单，不消抵

（3）生产计划资料（如表 8-13 所示）：

表 8-13　生产计划资料

序　号	预测订单量	预测订单日期	销售订单量	销售订单日期
1	50	2013-01-15	150	2013-01-16
2	50	2013-01-17		
3	50	2013-01-27		

2．模拟企业生产计划练习

按照“表 8-1 生产计划管理模拟企业岗位分工”做多用户的生产计划管理系统练习。

要求：

（1）岗位策划。按照图 8-2，做 MPS/MRP 计划执行，学会分析最终产品的“供需平衡”信息，学会分析相关需求的“供需平衡”信息。感受企业真实的主生产计划执行过程，体会企业的团结、协同、高效作业的快乐。

（2）环境准备。设置系统日历 2013 年 1 月 2 日；指定信息主管的主机为服务器；引入 D:\生产制造管理账套-2；按照表 8-1 资料增加用户、角色并授权。

岗位分工操作：

（1）生产计划部门生产计划员：按照表 8-11 和表 8-12 资料设置，累计提前天数推算，MPS/MRP 计划参数设置，维护生产订单类别，维护物料的生产关系。

（2）生产计划部门生产计划员：按照表 8-13 输入预测订单。

（3）销售部销售业务员：按照表 8-13 输入销售订单“家用电脑、单价 5 000 元、客户敏捷公司”。

（4）生产计划部门生产计划员：MPS/MRP 计划执行、建议计划分析，MPS/MRP 计划生效。

（5）采购部业务员：参照 MPS/MRP 生成采购订单。

（6）二车间部装生产线班组长：参照 MPS/MRP 生成部件生产订单。

（7）一车间部装生产线班组长：参照 MPS/MRP 生成产成品生产订单。

（8）生产计划部门的生产计划员：审核一车间和二车间的生产订单。

（9）二车间物料员：打印本车间的生产订单领料单，到仓库领料。

（10）一车间物料员：打印本车间的生产订单领料单，到仓库领料。

（11）仓储部外购品仓管员：材料出库。

（12）仓储部半成品仓管员：产成品入库，材料出库。

（13）仓储部产成品仓管员：产成品入库，销售订单发货，销售出库。

作业信息分析：

（1）截图生产订单关闭后的存货现存量。

（2）截图库存管理的出入库流水账。

第9章 综合实训

9.1 背景知识

9.1.1 综合实训简介

综合实训将在[666]ABC 电脑制造公司的账套上，体验一个全新产品的生产过程。它包括基础数据维护、产品资料维护、主生产计划管理、采购管理、生产管理、销售管理。以达到整合本教程所有技能，帮助读者加深理解 ERP 生产制造管理系统的目的。

综合实训设定的管理目标为“零”库存管理。综合实训从以下几个方面去理解。

1．产品计划管理

产品计划管理由市场驱动。例如，市场需求一个新的产品，产品与工艺设计工程师按客户要求完成设计后，要在 ERP 系统中维护新产品的基础数据，包括存货档案、BOM 数据、产品与生产线的关系等数据准备工作。主生产计划要考虑预测它们的市场前景，指定预测计划。销售部门接收客户订单，编制销售订单，并密切关注产品的生产进度，执行 MPS 计划；采购部门、车间依据 MPS/MRP 采购原材料，并进行产品生产。所有的企业业务信息都集中在 MPS/MRP 供应链节点上，交给计算机系统去处理。

2．MPS/MRP 执行

每当有了客户的产品订单后，运行 MPS/MRP 计划时，ERP 系统后台就会自动获取产品的生产计划，快速连接它的数据（产品 BOM）、库存等信息，计算出物料需求计划，提交给管理者们进行决策。

3．生产管理

产品的生产管理需要参照 MPS/MRP 的执行结果，它将影响采购作业和车间作业。当执行 MPS/MRP 计划后，一方面可以自动生产采购订单，控制采购物料的品种、数量和到货时间；另一方面可以自动地生成生产订单，控制将要投产的产品、数量和时间。推行此功能，可以实现准时生产，按时交货的“零”库存管理目标，从而降低生产成本，规避库存风险。

通过综合实训，读者可以体会到产品销售、制造、采购与生产计划的关系，体会到闭环 MRP 信息集成、共享、资源计划算法的工作原理，体会到先进的准时制生产（Just In Time，JIT）的工作原理。从中深刻地理解产品制造的过程及业务流程重组与 ERP 系统的密切联系。

9.1.2 综合实训应用模式

综合实训的应用模式如图 9-1 所示。

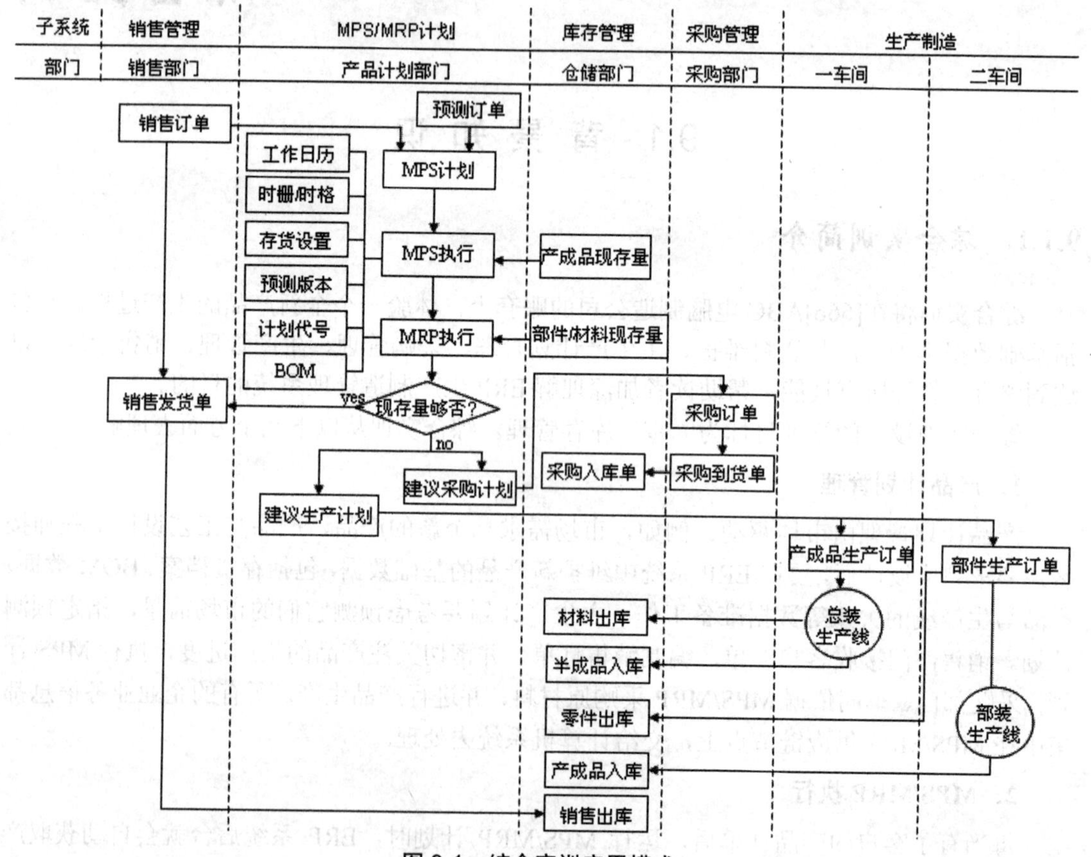

图 9-1 综合实训应用模式

综合实训应用模式的特点如下。

1. 运行前期准备

维护生产管理的基础数据，例如时栅资料和时格资料、工作日历、预测版本、计划代码；维护产品的存货档案，修改存货档案的订货策略、MPS/MRP 计划需求、固定提前期；维护产品的 BOM，累计提前期推算、生产订单类别维护、产品生产线关系维护，维护 MPS/MRP 计划参数。

2．维护需求来源

MPS 的需求来源有两个：预测订单和销售订单。预测订单一般是定期维护的，而销售订单则根据客户需求随机维护。

3．运行 MPS/MRP 计划

（1）企业定期执行 MPS/MRP 计划。首先由生产计划部门开始执行 MPS 计划。后台 ERP 系统自动连接预测订单、销售订单及产品的库存信息；计算出资源需求计划后，各业务部门才开始运作。

（2）生产计划部门对其报告进行“供需平衡”分析，如果不需要生产与采购，则进入销售管理业务的执行。

（3）否则，提交产品的“供需资料查询-明细（物料）”报告。

（4）生产计划部门继续执行 MRP 计划。后台 ERP 系统自动分解产品的 BOM，并自动连接采购订单、生产订单、部件的库存信息；计算出相关需求，并提交部件的“供需资料查询-明细（物料）”报告。

（5）各部门则按照 MPS/MRP 的建议计划进行采购，执行产品制造。

4．综合实训

综合实训实际上是一个集成的制造型的物流管理解决方案。物流利用 ERP 系统采集、存储、传递和处理信息，实现“人—机交互”作业，从而提高工作效率与企业管理水平。

9.1.3 综合实训操作流程

综合实训的业务操作流程如图 9-2 所示。

操作步骤：

（1）新产品基础数据维护。通常，企业在运作时，新产品是层出不穷的。在企业决定经营新产品时，首先要在生产制造管理系统中维护好存货档案。

（2）新产品的 BOM 维护。当新产品的工艺路线设计完成后，需要维护标准物料清单，并运行累计提前期。维护产品与生产线的关系，将产品的工艺路线与生产线连接起来（重复计划产品的工艺路线默认 BOM）。维护生产订单类别。

（3）MPS 计划与需求来源维护。在 ERP 供应链管理系统中，企业的生产计划是通过 MPS/MRP 计划实现的。执行 MPS/MRP 计划要维护好产品相应的参数和需求来源。

- MPS 计划的需求来源有两个：预测订单和销售订单。其中预测订单（是图 1-3 中的产品规划），它是企业里的一个长期计划；销售订单是客户的需求，由市场决定，随机产生。

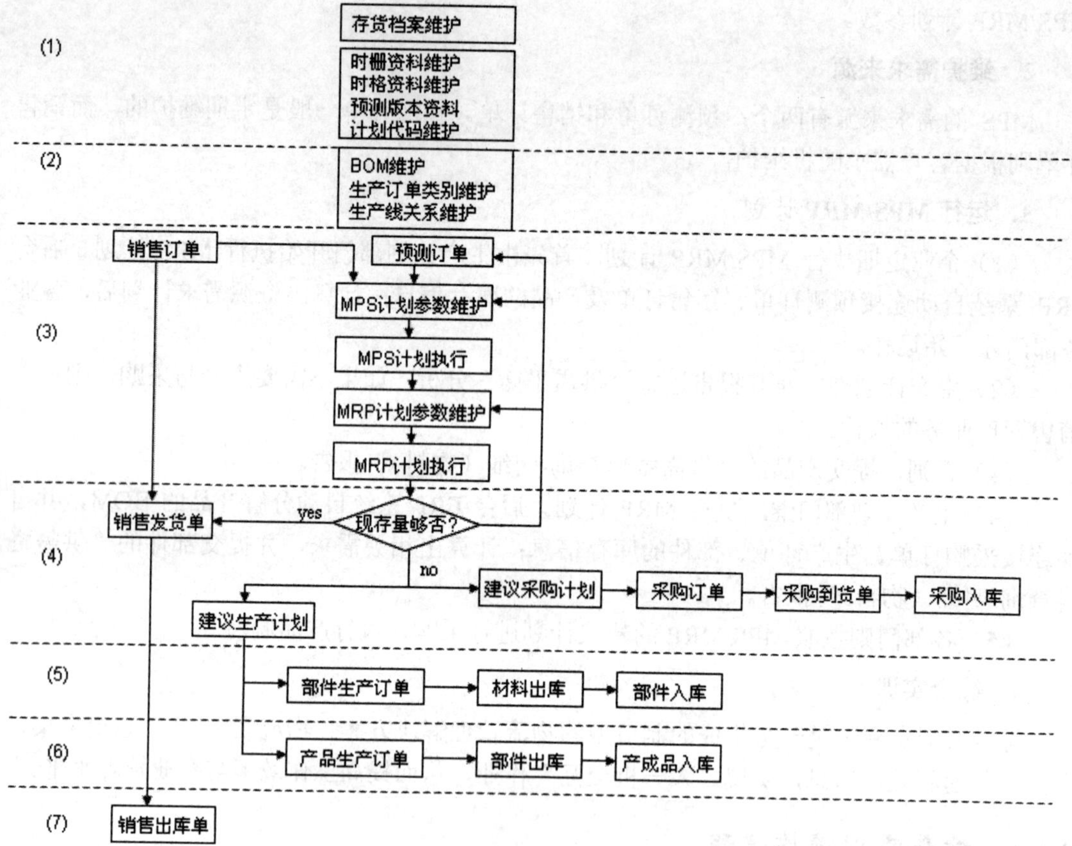

图 9-2 综合实训操作流程

- 企业资源计划的计算。MPS/MRP 计划是供应链管理的一个节点。该节点应该是企业资源信息最集中的地方，才能保证企业资源信息的完整性、可共享性、高效性。
- 建立企业的供应链节点必需的条件：一是要求企业的资源信息集中，二是具备资源需求的计算能力，三是有 MPS/MRP 的功能。一旦销售订单上要求的产品出现库存不足的现象，则 ERP 立刻提出建议生产订单的信息。
- 接着 MRP 执行，ERP 系统提出建议采购计划和生产订单的信息。

（4）MPS/MRP 执行完成后，如果产品的现存量足够，便可以直接进入第（7）步；如果不够，系统自动产生建议采购计划。采购部门依据 MPS/MRP 生成采购订单，进行采购。

（5）部件车间依据 MPS/MRP 建议计划，自动生成部件生产订单，进入部件生产的投料、产出环节。

（6）产成品车间依据建议计划，自动生成产品生产订单，进入产成品生产的投料、产出的环节。

（7）当生产部门完成产品的加工后，便可以按客户的要求销售出库了。

图 9-2 描述了一个典型的产品制造的业务流程，企业按此流程运作，借助 ERP 系统，读者能够体会生产制造管理系统是如何运行的，离散型的生产制造企业是如何生产产品的。

9.2 实训指导

9.2.1 实训内容

- 产品数据维护实训。
- 销售管理实训。
- 生产计划管理实训。
- 采购管理实训。
- 生产管理实训。

9.2.2 实训要求

1．技能要求

在 ERP 系统平台上进行综合实训。

（1）学会一个完整新产品资料维护的技能。

（2）学会闭环 MPS/MRP 管理的基本技能。

（3）理解 ERP 生产制造管理解决方案的基本技能。

2．环境要求

在单用户（或多用户）环境下，按表 9-1 资料、图 9-2 综合实训操作流程，模拟多岗位进行操作。

表 9-1 综合实训模拟企业岗位分工

用户	角色	部门	岗位	操作内容
admin	信息系统人员	信息部门	信息主管	引入 D:\生产制造管理账套-2，维护新产品的基础数据
1001	生产计划员	产品计划部门	产品计划员	设置时栅，时格，工作日历，存货设置，预测版本，计划代码，生产订单类别，维护预测订单，MPS/MRP 计划执行，分析物料供需报告

续表

用户	角色	部门	岗位	操作内容
2000	物料计划员	工艺技术部门	工艺员	维护 BOM，物料与生产线资料维护
4001	销售业务员	销售部门	销售业务员	填制/审核销售订单，填制/审核发货单
3001	采购业务员	采购部门	采购业务员	参照 MPS/MRP 计划生成采购订单，填制到货单
1002	生管人员	一车间	班组长	参照 MPS/MRP 计划生成产品的生产订单，填制领料单
1004	生管人员	二车间	班组长	参照 MPS/MRP 计划生成部件的生产订单，填制领料单
6000	仓库主管	仓储部门	仓库管理员	填制/审核采购入库 填制/审核部件生产订单的材料出库，填制/审核部件入库单 填制/审核产品生产订单的材料出库，填制/审核产成品入库单 填制/审核销售出库

9.2.3 实训准备

1．引入账套

系统日历 2013-01-02，以 admin 的身份登录“系统管理”平台，将 D:\生产制造管理账套-2 引入至系统。

2．登录“企业应用平台”

以操作员：“1000，张健”账套主管的身份输入密码：1；选择账套：[666]ABC 电脑制造公司；登录“企业应用平台”，进行普通采购业务的实训。

3．MPS/MRP 计划设置

（1）时栅设置。参考表 9-2 设置时栅资料。

表 9-2 标准时栅资料

行号	日数	需求来源
1	7	客户订单
2	15	预测+客户订单，反向消抵
3	30	预测+客户订单，不抵消

（2）维护时格资料，参考图 8-8。

（3）维护预测版本资料，参考图 8-48 预测版本资料。

9.3 综合实训

9.3.1 典型案例描述

2013 年 1 月 2 日，本地新客户华日公司与 ABC 电脑制造公司双方签署了一份销售订单，要求购买新产品“智能电脑”50 台，无税单价 5 000 元。ABC 电脑制造公司产品规划 2013 年 1 月 14 日生产 40 台，但是客户要求 2013 年 1 月 16 日发货，执行主生产计划。

9.3.2 基础数据管理实训

系统日历：2013 年 1 月 2 日

为了确保生产制造管理系统的安全，信息系统人员增加用户并对其业务操作人员进行授权处理。参考表 9-1 中岗位、操作内容，增加用户并授权。

1．新产品基础数据维护

参考表 9-3 维护智能电脑、智能主机、智能主板的存货档案。

维护它们的仓库与货位对照表。

参考表 9-3 维护智能电脑的 BOM。

推算累计提前天数，填写表 9-4 中的累计提前期。

维护华日公司的客户档案。

表 9-3 “智能电脑”的 BOM 与存货资料设置

阶码	物料编码	物料名称	计量单位	用量	存货属性	重复计划	MPS	供需政策	计划方式	固定提前期	固定提前期
0	0103	智能电脑	台	1	内销，自制	是	是	R	LP	1	?
1	0301	显示器	台	1	外购，耗用	否	否	R	LP	6	?
1	0303	键盘	个	1	外购，耗用	否	否	R	LP	6	?
1	0302	鼠标	只	1	外购，耗用	否	否	R	LP	6	?
1	0204	智能主机	台	1	自制，耗用	是	否	R	LP	1	?
2	0304	内存条	条	1	外购，耗用	否	否	R	LP	6	?
2	0305	硬盘	个	1	外购，耗用	否	否	R	LP	6	?
2	0307	移动硬盘	个	1	外购，耗用	否	否	R	LP	6	?
2	0312	智能主板	块	1	外购，耗用	否	否	R	LP	6	?
2	0201	机箱	个	1	委外，耗用	否	否	R	LP	6	?
3	0401	金属板（1*2M）	片	1/3	外购，耗用	否	否	R	PE	6	?

表 9-4　计算“智能电脑”BOM 与 MPS/MRP 计划信息

阶码	物料编码	物料名称	现有库存量	计量单位	累计提前期	销售订单	发货日期	预测计划量	预测日期	建议计划量	建议日期
0	0103	智能电脑	40	台	?	50	2013-1-16	40	2013-1-14		
1	0301	显示器	194	台	?						
1	0302	鼠标	100	只	?						
1	0303	键盘	100	个	?						
1	0204	智能主机	4	台	?						
2	0304	内存条	300	条	?						
2	0305	硬盘	50	个	?						
2	0312	智能主板	0	块	?						
1	0201	机箱	50	个	?						
2	0401	金属板（1*2M）	8 000	片	?						

2．维护生产资料

- 生产订单类别。
- “智能电脑”的物料生产线关系资料维护。

9.3.3　产成品生产计划实训

系统日历：2013 年 1 月 2 日

1．生产部门维护预测订单

行 1：物料编码：0103，物料名称：智能电脑，起始日期与结束日期：2013-01-15，预测数量：40 台。

2．销售部门维护智能电脑销售订单

客户：华日公司，数量：50 台，原币单价：5 000 元，参考图 8-49。

3．销售部门维护销售订单

客户：华日公司，智能电脑 50 台，要求发货日期：2013-01-16，参考图 8-48。

4．MPS 执行

- MPS 计划参数维护，参考图 8-50。
- MPS 计划执行。
- 分析产成品的“供需资料查询-明细”，填写表 9-4 的建议计划量与建议日期。

5．MRP 计划执行

- MRP 计划参数维护，参考图 8-55。

- MRP 计划执行。
- 分析部件与采购材料的“供需资料查询-明细”，填写表 9-4 的建议计划量与建议日期。

9.3.4　采购管理实训

采购部门根据 MRP 的建议计划日期，处理智能主板的采购订单，选择供应商是实达公司，原币单价为 500 元，并按交货日期处理到货单。

9.3.5　生产管理实训

1．部件生产订单

二车间：根据 MRP 建议计划日期，自动生成“智能主机”的生产订单。车间依据领料单到原材料仓库领料。

原材料仓库：编制/审核材料出库单，发料给二车间。

二车间：领回材料，进行加工生产，部件生产完成后，送到半成品仓库。

半成品仓库：编制/审核部件的入库单，接收部件入库，暂存起来。

2．产成品生产订单

一车间：根据 MRP 建议计划日期，自动生成“智能电脑”的生产订单。依据领料单到半成品仓库领料。

半成品仓库：编制/审核材料出库单，发料给一车间。

一车间：领回材料，进行加工生产，产成品完成后，送到产成品仓库。

产成品仓库：编制/审核产成品入库单，接收产成品入库，暂存起来。

9.3.6　销售管理实训

系统日历：2013 年 1 月 16 日

- 销售部门：查询产品仓库的现存量，了解到华日公司的“智能电脑”已经有了库存。填制/审核发货单。
- 仓储部门：收到发货单后，填制并审核销售出库单。

思考题

1．基础数据维护

（1）“智能电脑”的存货属性是什么，简述它们的用途？

（2）“智能电脑”为什么要设置“MPS”和“供应策略”，它们的作用是什么？

（3）为什么要设置“固定提前期”，它的作用是什么？

（4）时栅的作用是什么？

（5）时格的作用是什么？

（6）预测版本资料的用途是什么？

2．产品资料维护

（1）是先维护 BOM，还是先进行累计提前的推算？

（2）累计提前的推算作用是什么，在哪里能查询到累计提前推算的结果？

（3）重复计划生产订单的产品工艺路线是标准物料清单吗？

（4）生产线关系维护的作用是什么？

3．销售管理

（1）填制销售订单时，为什么要维护需求日期，需求日期的作用是什么？

（2）本实训中产成品仓库是在发货单时记账的，还是在销售出库单时记账的？

（3）没有审核的销售订单参加 MPS/MRP 运算吗？

4．MPS/MRP 计划执行

（1）MPS 计划执行是针对独立需求计算物料资源计划吗？

（2）MRP 计划执行是针对相关需求计算物料资源计划吗？

（3）MPS 计划需求来源有哪两种？在存货档案中有哪些参数会影响到 MPS 计划的执行？

5．采购管理

（1）执行 MPS 计划后，采购部门可以依据什么数据生成采购订单？

（2）本实训中采购入库是在采购管理系统操作？还是在库存管理系统操作？

6．生产管理

（1）执行 MRP 计划后，生产部门可以依据什么数据生成生产订单？

（2）部件生产的材料出库单与产品生产订单的材料出库单有区别吗？使用的单据相同吗？

（3）部件生产入库与产成品入库操作有什么区别？使用的单据相同吗？

（4）简述生产制造物流运动的规律。

参 考 文 献

1. 陈启申．ERP——从内部集成起步．第2版．北京：电子工业出版社，2005

2. 陈孟建．企业资源计划（ERP）原理及应用．北京：电子工业出版社，2007

3. 陈庄．ERP原理与应用教程．北京：电子工业出版社，2006

4. 温艳岗．ERP工程师职业能力认证培训教材：用友ERP-U8供应链管理．北京：电子工业出版社，2006

5. 温艳岗．ERP工程师职业能力认证培训教材：用友ERP-U8生产制造管理．北京：电子工业出版社，2006

6. 郑荆陵．用友ERP供应链管理实训教程．北京：清华大学出版社，2009

7. 郑荆陵．用友ERP生产制造管理实训教程．北京：清华大学出版社，2010